講義
債権法改正

中田裕康・大村敦志・道垣内弘人・沖野眞已
Hiroyasu Nakata, Atsushi Omura, Hiroto Dogauchi, Masami Okino

商事法務

はしがき

　いわゆる債権法改正のための民法改正案が2017年5月26日に国会を通過した。同年6月2日に公布され、その後3年以内に施行される（一部規定を除く）。法案の提出（2015年3月）から数えても2年余、法制審議会民法（債権関係）部会での検討開始（2009年11月）から数えて7年半、法務省が債権法改正を企図しているとの報道（2006年1月）から数えると足かけ12年の歳月が経過している。試みに改正前の民法典と対比してみると、全体の公布（1898年）までに要した年月は、法典調査会の設置（1893年）から5年、法典論争の発端となった旧民法典の公布（1890年）から8年であったので、今回の改正が長期にわたる検討の末に実現したことが理解されるだろう。

　民法典の総則編（第5章法律行為〜第7章時効を中心とし、第2章人にも及ぶ）・債権編（第1章総則・第2章契約を中心とし、第5章不法行為にも及ぶ）を対象とする改正作業において見直された条文の数は約400ヵ条にのぼるが、これは民法典の総条文数の約4割に当たる。120年ぶりの大改正と呼ばれる所以である。実質的にみると、今回の改正によってリニューアルされたのは民法典の契約法の部分であるが、この部分は法曹にとっても取引当事者にとっても重要な意味を持つ。それゆえ債権法改正は、法制審議会での検討の前から、学界はもちろん法曹界や実務界においても大きな関心の対象となっていた。検討段階にあった改正案の内容を理解し、批判や要望を提示したり、受け入れや対応の準備をするために、様々なセミナーや講演会などが全国各地で開かれてきた。

　本書の執筆者である4名はいずれも法制審議会に部会メンバーと

はしがき

して参加していたこともあって、単独でまたは何人か一緒に、この種のセミナー・講演会の講師として招かれて、債権法改正案の全体または特定の一部分につき解説をすることが少なくなかった。そのうちの一部は印刷物になって残されているが、未公表のものも少なくない。そこで、4名で分担をし、セミナーや講演会で話したものを基礎としつつ、法案の簡潔な解説書を書くという企画が持ち上がった。その結果として出来上がったのが本書である。本書が講演の語り口を残しているのは、このような事情によるものである。

本書で述べられている意見はあくまでも各人のものであって共通の見解ではない。しかしながら、取り上げるべき項目を協議し、検討の仕方についてもある程度の統一をはかったので、4つの解説を束ねたものではなく1冊の書物として通読していただくことができるはずである。また、本書は、法案段階で執筆されたが、法案がそのまま国会で可決されたので、新法の解説としての意味を持ちうるだろう。

本書の企画にあたっては、株式会社商事法務の牧島真理さんのお世話になった。また、それぞれのセミナー・講演会でコメントや質疑を通じて有益なご教示・ご示唆をいただいた方々は少なくないが、長島・大野・常松法律事務所の井上聡弁護士からはとりわけ詳細なコメントをお寄せいただいた。お二人にはこの場を借りてお礼を申し上げたい。

2017年9月

中田　裕康
大村　敦志
道垣内弘人
沖野　眞已

凡　例

1　法令名の略語
　　原則として有斐閣六法全書巻末の法令名略語に倣うものとした。
　　破　　　　　　破産法
　　信託　　　　　信託法
　　特定商取引　　特定商取引に関する法律
　　貸金業　　　　貸金業法

2　改正民法に係る略語
　　現行　　　現行民法（明治29年法律第89号）
　　改正法　　民法の一部を改正する法律（平成29年法律第44号）
　　整備法　　民法の一部を改正する法律の施行に伴う関係法律の整備等
　　　　　　　に関する法律（平成29年法律第45号）
　　※なお、本文中、特に法律名を記さずに条文番号が示されている場合
　　は、民法の条文を意味するものとする。

3　判例の表示
　　最判平成11・1・29民集53巻1号151頁
　　　→最高裁判所平成11年1月29日判決、最高裁判所民事判例集53巻
　　　　1号151頁

4　判例集・雑誌の略語
　　民集　　　最高裁判所（大審院）民事判例集
　　判時　　　判例時報
　　判タ　　　判例タイムズ
　　ジュリ　　ジュリスト
　　金法　　　金融法務事情
　　民商　　　民商法雑誌

5　書籍・資料等の略語
　　潮見・概要
　　　→潮見佳男『民法（債権関係）改正法案の概要』（金融財政事情研
　　　　究会、2015）
　　基本方針
　　　→民法（債権法）改正検討委員会『債権法改正の基本方針』別冊

凡　　例

　　　　　NBL126 号（商事法務、2009）
　　中間的な論点整理、中間論点整理
　　　　→民法（債権関係）の改正に関する中間的な論点整理（平成 23 年 4 月 12 日決定）
　　中間試案
　　　　→民法（債権関係）の改正に関する中間試案（平成 25 年 2 月 26 日決定）
　　中間試案補足説明
　　　　→民法（債権関係）の改正に関する中間試案の補足説明（平成 25 年 4 月 16 日公表）
　　要綱仮案
　　　　→民法（債権関係）の改正に関する要綱仮案（平成 26 年 8 月 26 日決定）
　　要綱案
　　　　→民法（債権関係）の改正に関する要綱案（平成 27 年 2 月 10 日決定）
　　要綱
　　　　→民法（債権関係）の改正に関する要綱（平成 27 年 2 月 24 日決定）
　　法案
　　　　→民法の一部を改正する法律案（平成 27 年 3 月 31 日国会提出）

6　法制審議会に係る表示
　　部会
　　　　→法制審議会民法（債権関係）部会
　　第 53 回部会議事録 55 頁〔金洪周発言〕
　　　　→法制審議会民法（債権関係）部会「法制審議会民法（債権関係）部会第 53 回会議議事録」55 頁〔金洪周発言〕（平成 24 年 7 月 31 日開催）
　　部会資料 80－3
　　　　→民法（債権関係）部会資料 80－3「民法（債権関係）の改正に関する要綱仮案の原案（その 2）補充説明」〔法制審議会民法（債権関係）部会第 92 回会議（平成 26 年 6 月 24 日開催）配布資料〕

目　次

はしがき・i
凡　例・iii

序　章　改正の経緯

Ⅰ　改正の背景 …………………………………………………… 2
1　民法の制定と維持 ………………………………………… 2
2　民法の問題点──わかりにくさと空洞化 ……………… 5
　(1)　問 題 点　5
　(2)　民法のわかりにくさ　5
　(3)　民法の空洞化　7
3　民法改正の動きの背景 …………………………………… 7

Ⅱ　法制審議会民法（債権関係）部会における審議
………………………………………………………………… 10

第1章　法律行為・代理

Ⅰ　はじめに …………………………………………………… 16

Ⅱ　改正法の概要 ……………………………………………… 18
1　実現したもの ……………………………………………… 18
2　実現しなかったもの ……………………………………… 19

Ⅲ　改正法の含意 ……………………………………………… 20
1　意思能力規定の破壊力 …………………………………… 20
2　錯誤規定の問題提起 ……………………………………… 21

目　次

第 2 章　消滅時効

Ⅰ　改正内容 ……………………………………………… 26
1　債権の消滅時効期間と起算点 ……………………… 26
2　特別の短期消滅時効の廃止 ………………………… 27
3　時効の完成猶予と更新 ……………………………… 27

Ⅱ　検　　討 ……………………………………………… 32
1　時効の本質論との関係 ……………………………… 32
2　解　釈　論 …………………………………………… 35

第 3 章　契約の成立・定型約款

Ⅰ　はじめに ……………………………………………… 40

Ⅱ　改正法の概要 ………………………………………… 42
1　実現したもの ………………………………………… 42
2　実現しなかったもの ………………………………… 43

Ⅲ　改正法の含意 ………………………………………… 45
1　約款規定の完成 ……………………………………… 45
2　契約自由の作用 ……………………………………… 51

Ⅳ　補論――新法解釈の方法 …………………………… 52

第 4 章　債務不履行、解除、危険負担

Ⅰ　はじめに ……………………………………………… 58
1　本章の目的 …………………………………………… 58

2　2つの接近方法 ……………………………………………… 58

Ⅱ　履行不能の場合の規律 …………………………………… 60
1　序　　論 ……………………………………………………… 60
2　現行法の規律 ………………………………………………… 60
　(1)　原始的不能　60
　(2)　後発的不能　62
3　改正法の規律 ………………………………………………… 63
　(1)　原始的不能　63
　(2)　後発的不能　66
　(3)　解除を必要とする理由　68

Ⅲ　解除に関する改正法 ……………………………………… 71
1　履行不能による解除 ………………………………………… 71
2　履行遅滞等による解除 ……………………………………… 72
　(1)　改正法541条本文　72
　(2)　履行遅滞等についての債務者の帰責事由　73

Ⅳ　改正法の読み方 …………………………………………… 78
1　改正法の大枠 ………………………………………………… 78
2　どのような場合に債権者は債務者に債務の履行が
　　請求できるか ………………………………………………… 79
　(1)　履行不能の場合　79
　(2)　履行可能な場合　80
3　どのような場合に債権者は契約自体を解消できるか
　　……………………………………………………………………… 82
　(1)　解除制度の位置づけ　82
　(2)　改正法541条　83
　(3)　改正法542条1項　85
4　どのような場合に債務者に対して損害賠償を
　　請求できるか ………………………………………………… 87
　(1)　損害賠償請求権の必要性　87
　(2)　債務者の帰責事由の必要性　89

(3) 注意すべき点　93
　(4) 損害賠償の範囲　94

第5章　法定利率

Ⅰ　はじめに ……………………………………………… 98

Ⅱ　改正法の概要 ………………………………………… 100

Ⅲ　改正法の含意 ………………………………………… 103

第6章　債権者代位権・詐害行為取消権

Ⅰ　総論 …………………………………………………… 106

Ⅱ　債権者代位権 ………………………………………… 108

1　判例法理（等）の明文化 …………………………… 108
　(1) 行使範囲、直接引渡し　109
　(2) 被代位権利と被保全債権の要件　109
　(3) 相手方の抗弁　110
2　判例法理の変更──債務者の処分権限の不制限
　（改正法423条の5）……………………………………… 111
　(1) 債務者の処分権限への影響　111
　(2) 訴訟告知　112
3　裁判上の代位の廃止（改正法423条2項）………… 113
4　登記・登録請求権を被保全債権とする債権者代位権の
　明文化（改正法423条の7）……………………………… 114
　(1) いわゆる転用型　114
　(2) 登記・登録等の請求権の行使　116
　(3) 賃借人による妨害排除請求　117
　(4) 破産法における扱い　117

5 いわゆる「事実上の優先弁済」——金銭債権－金銭債権の場合の相殺による債権回収について、規定の見送り ………………………………………………………… 118
  6 その他、規定化されなかった事項 ……………………… 119
  7 債権者代位権のイメージ ………………………………… 120

Ⅲ 詐害行為取消権 ………………………………………… 122

  1 総　　論 ……………………………………………………… 122
   (1) 規定の構造　122
   (2) 否認権制度との関係　123
   (3) 判例の明文化　125
  2 被保全債権の要件——時期について「前の原因」を採用、強制執行可能性を明文化（改正法 424 条 3 項・4 項）……………………………………………………… 125
  3 詐害行為——否認権についての規律との関係 ……… 128
   (1) 債務者の「行為」（改正法 424 条 1 項・2 項）　128
   (2) 相当価格処分行為（改正法 424 条の 2）、過大な代物弁済の一部取消し（改正法 424 条の 4）　129
   (3) 偏頗行為否認類型（特定の債権者に対する担保供与等）の規定の新設（改正法 424 条の 3）　133
  4 判例法理の明文化 ………………………………………… 135
  5 現行法（判例法理等）の変更 …………………………… 140
   (1) 債務者に対する効力（改正法 425 条）　140
   (2) 転得者を相手方とする詐害行為取消権（改正法 424 条の 5）　143
  6 受益者、転得者の地位・権利 …………………………… 145
   (1) 現行法下の受益者・転得者の地位・権利　145
   (2) 反対給付についての受益者の権利・地位　147
   (3) 債務消滅行為が詐害行為として取り消されたときの受益者の債権の回復　150
   (4) 転得者の権利・地位　150
  7 期間制限（改正法 426 条）……………………………… 153
  8 破産法（倒産法）の改正ほか …………………………… 155

目　　次

　　(1)　破産法（倒産法）の改正　155
　　(2)　詐害信託　156

第7章　連帯債務・保証等

Ⅰ　連帯債務等 …………………………………………… 158

1　総　　論 …………………………………………… 158
2　連帯債務に関する改正の概要 …………………… 158
　(1)　特　　色　158
　(2)　連帯債務の要件　159
　(3)　影響関係——絶対的効力事由の見直し　159
　(4)　求償関係　167
3　不真正連帯債務 …………………………………… 170
4　連帯債務と不可分債務 …………………………… 175
　(1)　連帯債務と不可分債務の関係についての整理　175
　(2)　不可分債務の要件　175
　(3)　不可分債務の効果　177
5　債権者複数の法律関係 …………………………… 180
　(1)　連帯債権　180
　(2)　不可分債権　182

Ⅱ　保　　証 …………………………………………… 183

1　保証債務（保証人保護の方策の拡充以外） ……… 183
　(1)　附 従 性　183
　(2)　影響関係　183
　(3)　求償関係　185
　(4)　根保証（継続的保証）　190
2　保証人保護の方策の拡充 ………………………… 193
　(1)　総　　論　193
　(2)　公正証書による保証意思の確認——事業に係る債務についての保証の特則1　194
　(3)　契約締結時の情報提供義務——事業に係る債務についての保証の特則2　199

(4)　契約締結後の情報提供義務　201
　　(5)　その他の方策（見送り）　204

第8章　債権譲渡

I　債権譲渡 …………………………………………………… 206

1　改正の全体像 ………………………………………………… 206
2　債権譲渡制限特約 …………………………………………… 207
　　(1)　総　　論　207
　　(2)　預貯金債権についての現行法の維持――特則　208
　　(3)　預貯金債権以外についての譲渡制限特約の
　　　　効力――一般則　212
3　将来債権譲渡 ………………………………………………… 223
　　(1)　総　　論　223
　　(2)　改正の概要　224
　　(3)　将来債権譲渡をなしうる範囲（見送り）　226
4　債務者の抗弁――異議をとどめない承諾、相殺 ……… 227
　　(1)　総　　論　227
　　(2)　異議をとどめない承諾の廃止　227
　　(3)　債権譲渡と相殺　230

II　債務引受 …………………………………………………… 235

1　総　　論 ……………………………………………………… 235
2　併存的債務引受 ……………………………………………… 236
　　(1)　要　　件　236
　　(2)　効　　果　236
　　(3)　保証との関係　237
　　(4)　引受人の抗弁等　238
3　免責的債務引受 ……………………………………………… 241
　　(1)　要　　件　241
　　(2)　効　　果　243

目　次

　Ⅲ　契約上の地位の移転 ……………………………………… 246

第 9 章　弁済、相殺

　Ⅰ　弁　　済 …………………………………………………… 248

　　1　改正法 474 条の文言 ……………………………………… 248
　　　(1)　「弁済をするについて正当な利益」　248
　　　(2)　債務者の意思は債権者にはわかりにくい　249
　　　(3)　「正当な利益を有する者」であることは債権者にわかるか　251
　　2　弁済による代位 …………………………………………… 252
　　　(1)　判例法理の明文化　252
　　　(2)　代位の付記登記　252

　Ⅱ　相　　殺 …………………………………………………… 255

　　1　序　　説 …………………………………………………… 255
　　2　債権譲渡と相殺 …………………………………………… 255
　　　(1)　判例法理の一般化　255
　　　(2)　改正法 469 条 2 項　256
　　3　差押えと相殺 ……………………………………………… 261
　　　(1)　改正法 511 条 1 項　261
　　　(2)　改正法 511 条 2 項　261

第 10 章　各種の契約

　Ⅰ　はじめに …………………………………………………… 264

　Ⅱ　横断的な改正点 …………………………………………… 265

　　1　担保責任 …………………………………………………… 265
　　　(1)　改正内容　265
　　　(2)　検　　討　267

2　要物契約の諾成化 …………………………………………… 268
　　　(1)　改正内容　268
　　　(2)　検　　討　269
　　3　役務提供型契約の報酬請求権 ……………………………… 269
　　　(1)　改正内容　269
　　　(2)　検　　討　269
　　4　契約の終了 …………………………………………………… 270
　　　(1)　改正内容　270
　　　(2)　検　　討　271

Ⅲ　各種の契約の主な改正点 …………………………………… 273

　　1　贈　　与 ……………………………………………………… 273
　　2　売　　買 ……………………………………………………… 275
　　3　消費貸借 ……………………………………………………… 281
　　　(1)　改正内容　281
　　　(2)　検　　討　282
　　4　使用貸借 ……………………………………………………… 287
　　5　賃 貸 借 ……………………………………………………… 288
　　6　雇　　用 ……………………………………………………… 291
　　7　請　　負 ……………………………………………………… 291
　　8　委　　任 ……………………………………………………… 295
　　9　寄　　託 ……………………………………………………… 297
　　10　組　　合 ……………………………………………………… 298

Ⅳ　「各種の契約」の総論──類型設定の縦軸と横軸
　　　……………………………………………………………………… 300

事項索引・305
著者紹介・311

序章

改正の経緯

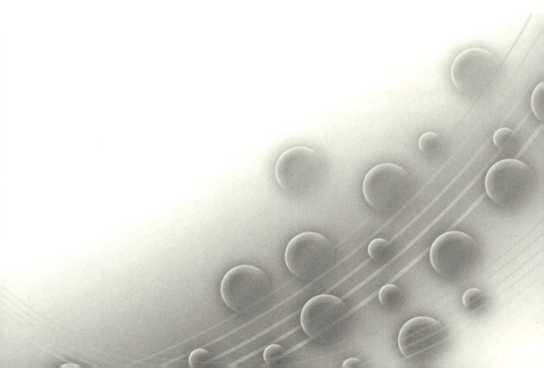

序　章　改正の経緯

改正の背景

1　民法の制定と維持

　2015年3月に債権法・契約法に関する民法改正法案が国会に提出され、2017年5月に成立しました。まず、この法案の提出に至る経緯とその目的を簡単に振り返りたいと思います。

　日本の最初の民法は、ボワソナードが起草し、1890年（明治23年）に公布されたものです。しかし、これは、民法典論争により、施行されないままとなりました。現在では、旧民法と呼ばれるものです。現在の民法は、旧民法を修正する形で制定されました。1896年（明治29年）に財産法の部分（第1編～第3編）が公布され、1898年（明治31年）に家族法の部分（第4編・第5編）も追加して公布され、この年に全体が施行されました。

　この民法については、第2次大戦前に7回の改正がありました。いずれも比較的小規模のものであり、家族法に関するものが多く、民法総則と担保物権に関するものも若干ありましたが、債権法の改正はありませんでした[1]。戦後は、より大きな改正があります。まず、日本国憲法の制定に伴い、1947年（昭和22年）に家族法の

---

1) 前田達明編『史料民法典』（成文堂、2004）1212～1281頁。

部分が全面改正され、民法総則の一部も改正されました。その後も、主なものとして、1962年の家族法及び民法総則の一部改正、71年の根抵当権に関する規定の新設、80年の法定相続分等の改正、87年の特別養子制度の新設、99年の成年後見制度の新設、2003年の担保物権法の大改正、04年の保証制度の改正と財産法の部分の現代語化、06年の公益法人制度の全面改正、そして11年の親権制度の改正などがありました。

こうして振り返ってみますと、債権法の改正が非常に少ないことに気づきます。民法の財産法、特にその債権法の部分が1世紀以上にわたって維持されてきたことの理由は、4つほど考えられます。

第1の理由は、民法の規定がローマ法に遡るものもある普遍性のあるものであって、抽象度が高いため、長持ちしたということです。しかし、ヨーロッパ諸国の民法にも様々なバリエーションがありますし、現に改正されてもいますので、これだけでは説明できません。

第2の理由は、民法が特別法や判例によって補完されてきたことです。特別法や判例は、民法の規律を修正したり、民法には一般的にしか規定されていない法理を具体化したりしました[2]。こうして民法は維持されてきましたが、これは裏返せば、民法の規律自体の機能は低下しているということでもあります。

第3の理由は、学説継受による条文の軽視ということです。民法

2）債権法の分野の主な特別法としては、電子記録債権法、動産債権譲渡特例法、偽造盗難カード預貯金者保護法、消費者契約法、電子契約法、利息制限法、借地借家法、信託法、製造物責任法などがある。もっと大きいところでは、商行為法や労働契約法などもある。判例では、契約交渉を破棄した者の責任、情報提供義務、安全配慮義務、事情変更の原則など、新たな法理が発達している。

序　章　改正の経緯

が制定されてから20年ほど経った20世紀初めころから、ドイツの民法学説が日本に輸入され、日本民法の条文の文言や沿革にかかわらず、ドイツ流に解釈される現象が生じました。これが学説継受と呼ばれる現象です[3]。その結果、民法の条文にどう書かれているのかは、あまり気にしなくてよい、だから条文の改正もしなくてよい、ということになります。実際、今から50年ほど前までは、民法の条文が軽視されるという傾向がかなりあったように思います。

　第4の理由は、取引実務に支障がないことです。これには2つの要因があります。1つは、債権法の規定が基本的には任意規定であり、特に契約法においては、契約自由の原則があることです。民法の規定が時代に合わないものとなっていても、当事者が自由に契約をすることによって対処できます。その結果、民法の規律が社会において十分に機能していなくても支障がないことになります。もう1つは、取引慣行や信頼関係の重視です。現実の取引においては、民法はもとより、契約さえ重要ではない、重要なのはお互いの信頼関係であるといわれることがあります。かつては、日本人の法意識とか日本の取引慣行といわれることもありました。そのため、民法の規定などあまり重要ではない、ということになります。この点については、現在では、別の見方が有力になっていますが、なお根強くある感覚ではないかと思います。

3）北川善太郎『日本法学の歴史と理論——民法学を中心として』（日本評論社、1968）。

2 民法の問題点——わかりにくさと空洞化

(1) 問題点

　これらの事情により、民法自体は維持されてきました。しかし、それは民法が尊重されてきたからではなく、民法が現実にはあまり機能しない歴史的遺産になっているからではないのか、民法に問題がないのではなく、民法の問題がもはや顧みられなくなっているにすぎないのではないか、ともいえます。問題点は、2つに整理することができます。1つは、民法のわかりにくさ、もう1つは民法の空洞化です。

(2) 民法のわかりにくさ

　民法はわかりにくいといわれることがあります。これには、いくつかの要因があります。
　第1は、民法がもともとわかりやすく作られたものではなかったことです。明治時代に民法が制定された背景には、不平等条約の改正という目的がありました。当時の日本にとって、治外法権の撤廃、関税自主権の回復が悲願であり、そのためには、裁判制度の整備、能力のある裁判官の養成とともに、主要な法典を編纂することが必須の条件とされていました。そこで、欧米から信頼される民法の制定が必要だったわけです。また、当時の法律学者や法律家はきわめて少数のエリートであり、とてもプライドが高かったのではないかと想像しています。ボワソナードの起草した旧民法には定義規定や分類規定が多くあったのですが、これを教科書的だといって嫌う、原則となるべき規範は当然のことだからといって明示せず、そ

の例外だけを規定する、という具合です。実際、日本の民法の条文数は、フランスやドイツの民法に比べてもかなり少なく、圧縮されたものになっています。明治時代に作られた民法は、外国からの信頼が得られ、法律専門家同士が理解できるものであればよいというものであり、一般国民にわかりやすいものにしようなどという発想が乏しかったのかもしれません。

　第2は、先ほども申しました学説継受の影響です。民法の条文の文言とは異なる解釈が学説を支配し、それが判例にも反映されるようになり、民法の規定との乖離が生じます。条文を読んでも、普通の理解では、そこからはたどりつけない解釈が広まった時期があり、その影響は、現在でも残っています。

　第3は、判例による法形成です。従来はあまり意識されていなかった問題が生じたり、一定の状況のもとでの特定の類型の紛争が多発したりしますと、民法の条文を出発点としつつも、そのような問題等に適用される具体的規範が発達します。その結果、条文だけでは、実定法の具体的規範は直ちにはわからないということになります。これは日本特有のことではありません。

　第4は、社会経済状況の変化や科学技術の発達による規範の基礎の揺らぎです。時代の変化により民法の表現や用語が古びてしまったことについては、2004年の財産法の部分の現代語化の際に、一応の手当てがされました。しかし、そのときは、内容には立ち入りませんでした。そのため、規範の内容自体の現代化は、残された課題となりました。たとえば、契約の成立に関するルールは、19世紀末の日本の通信手段を前提としていますが、現在では、通信手段は一変しています。また、明治時代にできた民法の想定する取引は、不動産など特定物の取引が典型であるようですが、現代社会では、大量に生産される代替物の取引やサービスの取引の重要性が増

加しています。このように、民法の規律の前提となる状況が変化し、その結果、ルールと現実との間にずれが生じ、その説明が難しくなっているという状況があります。

　以上の4点から、民法の条文の意味が理解しにくい、また、民法を読んでも日本の本当の民事実体法がよくわからないという状態になっています。これが1つ目の問題です。

(3)　民法の空洞化

　2つ目の問題は、民法の空洞化といわれる現象です。

　これは、第1に、特別法の発達に由来しています。ビジネスの取引では、商行為法や多数の特別法が適用され、消費者取引では消費者契約法が適用されます。ほとんどの雇用については、労働契約法などの労働法が規律しています。その結果、民法が直接規律する領域がかなり限定されるようになりました。

　第2に、社会における新しい法現象に民法が対応していないことです。たとえば、現代社会では約款が重要な意味を持っていますが、現在の民法にはこれに関する規定がありません。

3　民法改正の動きの背景

　このように、現実の問題を規律するルールを民法が用意していないとすると、民法の存在意義が疑われることになります。そこで、思い切った考え方としては、民法を廃棄し、契約法、物権法、家族法などの表題の諸法律に分けてしまい、そこで現代化を図るという選択もあり得ます。現に英米法では、民法という法典があるわけではありません。しかし、わが国では、おそらく民法の廃棄よりも改正のほうが望ましいという意見が多数ではないかと思います。民法

という法典が存在することには意味がある、ということについて、何人かの研究者がそれぞれの観点から論じていますが、その議論にコミットするかどうかはともかくとして、わが国において、民法の存在は、定着し、受容されているのではないでしょうか。そうしますと、民法の廃棄ではなく、その現代化が求められることになると思います。

　実は、このような問題は、日本特有のことではありません。ヨーロッパ諸国をはじめとする大陸法系の国々では、20世紀の終わり頃から、債権法・契約法の改正作業が進んでいます。オランダでは1992年に新民法典ができ、順次、その内容が拡充しています。ドイツでは2001年に民法の大改正があり、2002年に施行されました。フランスでは、ごく最近、民法の大改正がありました[4]。アジア[5]や南北アメリカ[6]でも、民法や契約法の新設や大改正がみられます[7]。

4）2016年2月10日、フランスでは議会の権限授与に基づく行政庁の命令（オルドナンス）の形式で、民法改正が成立した（同年10月1日施行）。政府は、同年7月にその追認法案を国民議会に提出したが、後に取り下げ、2017年6月に元老院に再提出し、現在、審議中である（2017年8月現在）。

5）中華人民共和国合同法（契約法）制定（1999年、全人代採択、施行）、台湾民法（債権法）改正（1999年公布、2000年施行）、ベトナム社会主義共和国民法制定（2005年）、カンボジア王国民法典制定（2007年）がある。韓国でも1999年以来、民法改正作業が進められていたが、全面改正には至らず、部分的な改正にとどまっているようである（民法改正研究会『日本民法典改正案Ⅰ　第一編総則——立法提案・改正理由』（2016）175～177頁）。

6）ケベック民法典（1991年成立、94年施行）、アルゼンチン新民商法典（2014年審署、15年施行）。

7）このほか、ロシア連邦民法典第1部（1994年成立、95年施行）・第2部（96年施行）などもある。

I　改正の背景

　各国の法律だけでなく、国際的なルールとしては、1980年に成立し、1988年に発効した国際物品売買契約に関する国連条約（ウィーン売買条約）があり、その後、各国の民法改正にも大きな影響を与えました。わが国も2008年に加入し、2009年からは日本でも効力を生じています。このほか、法律ではありませんが、国際的なモデル契約法も、研究者などによって提示されています[8]。

　これは、社会経済状況の変化及び科学技術の発達への対応や、市場のグローバル化への対応が、世界的に求められていることを表すものといえると思います。また、社会主義国の市場経済化や、ヨーロッパなど地域における統一化の動きも、それを推進していると思います。

　このようなことから、日本でも20世紀末ころから、研究者グループによる債権法等の改正のための立法提案がいくつか出されるようになりました[9]。

---

[8] ユニドロワ国際商事契約原則（1994年、2004年、2010年）、ヨーロッパ契約法原則（I 1995年〔2000年改定〕、II 2000年、III 2003年）、ヨーロッパ私法共通参照枠草案（2009年）、共通欧州売買法（草案）（2011年）などがある。

[9] 山本敬三ほか『債権法改正の課題と方向——民法100周年を契機として』別冊NBL51号（商事法務研究会、1998）、民法（債権法）改正検討委員会編『債権法改正の基本方針』別冊NBL126号（商事法務、2009）、同編『詳解　債権法改正の基本方針I～V』（商事法務、2009～2010）、民法改正研究会『民法改正と世界の民法典』（信山社、2009）、民法改正研究会編『民法改正　国民・法曹・学界有志案』法律時報増刊（日本評論社、2009）、椿寿夫ほか編『民法改正を考える』法律時報増刊（日本評論社、2008）、金山直樹編『消滅時効法の現状と改正提言』別冊NBL122号（商事法務、2008）。

序　章　改正の経緯

法制審議会民法（債権関係）部会における審議

　国内外でこれらの動きがある中、2009年10月に、法務大臣が法制審議会に民法（債権関係）の改正についての諮問をしました。諮問第88号です。「民事基本法典である民法のうち債権関係の規定について、同法制定以来の社会・経済の変化への対応を図り、国民一般に分かりやすいものとする等の観点から、国民の日常生活や経済活動にかかわりの深い契約に関する規定を中心に見直しを行う必要があると思われるので、その要綱を示されたい」というものです。

　この諮問を受け、法制審議会に民法（債権関係）部会が設置され、2009年11月から2015年2月まで、この部会で審議がされました。その審議状況は、次頁の表の通りです。

　この部会で取り扱われたのは、諮問にありますように、民法の債権関係のうち契約に関する部分が中心です。具体的には、民法総則のうちの法律行為と消滅時効、債権法のうちの債権総則と契約法の部分です。部会での審議の内容は、4段階で進められ、各段階でとりまとめがされています。1つ目は、2011年4月の「中間的な論点整理」[10]、2つ目は、2013年2月の「中間試案」[11]、3つ目は、2014年8月の「要綱仮案」、4つ目は、2015年2月の「要綱案」です。この要綱案が部会から法制審議会総会に提出され、この総会で決定されて「民法（債権関係）の改正に関する要綱」になりました。この要綱に基づいて「民法の一部を改正する法律」の法案が作

Ⅱ　法制審議会民法（債権関係）部会における審議

【法制審議会民法（債権関係）部会における審議】

	時　　期	部　　会	内容・経過
第1ステージ	2009.11～2011.4	1回～26回	論点整理
中間的な論点整理	2011.4決定、5公表		パブリック・コメント
ヒアリング	2011.6	27回～29回	
第2ステージ	2011.7～2013.2	30回～71回	中間試案に向けての審議 このほか2011.11～2012.11に3つの分科会で各6回審議
中間試案	2013.2決定、3公表		パブリック・コメント
第3ステージ	2013.5～2014.8	72回～96回	要綱仮案に向けての審議
要綱仮案	2014.8決定、9公表		
補充審議	2014.12～15.2	97回～99回	要綱案に向けての審議
要綱案	2015.2.10決定		部会審議終了
民法（債権関係）の改正に関する要綱	2015.2.24決定		法制審議会総会 法務大臣に答申
法案（民法改正法・整備法）	2015.3.31		内閣、国会（衆議院）に提出
法律（民法改正法・整備法）	2017.5.26成立、6.2公布		

10）法務省民事局参事官室による「民法（債権関係）の改正に関する中間的な論点整理の補足説明」（http://www.moj.go.jp/content/000074988.pdf〔http://www.moj.go.jp/shingi1/shingi04900074.html 参照〕）が公表されている（商事法務編『民法（債権関係）の改正に関する中間的な論点整理の補足説明』商事法務、2011）もある）。

序　章　改正の経緯

成され、2015年3月31日に内閣から国会に提出されました。

　部会における審議の過程で、項目は大幅に絞り込まれました。まず、中間論点整理から中間試案に至る段階で改正項目は半分以下になり12)、中間試案から要綱仮案に至る段階では、重要な項目も含め、さらに15％強が削られたといわれています13)。要綱仮案から要綱案に至る段階では、留保されていた定型約款に関する規定が入ったほか、若干の加除修正がありました。要綱案と要綱は同じ内容ですが、要綱から法案までの間に、さらに3項目の削減がありました。このような絞り込みは、研究者だけでなく、裁判所、弁護士会、経済界、労働団体、消費者団体、関係官庁などがそれぞれの観点から意見を述べ、また、2度のパブリック・コメントに寄せられた多数の意見を考慮し、大勢の一致するところに絞られていったという経緯によるものです。これに加えて、審議の後半では、法制的観点からの検討が進み、その影響もみられます。2015年の法案の提出理由は、「社会経済情勢の変化に鑑み、消滅時効の期間の統一化等の時効に関する規定の整備、法定利率を変動させる規定の新

---

11)　法務省民事局参事官室による「民法（債権関係）の改正に関する中間試案の補足説明」（http://www.moj.go.jp/content/000112247.pdf〔http://www.moj.go.jp/shingi1/shingi04900184.html 参照〕）が公表されている（商事法務編『民法（債権関係）の改正に関する中間試案の補足説明』（商事法務、2013）もある）。

12)　論点の数は、中間的な論点整理では550項目程度であったのが、中間試案では260項目程度になったといわれている（鎌田薫ほか「＜鼎談＞民法がつなげる実務と理論——中間試案の特徴と審議の内容を踏まえて」NBL1000号（2013）12頁・13頁〔内田貴発言〕）。

13)　中間試案から要綱仮案に至る段階で、大項目は46個から39個に、小項目は240個から199個（約款を入れると203個）になったといわれている（奥田昌道「＜インタビュー＞債権関係規定の見直し——要綱仮案を読んで」法律時報1079号（2014）4頁・5頁〔松岡久和発言〕）。

設、保証人の保護を図るための保証債務に関する規定の整備、定型約款に関する規定の新設等を行う必要がある。これが、この法律案を提出する理由である」であり、2009年の法務大臣の諮問の対象よりも、限定的になっています。

　このように、かなり小ぶりにはなりましたが、ようやく法案が国会に提出されるに至ったわけです。

　国会では、しばらく審議が始まりませんでしたが、2016年秋に審議入りし、2017年4月14日に衆議院で、同年5月26日に参議院で、法案が可決され、民法改正法及び整備法が成立しました。成立の遅れに伴う附則の技術的修正を除くと、法案の通りの内容のものです。なお、両院の各法務委員会で、民法改正法の施行に当たり、政府に格段の配慮を求める事項について、それぞれ附帯決議がされました。民法改正法及び整備法は、同年6月2日、公布されました。施行は、公布の日から起算して3年を超えない範囲内で政令で定める日（2020年4月1日となりました）からとなります（一部を除く）。諸規定についての経過規定も定められています。

　以上が民法改正の経緯です[14]。

---

14) 本章の内容の一部は、中田裕康『契約法』（有斐閣、2017）と重なるところがある。

第1章

法律行為・代理

第1章　法律行為・代理

はじめに

　本章では、法律行為と代理に関する規定を取り上げます。本論に入る前に、検討対象を画定するとともに、検討の視点について触れておきたいと思います。

　まず検討対象についてですが、ここでいう「法律行為」（狭義の法律行為）とは民法典の第1編第5章「法律行為」（最広義の法律行為）の総論部分に当たる第1節と第2節、改正法の規定では改正法90条から98条の2までを指していますが[1)]、これに新設されている改正法3条の2を含めています[2)]。「代理」は文字通り民法典第1編第5章第3節「代理」の部分（改正法99条～108条）を指しています。したがって、表題を「法律行為・代理」（広義の法律行為）としている時点で、「無効及び取消し」や「条件及び期限」の部分

---

1) 本文中では、「法律行為」につき、最広義、広義、狭義などという言葉遣いをすることがあるが、以下のように整理している。
　　第1編第5章「法律行為」
　　　第1節　総則　　　　　　（→最狭意）｜狭義
　　　第2節　意思表示　　　　　　　　　　｜　　｜広義
　　　第3節　代理　　　　　　　　　　　　　　　｜　　｜最広義
　　　第4節　無効及び取消し
　　　第5節　条件及び期限
2) 本章は中間試案で言うと、「第1法律行為総則」、「第2意思能力」、「第3意思表示」と「第4代理」に対応する部分をカバーする。

Ⅰ　はじめに

は除外されています。もちろん、あらかじめ除外された部分にも改正されている規定があります。そのうち特に重要なものについては、以下においても一言しますが[3]、基本的にはこれらは検討対象とはしていません。また、「法律行為・代理」についても改正法のすべてを取り上げるわけではなく、いくつかの重要な問題に焦点を合わせて説明します。

　次に検討の視点についてですが、これは一般的なものと本章に固有のものに分かれます。ある制度を説明するにあたっては、制度趣旨と要件効果とを分け、要件効果については原則と適用とを分ける、というのが一般的なやり方だろうと思いますが、本章では制度趣旨を中心とし、要件効果に触れる場合にも原則部分（基本的な考え方）を重視するようにします[4]。具体的な適用の部分については、他のより詳細な出版物に委ねたいと思います。以上が一般的な指針ですが、本章については、特に、「意図せざる効果」という点に注目したいと考えています。このことの意味については、本論の中で見てまいります。

　具体的な説明の順序としては、まず、いったいどのような改革が企図されていたのか、実現したもの・実現しなかったものはどのように位置づけられるべきか、という観点からの説明を行い（Ⅱ）、続いて、実現したものが、どのような問題を惹起することになるのかを考えていきたいと思います（Ⅲ）。

[3) 原状回復義務につき新設された改正法121条の2、条件成就に関する130条2項。
[4) 一般的な視点は、筆者が担当する別項目（第3章、第5章）にも共通に当てはまるが、各項目では再説しない。

第 1 章　法律行為・代理

改正法の概要

1　実現したもの

　代理を含む（広義の）法律行為について改正法に結実したのは、ほとんどが技術的な手直しですが、注目すべき改正としては、意思能力規定の新設と錯誤規定の整理を挙げることができます。この2つについては、後で改めて述べることにして、そのほかの改正を概観しておきます。

　まず代理を除く狭義の法律行為の部分については、おおまかにいって3つのタイプの改正がなされています。

　第1は、従来の判例法理を明文化したものです。最も重要なのは、いわゆる重畳型の表見代理（109条＋110条、112条＋110条）と代理権濫用に関する判例法理を明文化した点でしょう（改正法109条2項・112条2項、107条）。このほかに、意思表示の到達や条件成就についても同様の明文化がなされています（改正法97条2項、130条2項）。

　第2は、従来、一般に認められていた考え方を明文化したものです。心裡留保・錯誤の場合の第三者保護（改正法93条2項・95条4項）、錯誤の効果を取消しとすること（改正法95条1項）、原状回復に関する規定の創設（改正法121条の2）などがこれに当たります。

第3は、従来の規定の整理・精密化を行ったものです。復代理や自己契約・双方代理など代理の部分に多いのですが（改正法104条～108条）、細かく見るとほかにもいろいろあります。

以上に関しては、議論の過程においても大きな異論はなかったと言ってよいでしょう。

2 実現しなかったもの

狭義の法律行為に関しては、当初は提案されていたけれども、結局、実現しなかったものが少なくありません。別のところで述べるように[5]、実現しなかった提案とこれに関する議論は必ずしも無駄になるわけではなく、解釈論としてなしうることは少なくありません。私自身は、実現しなかった提案に関心を持っており、いずれそれらを活かす解釈論をまとめた小著を公刊したいと考えています。しかし、ここでは、紙幅の関係もあって具体的な解釈論に立ち入ることはできないので、中間試案までは存在した提案につき、項目だけを掲げるにとどめます。

第1に、法律行為の定義を置き、その効力に関する規定を設けるという提案（「第1　法律行為総則」「1　法律行為の意義（民法第1編第5章第1節関係）」）。第2に、暴利行為規定の明文化（「第1　法律行為総則」「2　公序良俗（民法第90条関係）」(2)）。第3に、不実表示に関する規定（「第3　意思表示」「2　錯誤（民法第95条関係）」(2)イ）。これらはいずれも重要な提案であり、特に後二者については、最後まで議論されましたが[6]、結局、採用されませんでした。

5）第3章「契約の成立・定型約款」のⅣ「補論」を参照。
6）暴利行為につき、第92回会議議事録1～10頁、第95回会議議事録2～5頁、不実表示につき、第90回会議議事録11～19頁、第96回会議議事録1～6頁。

改正法の含意

1　意思能力規定の破壊力

　先ほど留保した注目すべき2点のうちの1つは、意思能力に関する規定の新設です（改正法3条の2）。この規定は、中間試案では法律行為の部分で提案されていたものですが（「第2　意思能力」）、最終的には人（第1編第2章）の部分に移されました。意思能力は人の能力であり、行為能力の前提となるものであるという伝統的な理解に従えば、改正法の規定配置は妥当であるということになります。これは1つのありうる考え方ではあります。しかしながら、この規定に関する議論の過程では、意思能力は一律に定まるものではなく（かつては7歳から10歳の子どもに相当する判断力とされた）、対象となる行為ごとに異なってくるという理解も有力に主張されていていました[7]。

　仮に、後者の考え方に立つならば、伝統的な意味での意思能力はあるとしても、対象となる行為自体が複雑である、あるいは、危険であるといった場合には、それにふさわしい高い程度の判断力が求められることになります。たとえば、高齢者が金融商品を購入する

　7）第76回会議議事録36〜37頁。

といった場合には、伝統的な意味での意思能力はあるとしても、本条における意思能力がないと判断される余地が出てきます。本条の趣旨をこのように考えるとすると、本条は非常に大きな意味を持つことになります。この点は今後の運用次第ではありますが、本条は潜在的な破壊力を秘めた規定であると言えるかと思います。

なお理論的には、9条ただし書の「日用品の購入その他日常生活に関する行為」の取扱いを、あわせて正当化できるような枠組みが求められることになるでしょう[8]。

2　錯誤規定の問題提起

もう1つは、錯誤に関する規定の整理です（改正法95条）。先に触れた効果の点（同条1項・4項）は別にして、次の2点が重要です。

第1に、これまで難解であるとされてきた「要素の錯誤」の要件が、従来の判例を踏まえつつ、「その錯誤が法律行為の目的及び取引上の社会通念に照らして重要なものであるとき」に置き換えられ、かつ、「表示の錯誤」と「動機の錯誤」とが区別され、後者につき一定の考え方が示されたこと（改正法95条1項・2項）。一定の考え方とは、①「法律行為の基礎とした事情」という概念を用いたうえで、②「その事情が法律行為の基礎とされていること」が表示

8）9条ただし書は、（定型的な）行為能力が認められないのが原則であるけれども、低い水準の意思能力があれば足りるので例外的に行為能力を認めるべき場合があることを示しているのに対して、改正法3条の2は、（定型的な）行為能力が認められるとしても、意思能力が欠ける場合があることを明示することになる。ここには、（定型的な）行為能力と（アドホックな）意思能力の理論的・制度的な関係を再考する契機が含まれている。

されていることが必要であるとする考え方です。様々な議論を経てこのような表現に落ち着いたのですが[9]、①②につき一致した考え方が示されたわけではなく、改正前の見解の対立及び諸見解の不明瞭さは依然として払拭されませんでした。今後は、①②をめぐってさらなる議論が展開されることになりますが、議論の焦点となる概念として「法律行為の基礎」という言葉が採用されたことが、一定の方向性を与えうるだろうと思います[10]。たとえば、判例が別の文脈で用いている「法律行為の前提」という概念との異同・関連なども問題となり[11]、これらを総括できる理論的説明が求められることになるでしょう。

　第2に、錯誤者に重過失があった場合の錯誤主張の制限につき、相手方に認識可能性があった場合と双方錯誤の場合が挙げられたこと（改正法95条3項）。従来異論のなかった点であると言われます

---

9) 第96回会議議事録1〜6頁。
10) 従来、「法律行為（あるいは意思表示）の内容」という表現が何を意味するかにつき、意見が一致しなかった（第90回会議議事録11〜19頁）。最終段階において、改正法はこの点につき1つの見方を示したことになる。これは、一定の整理を示すものとして評価できるものの、従来の枠組みを変更するものであるので、従来の錯誤論はこの表現を取り込んだかたちでの再編成を迫られることになる。それによって、錯誤論における新たな理論布置が生じることになるだろう。

　なお、錯誤につき、最判平成28・1・12民集70巻1号1頁との関係も問題となるだろう。この点については、大村敦志「錯誤法の将来——立法・判例・学説の相互影響」中日民商法研究第16号（2017）で若干の検討を行った。判例は錯誤無効の主張を退けつつ情報提供義務違反の可能性を示すことにより、二者択一ではない柔軟な解決を求めたのではないか、その意味では妥当な判断がなされたのではないかという点には注意を要するが、錯誤の理論という点からはなお検討すべき点を含む（その意味で問題のある）判決であると思う。
11) 最判平成16・11・5民集58巻8号1997頁。

が、これらが明文化されたことによって、錯誤における相手方の認識をどのように位置づけるかという問題が改めて注目されることになるでしょう。実は、第1点もこの問題と密接に関連しています。

　一言で言うならば、改正法の錯誤規定は従来の考え方を改めたわけではなく、よりわかりやすいかたちで定式化することを目指して立案されました。しかし、現実に採用された文言は、新たな議論を誘発する可能性を持っています。それは混乱をもたらすか、発展をもたらすか、今の時点では予想しがたいところがあるのです。

第 2 章

消滅時効

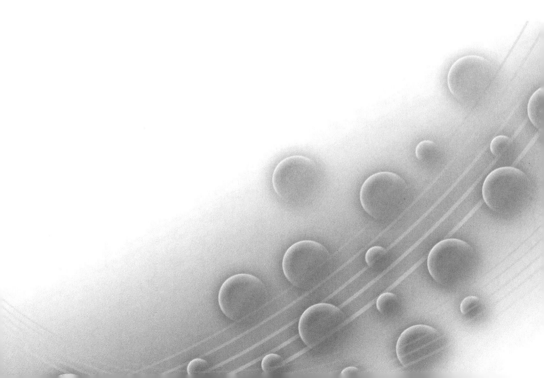

第 2 章　消滅時効

改正内容

　消滅時効に関する大きな改正は、3 点あります。①債権の消滅時効の時効期間と起算点の変更、②特別の短期消滅時効の廃止、③時効の中断・停止を時効の完成猶予と更新で再構成したこと、です。

1　債権の消滅時効期間と起算点

　改正の第 1 点は、債権の消滅時効の時効期間と起算点の変更です。改正法 166 条 1 項です。債権は、債権者が権利を行使することができることを知った時から 5 年間、又は、権利を行使することができる時から 10 年間で時効消滅する、これが原則です。商事消滅時効に関する商法 522 条は削除されますので、改正法 166 条 1 項は、民事・商事を問わず適用されることになります。

　この原則に対する例外が 4 つあります。

　1 つ目は、人の生命・身体の侵害による損害賠償請求権の消滅時効です（改正法 167 条）。長期が 10 年間でなく、20 年間となります。

　2 つ目は、不法行為による損害賠償請求権の消滅時効です。改正法 724 条は、現行 724 条を維持し、期間制限を短期 3 年間、長期 20 年間としています。ただ、判例は、現行 724 条の長期 20 年間の期間制限の性質を除斥期間と解していますが（最判平成元・12・21 民集 43 巻 12 号 2209 頁）、改正法 724 条は、短期も長期も時効であ

ると明記しています。これにより、現在でいうところの時効の中断・停止が生じうることになりますし、債務者である加害者の時効の援用が権利濫用と評価される余地も生じます。被害者にとっては、除斥期間よりも長く保護される可能性があることになります。なお、改正法724条の2では、人の生命・身体を害する不法行為による損害賠償請求権の消滅時効は、短期が3年間でなく5年間とされています。1つ目の例外と合わせると、人の生命・身体が害された場合は、債務不履行でも不法行為でも、短期5年間、長期20年間の消滅時効となります。たとえば、医療過誤の場合、どちらの構成をとっても同じになります。

　例外の3つ目は、改正法168条の定期金債権の消滅時効、4つ目は、改正法169条の判決で確定した権利の消滅時効です。これらは現行規定の微修正です。

2　特別の短期消滅時効の廃止

　改正の第2点は、現行170条から現行174条までの特別の短期消滅時効を廃止することです。現在の民法には、売掛金の消滅時効の時効期間は2年間（現行173条1号）、飲み屋の付けは1年間（現行174条4号）など細かい規定があります。これらの規定は、古い歴史的な背景を持ち、また、民法制定当時のわが国の慣習も考慮されて設けられたものですが、現在では必ずしも合理性がないことから、廃止されることになります。

3　時効の完成猶予と更新

　改正の第3点は、現行法でいう時効の中断・停止の制度が、新た

な概念によって再構成されたことです。現行法では、たとえば、訴えを提起すると時効が中断しますが、その訴えが却下されると中断の効力は生じません（現行149条）。しかし、その場合であっても、訴え提起に催告としての効力が認められ、訴え却下の時から6ヵ月以内に改めて現行153条の手続をすれば時効中断の効力が認められると解されています。これは判例・学説の解釈であり、裁判上の催告と呼ばれています（最判昭和45・9・10民集24巻10号1389頁〔破産申立て取下げの場合〕）。このように、かなり複雑です。そこで、改正法は、中断と停止の全体について、再構成し、整理しました。

まず、「時効の完成猶予」という概念を設けています。改正法147条1項柱書に「次に掲げる事由がある場合には、……時効は、完成しない」とあります。これが時効の完成猶予です。裁判上の請求等（改正法147条）、強制執行等（改正法148条）、仮差押え等（改正法149条）、催告（改正法150条）、協議を行う旨の合意（改正法151条）について、規定されています。このように、一定の事由があると、時効の完成が猶予されます。次に、その完成猶予がいつまで続くのかですが、これも時効の完成猶予を生じさせる事由ごとに規定されています。たとえば、裁判上の請求等についての改正法147条1項では、「その事由が終了する」まで、が基本となります。

では、完成猶予の期間が経過した後は、どうなるのでしょうか。改正法は、一定の事由については、時効がゼロから再スタートすることがあるとし、これを「時効の更新」と呼んでいます。たとえば、裁判上の請求等に関する改正法147条2項は、一定の場合には、時効は、完成猶予をもたらした事由が「終了した時から新たにその進行を始める」と規定しています[1]。現在の中断と同様です。

---

1) この場合の新たな時効期間については、改正法169条参照。

これに対し、仮差押え等による時効の完成猶予を定める改正法149条では、時効の完成猶予だけが規定されていて、更新については規定されていません。仮差押えがされている間プラス6ヵ月間、時効の完成が猶予されるだけです。

次に、現在の時効の停止がどうなるかですが、これに関する現行158条から現行161条は、時効の完成猶予に包摂されることになります。ここでは、時効の完成猶予のみが規定されていて、更新についての規定がありません。現在の時効の停止は、新法では、時効の更新を伴わない完成猶予ということになります。そのため、各条文の見出しが「停止」から「完成猶予」に変わります。現行158条から現行161条の条文の本文では、もともと「停止」の語は用いられていませんので、改正法158条から改正法160条までは、見出しが変わっただけです。改正法161条のみ、見出しの変更に加えて、期間も変更されています。現行法では天災等の事変による障害が消滅した時から2週間経過するまで時効は停止しますが、これでは短いと考えられ、完成猶予は3ヵ月に延ばされました。

このように、時効の完成猶予とその一部についての更新の制度が設けられましたが、1つ、特徴のあるものがあります。それは承認です。時効は、「権利の承認」があったときは、「その時から新たにその進行を始める」とされます。改正法152条1項です。承認については、時効の完成猶予ということはありません。更新だけがあることになります。

一見すると複雑ですが、どのような場合に時効の完成が猶予されるのか、それにいつまで続くのか、どのような事由があれば時効がゼロから再スタートするのか、と整理すると、見通しがよくなるのではないかと思います。これを次頁の【表】のようにまとめてみました。改正法の条文とあわせてご確認ください。

第2章　消滅時効

【表】

改正法	完成猶予事由	完成猶予期間	更新
147	裁判上の請求 支払督促 訴え提起前の和解・調停 破産手続参加等	事由の終了まで (確定判決等による権利の確定なく終了した場合、その時から6ヵ月経過するまで)	事由が終了した時から (確定判決等により権利が確定した場合のみ) cf. 169条により10年
148	強制執行 担保権実行 留置権による競売等 財産開示手続	事由の終了まで (申立ての取下げ等による終了の場合、その時から6ヵ月経過するまで)	事由が終了した時から (申立ての取下げ等による終了の場合を除く)
149	仮差押え 仮処分	事由終了から6ヵ月経過するまで	──
150	催告 (催告による完成猶予中の再度の催告は不可) (合意による完成猶予中の催告は不可)	催告から6ヵ月経過するまで	──
151	協議を行う旨の合意 (合意による完成猶予中の再度の合意は可。ただし、本来の完成時から通算5年以内) (催告による完成猶予中の合意は不可)	次のいずれか早い時まで ・合意から1年経過時 ・合意による協議期間(1年未満)経過時 ・協議続行拒絶通知から6ヵ月経過時	──
158	未成年者又は成年被後見人	行為能力取得又は法定代理人就職から6ヵ月経過するまで	──
159	夫婦間	婚姻解消から6ヵ月経過するまで	──

160	相続財産	相続人確定等から6ヵ月経過するまで	——
161	天災等	障害消滅から3ヵ月経過するまで	——
152	——	——	承認の時から

　なお、先ほども触れましたが、改正法151条の「協議を行う旨の合意による時効の完成猶予」は新しい制度です。権利についての協議をするという合意が書面でされたときは、その合意の時から1年間は時効の完成を猶予する、というのが基本です（同条1項1号）。訴訟を起こさずに交渉で解決しようと考える場合、交渉中に時効が完成すると困ります。そこで、一定の要件のもとで時効の完成を猶予し、交渉による解決を促進するものです。これは、特にビジネスにおける紛争の際に活用されるのではないかと思います。

　このほか、改正法153条と同154条では、時効の完成猶予と更新について、その効力の及ぶ人的範囲について、具体的な規律を定めています。

　以上の3点が消滅時効制度の主な改正点です。このほか改正法145条で時効の援用権者を判例を踏まえて例示するなど、規律が明確化されています。

　消滅時効の期間と起算点については、様々な考えがありました。部会では、特別の短期時効をなくし、単純化・統一化するということは、早い段階で一致したのですが、各業界あるいは消費者側から、それぞれの関心の深い債権を中心に、多くの意見が出されました。このため、時効の具体的な規律は、最終段階でようやくまとまるに至ったものです。

検　討

1　時効の本質論との関係

　以上が改正の概要ですが、ここでいくつかの点について少し検討を加えます。
　まず、時効の本質論との関係です。時効制度の存在理由としては、永続した事実状態の尊重、真の権利者の怠慢に対する制裁、立証の困難の救済などが挙げられますが、その根底には、時効制度についての2つの異なる理解があるといわれています。そもそも「時効」という言葉は、翻訳による造語ですが、かつては、これとは異なる訳語が使われたことがありました[2]。その1つは、「期満得免」です。「期が満つれば、権利を得、義務を免れる」という意味です。これが時効についての1つの理解です。つまり、時効とは、時の経過によって、もともと無権利だった人に権利を与えたり、もともと義務を負っていた人にその義務を免れさせたりする制度だと理解するものです。この系統にあるのが実体法説です。もう1つの訳語は、「時證」です。「時が証拠だ」という意味です。つまり時効とは、もともと権利を有していた人やすでに義務を履行した人が、時の経過に伴って、証拠をなくしてしまい、自分が権利を有することの証明やすでに弁済したことの証明が困難になったとしても、救済

Ⅱ 検　　討

する、そういう制度だと理解するものです。この系統にあるのが推定説や訴訟法説です。今回の改正でも、当然、時効の本質をどう理解するのかが問題となりますが、結論をいえば、改正法は、本質論について決着をつけなかったということになると思います。

　まず、消滅時効の効果について、現行法は、時効によって権利が消滅すると規定していますが（現行167条）、これに対し、権利は消滅せず、ただ請求力が失われるにすぎないものとすべきだという見解も部会で強く唱えられました[3]。しかし、この点は改正されず、現行規定と同様になっています（改正法166条）。他方、消滅時効の援用と効果の発生の関係について、中間試案ではいわゆる停止条件

2）「期満得免」は、箕作麟祥がフランス民法の翻訳（1875年）の際、prescription の訳語として示し、これが一般に流布し、明治11年民法草案（1878年）などで用いられた（内池慶四郎『出訴期限規則略史』（慶応義塾大学法学研究会、1968）350頁・372頁・288頁参照）。他方、「時證」は、民法編纂局から内閣に上申された民法草案（1886年）に現れていた言葉である（第2編第2部第3章第9節の表題及び1085条。公文類聚第14編巻之81所収〔国立公文書館蔵〕。大久保泰甫＝髙橋良彰『ボワソナード民法典の編纂』（雄松堂出版、1999）57頁以下参照）。後に、現行民法制定過程の最初期である第3回法典調査会総会（1893年）で、磯辺四郎がこの語を用いることを提案したが、支持されなかった（法務大臣官房司法法制調査部監修『日本近代立法資料叢書12』（1988）「法典調査会總會議事速記録」42頁以下）。この間、井上操がボワソナードの講義を翻訳するにあたって、「期満得免」の訳語に異論を述べ、ボワソナードの教示（「effet du temps」と訳すべし）を得て、「経時効」の訳語を提示し、また、「単ニ時効ト譯スルモ可ナラン」と述べた（ボアソナード講義（井上操筆記・訳）『性法講義』（1877〔司法省蔵版（1883 小笠原書房翻刻）〕）102頁）。こうして、旧民法証拠編（1890年）の「時効」の語の選択に至ることになる。時効を法律上の推定とする旧民法と、権利の「取得」・「消滅」とする現行法とでは時効の理解が異なるが、用語は維持され、今日に至っている。時効学説については、松久三四彦『時効制度の構造と解釈』（有斐閣、2011）114頁以下〔初出1984〕、参照。

3）中間試案「第7　消滅時効」「8　時効の効果」の（注）を参照。

第2章　消滅時効

説を明文化することが提示されていましたが[4]、反対論も強く、明文化は見送られました[5]。こうして、効果については、現行法の規律に手をつけない結果になっています。

次に、時効期間を短縮化する理由が問題となります。理由づけによっては、一定の時効観と親和的だといえるからです。部会での説明資料では、理由としては、特別の短期消滅時効を廃止したうえでの時効期間の統一が挙げられていますが[6]、これ自体は、一定の時効観によるものとはいえません。また、短縮化の理由は他の説明も可能です。たとえば、取引の大量化に伴う法律関係の早期の安定化の要請です[7]。いずれにせよ、短期化の理由が1つに絞られたわけではなく、これも時効本質論を決定するものとはなりません。

第3に、現行法の時効中断制度、改正法では完成猶予と更新という制度の理解についても、オープンです。従来、時効中断の根拠として、権利者が権利を行使したから怠慢ではなくなるという権利行使説と、中断事由があれば権利の存在が公に確定されることになり、すでに弁済したとの推定は崩れるので、時効は中断すると考える権利確定説が唱えられています。改正法では、完成猶予を認める段階では権利行使説が親和的ですが、更新を認める段階では権利確

---

4) 中間試案「第7　消滅時効」「8　時効の効果」の(2)。
5) 部会資料69A「第1　消滅時効」の「取り上げなかった論点」(26頁)。
6) 部会資料78A「第2　消滅時効」の1(説明)2(4)では「債権の原則的な時効期間を実質的に短期化することの積極的な理由」は、「債権の消滅時効について時効期間を統一する必要性があることにある」とされ、その内容が検討されている。
7) 金山直樹編『消滅時効法の現状と改正提言』別冊NBL122号（商事法務、2008）8頁〔金山〕は、時効の存在理由との関係で、時効期間を定めるにあたって考慮されるべき社会的事実として、市場の拡大、権利の普及と司法へのアクセス、社会秩序の維持の観点からの自己防衛策、その他（限界の留保）を挙げている。

定説からの説明が簡単です。どちらか一方が選択されたとはいえないように思います。

このように、消滅時効の効果、短期化の理由、完成猶予と更新の制度を検討すると、今回の改正が時効制度の本質論をめぐる論争に決着をつけるものではなく、この点は、引き続き、解釈に委ねられているというべきだと思います[8]。

2　解　釈　論

個別的な解釈問題は、いろいろありますが[9]、ここでは１点だけを取り上げたいと思います。それは、消滅時効の起算点です。改正法166条１項１号では「債権者が権利を行使することができることを知った時」が５年の時効の起算点であり、２号では「権利を行使することができる時」が10年の時効の起算点です。現行166条では、「権利を行使することができる時」が起算点ですが、これについては、一般的には、法律上の障害がないことといわれています。履行期が到来しているなど、法律上、権利を行使しようと思えばできた時点ということです。もっとも、近年、債権者を保護する観点から、起算点を後らせるケースが出ています。たとえば、家賃の供託をした人は、家主が供託金を受け取らなければ、取り戻すことができますが、取り戻してしまうと、供託することによって賃料不払

---

[8] 松久三四彦「民法（債権関係）改正による新時効法案の審議と内容」星野英一先生追悼『日本民法学の新たな時代』（有斐閣、2015）239頁・265頁以下も、結論としては同様の評価をしている。

[9] 松久・前掲注[8] では、明示的一部請求の訴えによる残部の時効中断（257頁）、裁判上の請求による完成猶予中の再度の裁判上の請求（264頁）、現行724条後段のもとで除斥期間が経過した債権の取扱い（264頁）が検討されている。

といわれることのないようにしておこうという目的が実現できなくなります。そうすると、供託金取戻請求権が法律上行使できるとしてもそれを強いることは不当だということになります。そこで、判例は、この場合、請求権の時効の起算点は、供託した時ではなく、「供託者が免責の効果を受ける必要が消滅した時」だといいます（最大判昭和 45・7・15 民集 24 巻 7 号 771 頁）。また、債権者が法律上の障害を除去して権利を行使できる場合についても、同じような判断がされています（最判平成 19・4・24 民集 61 巻 3 号 1073 頁〔自動継続定期預金〕、最判平成 21・1・22 民集 63 巻 1 号 247 頁〔過払金返還請求権〕、最判平成 28・3・31 民集 70 巻 3 号 969 頁〔宅建業法上の営業保証金取戻請求権〕）。そこで、判例の立場をまとめると、次のようにいえるのではないかと思います。すなわち、「現行 166 条の『権利を行使することができる時』の『できる』とは、権利の行使に法律上の障害がないことを意味する。ただし、債権者が障害なく、あるいはその障害を除去して、権利を行使することができる場合であっても、債権者にそれを強いることがその債権の発生の基礎となる制度又は契約の趣旨に反するときは、なお法律上の障害があるといえる」ということです。

　このような解釈が改正法 166 条 1 項 1 号・2 号においてどうなるのかが問題になります。1 号を主観的起算点、2 号を客観的起算点と呼んで、2 号は、より厳格になるという見解もあるかもしれません。ここは解釈問題ですが、私は、2 号では現行 166 条の解釈を維持しうるのではないかと思います。そして、1 号はそのような意味

10）潮見・概要 42 頁は、現行法のもとで、法律上の障害説と事実上の期待可能性説があることを紹介したうえ、改正法のもとでも、引き続き解釈に委ねられていると指摘している。

での「権利を行使することができること」を知った時となるのではないかと考えています[10]。たとえば、供託金取戻請求権についていうと、「供託者が免責の効果を受ける必要が消滅したことを知った時」になるのだと思います。

第3章

契約の成立・定型約款

第3章 契約の成立・定型約款

はじめに

　本章では、契約の成立と定型約款に関する規定を取り上げます。本論に入る前に、検討対象を画定するとともに、検討の視点について触れておきたいと思います。

　まず検討対象についてですが、ここでいう「契約の成立」（狭義の契約の成立）とは民法典の第3編第2章第1節（契約総則の部分）の第1款「契約の成立」（狭義の契約の成立）の部分、改正法の規定では改正法521条から532条までを、「定型約款」とは同節の第5款「定型約款」の部分、改正法の規定では改正法548条の2から548条の4までを指しています[1][2]。

　次に検討の視点ですが、一般論としてはすでに述べたので繰り返しません[3]。本章に特有の視点としては、「基本原則の意味」とい

---

[1] 本論で後述するように、「定型約款」に関する規定のうち中核をなすのは改正法548条の2であると考えるならば、これを広義の「契約の成立」に含めて考えることもできる。なお、最広義の「契約の成立」に関する規定は、総則（法律行為に関する改正法90条〜98条の2）や契約各則（売買に関する改正法557条・558条ほか）にも含まれるが、これらは本章の対象とはしない。

[2] 本章は中間試案で言うと、「第26　契約に関する基本原則等」、「第27　契約交渉段階」、「第28　契約の成立」、「第29　契約の解釈」と「第30　約款」をカバーする。

[3] 第1章「法律行為・代理」のI「はじめに」を参照。

I　はじめに

う視点を掲げておきたいと思います。その意味については本論中で述べることにします。なお、説明は、改正法の概要（Ⅱ）、改正法の含意（Ⅲ）という順で進めますが、本章では、最後に補論（Ⅳ）を設けて、改正法解釈の方法につき付言したいと思います。

第 3 章　契約の成立・定型約款

改正法の概要

1　実現したもの

　定型約款を含む契約の成立について改正法に結実したのは、次の3点です。

　第1は新たなルールの採用であり、契約に成立に関する発信主義の放棄と定型約款に関する規定の導入が挙げられます。まず、契約の成立に関しては、従来の発信主義が放棄されて、意思表示の効力発生に関する原則である到達主義が貫徹すべきことが提案されています（現行526条1項の削除）。これは、すでに電子消費者契約法において実現していたものを一般化するものですが、民法典の制定以来1世紀あまりを経て、意思表示の到達に要する時間を考慮する必要性が乏しくなったことによるものです。次に、定型約款に関してですが、これに関しては最後まで激しい議論がなされ[4]、ようやく現在の内容でとりまとめられるに至りました。すでに一言しましたが、形式的には、契約総則の最後に付加されたかたちになっているものの、実質的には、契約の成立に関する規定群であると考えることもできます。少なくとも、最も重視すべき約款の採用（組入

---

[4] 第98回会議議事録1〜31頁、第99回会議議事録6〜12頁。

れ）に関わる規定（改正法548条の2）は、契約の成立と密接不可分のものです。その内容については、すぐ後で改めて述べます。

　第2は契約の基本原則の明文化であり、契約総則の冒頭に新たに2ヵ条が置かれています（改正法521条・522条）。実質的には、契約法全体に関する原則を確認したものであり、「通則」というかたちにすることも考えられますが、形式的には、契約の成立の部分に属するかたちになっています。その内容・意義については、やはりすぐ後で説明します。

　第3は様々な調整を行う規定です。対話者間での契約の成立に関する規定（改正法525条2項・3項）や期間の定めのある懸賞広告に関する規定（改正法529条の2、529条の3）などがそれです。なお、懸賞広告に関しては、「その行為をした者がその広告を知っていたかどうかにかかわらず」（改正法529条）という文言が追加されたことの意義も、理論上は無視しがたいことを付言しておきます[5]。

2　実現しなかったもの

　狭義の契約の成立に関しても、実現しなかった規定は少なくありません。4点が挙げられます（以下、項目番号等は中間試案のもの）。

　第1は、付随義務及び保護義務に関する規定（「第26　契約に関する基本原則等」「3　付随義務及び保護義務」）、第2は、信義則等の適用にあたっての考慮要素に関する規定（「第26　契約に関する基本原

5）契約は当事者の意思表示に合致により成立するが、ここでいう意思表示の合致は、当事者双方が相手方の意思表示の内容を認識していることを前提としている。懸賞広告の場合には、この前提が満たされていなくてもよいと明示することは、懸賞広告の法的性質（契約であるか一方的債務負担行為であるか）を問い直す契機となる。

則」「4　信義則等の適用にあたっての考慮要素」）です。第3は、契約交渉段階における責任に関する規定で、これは交渉の不当破棄の場合と情報提供義務違反の場合に分けられます（「第27　契約交渉段階」）。第4に、契約の解釈準則を定める規定があります（「第30　契約の解釈」）。

このうち、第1・第3に関しては、信義則に関する規定をこれらの部分についてのみ具体化することに対する批判がなされましたが、これは形式的な議論にすぎません。実質的な理由は別のところにあったと言うべきでしょう[6]。第2・第4に関しては最後まで検討されましたが、それぞれ別の理由によって採用には至りませんでした[7]。

---

6) 契約責任の拡大を明文化されることが嫌われたと見るべきだろう。
7) 前者については「消費者」概念の導入に対する懸念、後者については契約解釈が拘束されることになるという懸念によると見るべきだろう。前掲注6)の点も含めて、詳しくはⅣで言及する別著で論ずる予定である。

改正法の含意

1 約款規定の完成

　先ほど検討を後回しにした2点のうちの1つは、約款に関する規定です。繰り返しますが、これは債権法改正の過程を通じて最も激しく争われた点の1つでした。最終的な改正の内容は、次のようにまとめられます。

　第1に、広く用いられている「約款」に代えて「定型約款」という用語が用いられたこと。これによって適用範囲を制限することが企図されたとも言われています。

　第2に、採用要件＋内容規制という標準的な約款法のシステムは採用されず、かつ、特異な採用要件が定められたこと。不当条項規制は中間試案の段階ではなお検討されていましたが（「第30　約款」「5　不当条項規制」）、改正法では、少なくとも表面上は放棄されています。ただし、不当条項は採用の対象とならないという形で排除されていることに留意する必要があります（改正法548条2項)[8]。他方、採用要件に関しては、①開示＋②約款による旨の合意という

---

[8] この規定の理論的な性格づけ、及び消費者契約法10条との関係は、今後検討されることになろう。

標準的な考え方を基準に考えると、①′開示は直接の採用要件とはせず（改正法548条の3第1項）、②′約款による旨の合意がなくてもよいとする（改正法548条の2第1項2号）ものになっていると言えます。

　第3に、約款の変更に関する規定が設けられていること（改正法548条の4）。これについても改正法に至るまで変遷がありましたが、契約相手方の個別合意を得ることなく、約款の変更が可能とされています。ただし、内容の合理性と適切な方法による周知が求められています（改正法548条の4第1項2号・2項・3項）。

　以上のそれぞれにつき論ずべき問題は少なくありませんが、紙幅の関係で第3点は省略し、第1点・第2点についてのみ若干の検討を行います。両者は密接に関連しますが、第2点のほうから考えてみましょう。結論を一言で言うと、約款準備者は自分たちに有利な規定ができた、と手放しで喜んでばかりはいられない、ということになりましょうか。

　たしかに、②′約款による旨の合意は常に必要とされているわけではありません。しかし、ただ単に約款準備者が「契約の内容とする旨を表示」すれば足りるわけでもありません。実際のところ、条文上も「相手方に」表示することが求められています。相手方の「承諾」が認定できないとしても、約款準備者の「申込み」は到達していることが必要とされているのです。考え方としても、改正法548条の2第1項がまず1号を掲げ、続いて2号を掲げているのは、1号が原則であり、2号はそれに準ずる場合であることを意味すると理解できます。「承諾」が擬制されても仕方がないような状況であれば、「承諾」を認定しなくても、約款は契約内容になるということです。このように考えるならば、「相手方に表示」されたかどうかは、厳格に解釈されることになるでしょう。どこかに約款によ

Ⅲ　改正法の含意

【表】

改　正　法	中間試案
（定型約款の合意） 第548条の2　定型取引（ある特定の者が不特定多数の者を相手方として行う取引であって、その内容の全部又は一部が画一的であることがその双方にとって合理的なものをいう。以下同じ。）を行うことの合意（次条において「定型取引合意」という。）をした者は、次に掲げる場合には、定型約款（定型取引において、契約の内容とすることを目的としてその特定の者により準備された条項の総体をいう。以下同じ。）の個別の条項についても合意をしたものとみなす。 一　定型約款を契約の内容とする旨の合意をしたとき。 二　定型約款を準備した者（以下「定型約款準備者」という。）があらかじめその定型約款を契約の内容とする旨を相手方に表示していたとき。 2　前項の規定にかかわらず、同項の条項のうち、相手方の権利を制限し、又は相手方の義務を加重する条項であって、その定型取引の態様及びその実情並びに取引上の社会通念に照らして第一条第二項に規定する基本原則に反して相手方の利益を一方的に害すると認められるものについては、合意をしなかったものとみなす。 （定型約款の内容の表示） 第548条の3　定型取引を行い、又は行おうとする定型約款準備者は、定型取引合意の前又は定型取引合	2　約款の組入要件の内容 　契約の当事者がその契約に約款を用いることを合意し、かつ、その約款を準備した者（以下「約款使用者」という。）によって、契約締結時までに、相手方が合理的な行動を取れば約款の内容を知ることができる機会が確保されている場合には、約款は、その契約の内容となるものとする。 　（注）約款使用者が相手方に対して、契約締結時までに約款を明示的に提示することを原則的な要件として定めた上で、開示が困難な場合に例外を設けるとする考え方がある。 3　不意打ち条項 　約款に含まれている契約条項であって、他の契約条項の内容、約款使用者の説明、相手方の知識及び経験その他の当該契約に関する一切の事情に照らし、相手方が約款に含まれていることを合理的に予測することができないものは、上記2によっては契約の内容とはならないものとする。

第 3 章　契約の成立・定型約款

意の後相当の期間内に相手方から請求があった場合には、遅滞なく、相当な方法でその定型約款の内容を示さなければならない。ただし、定型約款準備者が既に相手方に対して定型約款を記載した書面を交付し、又はこれを記録した電磁的記録を提供していたときは、この限りでない。 2　定型約款準備者が定型取引合意の前において前項の請求を拒んだときは、前条の規定は、適用しない。ただし、一時的な通信障害が発生した場合その他正当な事由がある場合は、この限りでない。

る旨が表示されている、たとえば、ネット上にそのような記載があるというだけでは足らないだろうと思います[9]。ネット上の記載は「インターネットの利用その他の適切な方法による周知」（改正法 548 条の 4 第 2 項）ではあるけれども、「相手方に表示」ではありません。両者は文言上も区別されています。そうだとすると、行為規範としては、できるだけ相手方の同意を得る、それができなくても「相手方に表示」したとされる程度に特定された仕方で表示をしておくようにする必要があるでしょう。

またたしかに、①′開示は常に必要とされてはいません。だから

---

[9] 最近、ある種の物品（実際の事例では生きたカブトムシ）についてはネット上で引受け条件を記載していることを理由に事業者が免責を主張したものの、その主張が退けられた事例が新聞等で報道された（朝日新聞 2015 年 10 月 31 日付）。仮に、ネット上で約款が掲載されていたとしても、それだけでは採用要件は満たされない。この結論は、改正法のもとでも変わらないだろう。

III 改正法の含意

と言って、約款準備者は安心してはいられません。むしろ求められてなお開示をしない場合の効果に注目する必要があります。改正法は、約款準備者が開示を拒んだ場合には、548条の2の規定が適用されないとしています（改正法548条の3第2項）。これは何を意味するかと言えば、548条の2は約款準備者に有利な「みなし規定」であるということです[10]。2点のいずれにおいても緩和されたとはいえ、この緩和された採用要件が満たされて、はじめて約款の個別条項についても合意がなされたものとみなされる。しかしながら、この緩和された採用要件すら満たされない場合には、個別条項に対する合意は個別具体的に認定されなければならない。そして、そのような合意が認定されなければ、条項は契約内容にはならないというわけです。これは当然の解釈ですが、改正法が、契約を成立させる申込みにつき「契約の内容を示してその締結を申し入れる意思表示」（改正法522条1項）と明示したことも、この解釈をより確かなものにするでしょう。

　このように考えると、第1点に対する評価もおのずから異なってきます。548条の2は、「内容が画一的であることがその双方にとって合理的なもの」という絞りをかけて「定型約款」を定義しています。この要件を満たす場合に、はじめて548条の2の適用という有利な処遇を受けることができるわけです。見方を変えると、「定型約款」に当たらなければ548条の2の適用の余地はありません。したがって、個別具体的な合意のない契約条項は契約内容に取り込まれないことになります。仮に、従来、約款を用いてきた取引のうち

---

[10] 書面交付をすれば、クーリングオフの規定が適用される（特定商取引9条ほか）、みなし弁済の規定が適用される（貸金業旧43条）というのと同型の規律である。

「定型取引」でないものがあるとすると、その場合には、約款によるという合意をしたとしてもそれだけでは十分ではなく、（開示がなされていない等の理由により）個別条項につき合意がないとされてその効力が否定されることもありうることになります。別の言い方をすると、約款を使うのならば、相手方が合理性の要件を争ってくる（548条の2が適用されないと主張してくる）ことも考えておかなければならないでしょう[11]。

---

[11] 仮に、改正法548条の2が不適用とされた場合には、どうなるか。この場合には従前の扱いになると考えられている。ただし、従前の扱いがいかなるものであるかにつき、学説と企業実務の認識は一致しない。学説の多くは、近時の約款理論（契約説）に従って採用要件が課され、その要件が満たされなければ約款の拘束力は否定されると考えるのに対して、企業実務には古い約款理論に従って、約款は当然に拘束すると考える向きもある。

どちらの立場に立つにせよ、約款には約款理論が適用されるが、その一部（定型約款）については民法の規定が適用されることになる。言い方を変えると、広義の約款の中には、民法の規定が適用されるものとされないものがあることになるわけだが、この認識から出発して改正法548条の2の適用範囲を広く認めるか狭く限るかについては、意見が分かれうる。一方には、改正法548条の2の適用範囲を限定するという考え方があるのに対して、他方、改正法548条の2を置いた以上、この規定を合理的に解釈することによってその適用範囲を拡張する考え方もある。この点も含めて、河上正二「民法（債権関係）改正要綱——とくに『定型約款』について」ジュリ1480号（2015）82頁、沖野眞已「約款の採用要件について——『定型約款』に関する規律の検討」星野英一先生追悼『日本民法学の新たな時代』（有斐閣、2015）525頁を参照。

いずれにせよ、「その内容……が画一的であることが双方にとって合理的なもの」という基準によって画される「定型約款」概念の導入、「合意をしたとき」、「相手方に表示していたとき」という対比、そして改正法548条1項の「合意をしたものとみなす」、同条2項の「合意をしなかったものとみなす」という規律など、定型約款に関する規定が提起している問題は多岐にわたる。契約の成立に関する規定が、契約に関する基本価値に関する検討を促すとすれば、定型約款に関する規定は、契約・契約法の基本構造の再考を促すことになるだろう。

2 契約自由の作用

　後回しにしたもう1点は、契約自由の原則についてでした。締結の自由（改正法521条1項）、内容決定の自由（同条2項）、方式の自由（改正法522条2項）は、契約自由の内容をなすものとして広く認められてきたものです。その意味では、これらが明文化されたことによって、具体的な変化が生ずるわけではありません。

　しかし、契約に関する規定の冒頭に、基本原理に関する規定が置かれたことの意味は決して小さくはないでしょう。かつて民法典の冒頭に、信義誠実の原則・権利濫用の禁止が置かれたことによって、私たちは、権利の行使・義務の履行に一定の枠をはめる手段を得ただけではなく、権利とは、義務とはいかなるものかを考える機会を与えられたのです。

　卑近なことを述べるならば、平成29年版判例六法の民法1条2項・3項には37件の判決が引用されています。改正法521条・522条についても、関連の判決がまとめて掲載され、参照・検討に付されることは十分に考えられることでしょう。これを出発点に、一方で、契約自由のほかに契約法を支える原理はないのかが問われ、他方で、私たちの社会にとって契約とはいかなる意味を持つのかが深められていくことになるでしょう[12]。

---

12) 改正法には、これらの規定以外にも、契約とは何かという根本問題を再考する契機を含んだ規定が散見される。その意味については、別稿「民法（債権法）改正の『契約・契約法』観」民商153巻1号（2017）57頁で検討したい。

第3章　契約の成立・定型約款

補論——新法解釈の方法

　最後に、新法解釈の方法につき一言して、この章の結びに代えます。

　私は現在、「債権法改正後の解釈論・立法論」という論文を執筆中ですが[13]、その副題は「進化・結合・多元」というものです。一言で言えば、今後の民法解釈は、（改めて）「進化的・生成的（évolutif）」、「結合的（combinatoire）」、「多元的・重層的（pluriel）」に行う必要があると考えています。「進化的」とは時間の流れに沿った変化・生成を考慮に入れるということ、「結合的」とは法の外部の領域との関係に留意するということ、そして、「多元的」とは解釈を行う法主体が誰かに着目するということをそれぞれ意味します。このうち「結合性」は主として研究者の行う解釈に関わるので、ここでは省略し、「進化性」、「多元性」についてもう少し説明しておきます。

　第1に、「進化性」について。これまでにも示したように、債権法改正においては企図されたことが100％実現されたわけではありません。立法においては様々な妥協がなされるので、このこと自体は驚くにはありません。ただ、今回の改正においては、あまりにも

---

13) 安永正昭＝鎌田薫＝能見善久古稀記念『債権法改正と民法学』（商事法務、近刊）。

Ⅳ　補論——新法解釈の方法

実現しなかったことが多いのです。その中には、積極的に否定されたものもありますが、同時に、基本的な方向性については反対はなかった（正面から反対をすることは難しかった）ものの、実現の方法について一致が得られなかったというものが少なくありません。今後は、実現しなかった提案がどちらに属するのかを見極めたうえで、立法過程における議論を出発点に、あるべき規範を育て上げていくことが求められると思います[14]。また、実現した改正について見ても、それが、どのような意味を持ちうるのか、現時点では明らかではないものも存在します。こうしたものについては、新しい規定のポテンシャルが十分に展開されるべきでしょう。

　以上のような意味で、債権法改正はなお未完成なのです。より一般的に言えば、法改正とは常に未完成なものであるとも言えます。法文がすべてを規律しつくしているわけではないし、そんなことはできもしません。基本的な考え方を示し、後は、時代の変化に応じて発展させていくほかないのです。こうした見方は、実は明治の起草者たちのとるところでもありました。だからこそ、日本民法典の条文は、フランスやドイツに比べて少なくなっており、法文もシンプルなものになっていたのです。100年以上を経て、債権法改正は図らずも、こうした起草者たちの考え方に再び注目することを求めているようです。

　第2に、「多元性」について。では、その法の生成・発展は誰が担うのでしょうか。この点についても、すでに若干の示唆はしたつもりです。ここまでに私が述べてきた見通しは将来の判例の予想で

---

[14] この点については、別著『広がる民法3　債権法解釈編——解釈で新債権法を完成させる』（有斐閣）で検討する予定だが、公刊までにしばらく時間を要する。

はありません。判例はこのように解釈するかもしれないので、そう考えて対応を図るべきである、といったことを申し上げたつもりは、全くありません。

　ここまでお話ししてきたのは、こんなことが問題になりうる、こんな方向への展開がありうる、ということでした。私自身の個人的な意見を述べたのかと言えば、そうではあるけれども、しかし、そうではない。私が読者のみなさんにお伝えしたかったのは、債権法改正という出来事をきっかけに、私たちの契約法には、どのような問題があるのか、それはどこに向かうべきなのか、これらの点につき、みなさんに考えていただきたいということでした。

　みなさんの中には、そんなこと考えても仕方ない、自分の意見が通るわけでもないし、と思われる方々もいらっしゃるでしょう。偏見を恐れずに言えば、若い世代にはそのような人が相対的に多いかもしれない。率直に言って、法科大学院の教育が全体として必ずしも適切でないメッセージを発してしまっているため、法科大学院で学んだ人たちの中には、裁判中心・判例中心の考え方から逃れられない人が少なくないからです。

　たしかに、裁判は重要ですし、判例もまた重要です。しかし、民法の適用は裁判所だけで行われているわけではないし、民法の法源は判例のみに尽きるわけでもありません。1970年代・80年代までは、多くの学生は暗黙のうちにそう考えていたはずです。そうであるからこそ、「取消しと登記」といった問題――判例はすでに一定の結論を示している問題――につき、複数の考え方のうちどれがよいかを論じ合っていたのだろうと思います。

　ここで詳しく述べる余裕はありませんが、日常の取引の中でどのような契約を締結し、どのような契約条項を採用するか、これは、みなさんが契約法をどうとらえているかに暗黙裡に依存していま

Ⅳ 補論──新法解釈の方法

す。何を裁判所に持ち出し、いかに争うか、これも同様です。法の生成の最終的な場が仮に法廷であるとしても、法の生成の出発点になっているのは、現に法を生きている市民です。また、法の生成の原動力ではないとしても、学説はこの力に一定の方向性を付与しています。そうしたものが合わさって、法の解釈は形成されていくのです。

　こう考えるならば、債権法改正は終わりつつあるのではなく、むしろ始まりつつある。少なくとも、これで終わりではなく、次のステップが始まろうとしていると言うべきなのです。改正がよいものになるかどうかは、みなさんの、そして私たちのこれからの対応にかかっています。

第4章

債務不履行、解除、危険負担

第4章　債務不履行、解除、危険負担

はじめに

1　本章の目的

皆様方の中には、債務不履行、解除、危険負担については、ずいぶんと変わるという認識を持っていらっしゃる方も多いかと存じますが、結論としては、大きな変化ではありません。それをわかっていただく、というのが、本章の目的となります。

2　2つの接近方法

さて、説明の仕方としては2つのものがありえます。1つは、改正法はどうなっているのか、どういう考え方のもとにできあがっているのか、という観点から説明するという方法です。改正法から出発するわけですね。もう1つは、現行法と比較して、どこが変わったのかを考える、という方法です。現行法から出発することになります。もちろん、最終的には両方の観点から考える必要がありますから、どちらから始めるか、というだけですが、現行法について知識をお持ちの方が多いと思いますので、現行法から出発したかたちでの説明から始めたいと思います。

そして、現行法から出発して考えてみますと、結論として、全体

I　はじめに

としてはたいした改正ではないことがわかります。今回の改正について、解除について債務者に帰責事由が要求されなくなったのは大きな変化だとか、危険負担の制度が廃止されて大きな変化が生じたとか言われることがしばしばありますが、実際の内容を検討し、具体的な解決を考えますと、これまでとあまり違いが生じるわけではありません。

第4章　債務不履行、解除、危険負担

履行不能の場合の規律

1　序　　論

　さて、解除と危険負担は、履行不能については密接に関係しており、また、この履行不能の場合の規律が、履行遅滞等の場合の規律に影響を与えます。

　そこで、履行不能の場合の現行法を確認することから始めます。一部不能の場合も問題がありますが、これは後で改正法からスタートして分析する際に説明することとしまして、ここでは全部不能を考えます。

　【図】を用意してみましたので、この【図】を適宜ご参照ください。

2　現行法の規律

(1)　原始的不能

　不能は、原始的不能と後発的不能に分かれますが、原始的不能の場合、従来の通説的な見解は、契約が無効になる、としていました。「人は不能であることには拘束されない」というわけなのですが、ここで、契約締結上の過失という法理が主張されていること

Ⅱ　履行不能の場合の規律

【図】

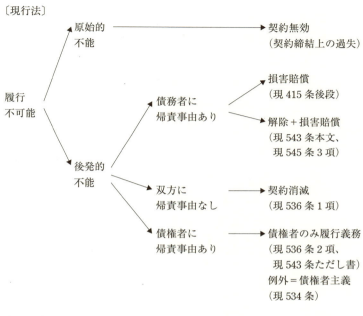

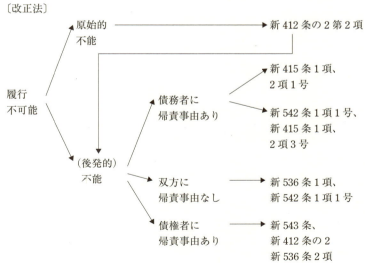

は、ご承知の通りです。とはいっても裁判例は見当たらないのですが、教室設例として言われるのは、軽井沢の別荘につき売買契約を締結したが、その締結時点で、すでにその別荘は落雷により焼失していた、というものです。このとき、売主が、きちんと目的物の現存を確認すべきであったということであれば、売主には何らかの責任がある、これを不法行為責任というか特殊な債務不履行責任というかには議論がありますが、売主に過失があれば責任を負うべきであるという点には異論はありません。

(2) 後発的不能

次に後発的不能を考えますと、このときは、債務者にその不能について帰責事由があるかどうかで分かれます。

帰責事由があれば、それは単純な債務不履行でして、債権者は、債務者に対して責任を追及していくことができます。このとき、契約を解除しないで損賠賠償をすることも415条後段で認められていますし、解除したうえで、損害賠償請求をすることも認められています。543条が解除の根拠条文であり、損害賠償請求が認められることは545条3項が規定しています。

これに対して、債務者に不能につき帰責事由がなければ、危険負担の問題になります。536条1項は、当事者双方に帰責事由がなければ、両方の債務が消滅し、損害賠償の問題は生じないとしています。債権者に帰責事由があるときは、債権者は自分の債務を支払わなければならない、ということが、536条2項に規定され、債権者はそれが嫌だからといって契約の解除はできないということが、543条ただし書に規定されています。

534条は、「特定物に関する物権の設定または移転を双務契約の目的とした場合」について例外を置いていますが、実務において

Ⅱ 履行不能の場合の規律

は、特約でほとんどの場合、排除されていますし、解釈論上も制限的に理解されていますので、たいした話ではありません。

3 改正法の規律

(1) 原始的不能

① 改正法412条の2第2項

それでは、改正法はどうなっているのでしょうか。繰り返しになるのですが、あまり変わってないのですね。

原始的不能の場合については、412条の2第2項という規定があり、「契約に基づく債務の履行がその契約の成立の時に不能であったことは、第415条の規定によりその履行の不能によって生じた損害の賠償を請求することを妨げない」としています。

「原始的不能の場合は契約は無効だというのが通説だったのに、大きな変更だ」とお思いになるかもしれません。しかし、まず、不能ですから債務者が債務を履行しなくてよいことは当然です。改正法412条の2第1項は、このことを明示し、履行不能の場合は、債権者は債務者に履行を請求することができない、としています。そして、債権者が債務者に対して「第415条の規定によりその履行の不能によって生じた損賠の賠償を請求する」ためには、「その債務の不履行が契約その他の債務の発生原因及び取引上の社会通念に照らして債務者の責めに帰することができない事由によるもの」でないことが要求されます。つまり、債務者に帰責事由が必要なのですね。そうしますと、債務者に帰責事由があるときだけ、債権者が損害賠償を請求できる、ということになり、その具体的結果は、契約締結上の過失の法理による場合と変わりがないのです[1]。

第 4 章　債務不履行、解除、危険負担

②　契約解除の必要性

　もっとも、【図】において、改正法412条の2第2項のところから、曲がった矢印が出ておりまして、改正法は原始的不能の場合を、後発的不能と同様にしています。したがって、債務者に帰責事由があるときも、双務契約の当事者である債権者が自らの債務を免れるためには、契約解除をしなければならず、この点では、当然無効という現在の見解とは違ったことになります。つまり、後でも申しますように、改正法では、不能になっても、当然には契約関係は消滅しません。不能は解除原因なのですね。そうしますと、債務者に帰責事由があるときでも、債権者は、自らの債務を履行しなくて

1）この点に関連して、原始的不能のゆえに無効だと考えると、損害賠償の範囲が信頼利益に限られるのに対し、原始的不能を後発的不能と同様だと考えると、履行利益の損害賠償まで認められるという違いが生じるのではないか、という疑問が生じるかもしれない。しかし、まず、信頼利益・履行利益をいう概念が民法上存在しているわけではないことに注意したい。たしかに、たとえば、最判昭和57・1・21民集36巻1号71頁は、「土地の売買契約において、売買の対象である土地の面積が表示された場合でも、その表示が代金額決定の基礎としてされたにとどまり売買契約の目的を達成するうえで特段の意味を有するものでないときは、売主は、当該土地が表示どおりの面積を有したとすれば買主が得たであろう利益について、その損害を賠償すべき責めを負わないものと解するのが相当である」としている。しかし、この判決も、無効だから信頼利益、有効だから履行利益という二分法的な思考をとるものではなく、売主がどのような内容の履行義務を負っていたかという契約の解釈を行い、「その表示が代金額決定の基礎としてされたにとどまり売買契約の目的を達成するうえで特段の意味を有するものでないとき」は、売主の履行義務は当該土地の引渡しにとどまり、後は代金額の調整を行うだけである、という考え方によるものである。そうだとすれば、原始的不能の場合でも、問題は、売主がどこまでの履行義務を負っていたのか、になり、そのことは、現行法においても変わりはない。そして、その不履行から生じる賠償の範囲については、民法416条が適用される。

Ⅱ 履行不能の場合の規律

よいようにするためには、解除の意思表示をしなければならないことになります。もっとも、解除の意思表示が諸般の事情で困難であるときも、改正法536条1項の当然解釈によって債権者は履行拒絶ができると思います。債務者に帰責事由がないときでも履行拒絶ができるわけですから、債務者に帰責事由があっても履行拒絶はできるということになるのは当然です。

ということになりますと、結局、債務者に不能について帰責事由があるときには、債権者は、債務者に対して自らが負う反対給付債務は履行しなくてよく、債務者に対して損害賠償請求ができるというわけで、これまでと違いはないというべきだと思います。

債務者に帰責事由がない場合について、改正法では、このときも、後発的不能と同様になります。【図】の「双方に帰責事由なし」または「債権者に帰責事由あり」というところに行きます。

このときは、もちろん、債権者は債務者に対して損害賠償請求はできません。そして、先ほどと同様に、双務契約の当事者である債権者が自らの債務を免れるためには、契約解除をしなければなりません。

したがって、当然無効という現在の見解とは異なり、債権者は、自らの債務を履行しなくてよいようにするためには、解除の意思表示をしなければならないのですが、解除の意思表示が諸般の事情で困難であるときには、改正法536条1項によって債権者は履行拒絶ができることになります。解除の意思表示が必要だとされる点が違うと言えば違いますが、この点については、後にもう少し考えてみたいと思います。

③ 原始的不能についての帰責事由

なお、細かな点ですが1つ補足をしておきたいと思います。

ここまで、「原始的不能について債務者に帰責事由がある」とか、「ない」とかと述べてきましたが、ここにいう帰責事由は、不能を引き起こしたことについての帰責事由に限らないことです。不能自体は、落雷などの不可抗力によって生じたが、債務者が契約締結前に目的物の状況を調査し、契約締結を避けるべきであったとされれば、帰責事由あり、ということになります。つまり、「不能を生じさせたこと」についての帰責事由ではなく、「不能の契約を締結させたこと」についての帰責事由が問題になるのですね。

そこで、後発的履行不能と原始的履行不能における債務者の帰責事由について共通の定義を試みるならば、「債務が履行不能であるという状態を生じさせた」場合ということになると思います。目的物を滅失させて、履行不能であるという状態を生じさせることもあれば、すでに滅失している目的物の引渡義務といった不可能な債務を負うことによって、債務はあるのだけれど、履行不能であるという状態を生じさせることもあるわけです。

さらには、履行を遅滞しているうちに、履行不能になってしまう場合もあります。この点は、本章Ⅳ4(3)で述べます。

(2) 後発的不能

① 債務者に帰責事由がある場合

後発的不能に進みます。

すでにだいたい説明しているのですが、まず、債務者に帰責事由がある場合を考えます。このときは、改正法415条2項1号で解除をしないで損害賠償請求をすることもできますし、改正法542条1項1号で解除して、さらに損害賠償請求をすることもできます。これは、現行法と全く同じです。

条文の読み方について少し注意しておきますと、改正法415条2

項は、「前項の規定により損害賠償の請求をすることができる場合において」と書いてありますので、前項であるところの1項のただし書が適用されて、債務者に帰責事由がなければ債権者は債務者に対して損害賠償請求ができません。逆に言えば、帰責事由があればできるわけです。また、改正法542条1項1号は、全部不能であるとき、債権者は無催告で解除ができるとしていますが、その際、改正法545条4項で損害賠償の請求を妨げないとしています。そこで、「損害賠償といえば、415条だ」と思って改正法415条を見てみますと、同条2項3号に「債務が契約によってものである場合において、その契約が解除され……たとき」というのがあり、その際、2項本文で、「前項の規定により損害賠償を請求することができる場合」に、「債務の履行に代わる損害賠償の請求をすることができる」とされていますので、結局、同条1項が定めるように、債務者に帰責事由があれば、債権者は債務者に損害賠償請求ができることになります。現行法と全く同じなのですね。

② 債権者に帰責事由がある場合

次に、債権者に帰責事由がある場合は、改正法543条が適用され、債権者から解除ができません。そして、債務者の履行は不能ですから、債務者には履行義務はありません。すでに見ましたが、改正法412条の2第1項ですね。これに対して、債権者は履行義務を負い続けます。これも、現行法と同じです。現行536条2項前段ですね。

③ 双方に帰責事由がない場合

違いが生じるのは、双方に帰責事由なし、というときでして、このとき、債務者の履行義務は不能により当然になくなるのに対し、

債権者の履行義務は、改正法542条1項1号に基づいて解除をしないと消滅しません。もっとも、改正法536条1項も適用されますから、解除の意思表示が諸般の事情で困難であるときも、債権者は履行拒絶ができます。

そうすると、現行法との違いは、双方に帰責事由がないときに、債権者の履行義務が当然に消滅するか、それとも解除を待って消滅するか、という違いだということになります。

損害賠償の問題は、いずれにせよ生じません。

(3) 解除を必要とする理由

以上からしますと、不能についての現行法の規律との違いは、双方に帰責事由がなく不能となった場合に債権者の履行義務を消滅させるため、債権者からの解除が必要か、ということだけだということがわかります。

そこで、どうしてそのような改正が行われたのか、実務に影響を及ぼさないのか、が問題になります。

最初に注意しなければならないのは、債権者の履行義務を消滅させるために、債権者からの解除が必要である、といっても、すでに述べましたように、債権者には、解除をしないままでも履行拒絶権が認められていますから、現実に履行をしなくてはいけないという事態にはならないということです（改正法536条1項）。その意味では、そもそもたいした話ではありません。また、これは任意規定ですから、不能の場合の処理が契約で合意されているのであれば、その合意が優先されます。

それでも、債務者の履行不能につき、双方に帰責事由がないときには債権者の履行義務が当然に消滅するとされていたのに、その規律をなぜわざわざ変更するのかが気になることと思います。

Ⅱ　履行不能の場合の規律

　そこで考えてみますと、重要なのは、たとえば落雷による火災で売買目的物が燃えてなくなってしまったとしても、売主に責任がないとは限らないということです。非常に貴重な物の売買契約が成立したということになれば、避雷針のある耐火の倉庫にきちんと保管しなければならないはずであり、落雷で燃えたというだけでは売主に責任がないとは言い切れません。また、半分燃えてしまったという場合には、残部の履行に全く意味がなくなってしまったか否かは当然には決まりません。つまり、民法の条文としては、現行536条1項のように、「当事者双方の責めに帰することができない事由によって債務を履行することができなくなったとき」と簡単に書くことができるのですが、現実の事例においては、当事者のいずれにも責任がないかどうかは簡単には判断できないのです。そうすると、自動的に消滅するというのは、いかにも常識に合致する制度ではあるものの、しょせん適用される場合ははっきりしないのであり、そうであるならば、一方の債務が履行できなくなったら、他方の債務が当然になくなるのではなくて、契約の解除ができるということにしたほうが明確化に資するのではないかという意見が強くなってきたわけです。

　さらに、債権者が、自分のほうから、「この履行不能については債務者には責任がありませんね」と積極的に認めるわけはないのでして、「きちんと保管を厳重にしていなかったから燃えてしまったのであり、債務者の責任である」と主張します。そして、債務者の責任だということになりますと、現行法でも、その際、債権者の履行義務を消滅させるためには契約解除が必要なのです。そこで、注意深い債権者は、「おそらく双方に責任がないから、契約は当然消滅だな」と思っても、いちおうは、「不能につき債務者に帰責事由があるので契約を解除する」という解除通知を送っておくことが多

かったといわれます。そうであるならば、解除の意思表示を求めることにしても、実務のプロセスに変化はありません。

　そこで、債権者が契約から離脱するための制度を解除に一本化する改正が行われたのです。そこを学者が、外国法もそうだとか、いろいろ言うものだから、「外国法は関係ないじゃないか。慣れた制度を変えるな」ということになるのですが、そういう話ではありません。

解除に関する改正法

1 履行不能による解除

　解除の問題に移ります。

　解除については、現行法では、541条が規定する履行遅滞等による解除と543条の規定する履行不能による解除とがあるわけですが、543条については、すでに改正法の規律を説明しました。

　もっとも、履行不能による解除については、条文が大きく変わったとお思いになる方もいらっしゃるかもしれません。というのは、現行543条ただし書は、債務者に帰責事由のない履行不能の場合には、解除権は発生しない、としているのに対し、改正法543条は、「債権者の責めに帰すべき事由によるものであるときは」解除権が発生しない、としており、かなり違うようにも思われるからです。

　しかし、すでに繰り返し述べてきたように、現行法と改正法の根本的な違いは、双方に帰責事由がない場合でして、現行法では危険負担で処理するのに対し、改正法は、解除の意思表示を介在させるというところにあります。その必然的な結果として、債権者の解除権が否定される場合に違いが出てくるのですね。つまり、現行法は、

第 4 章　債務不履行、解除、危険負担

　　債務者に帰責事由があるとき　　　　　　　　　解除○
　　当事者双方に帰責事由がないとき＝危険負担→解除×
　　債権者に帰責事由があるとき　　　　　　　　　解除×
ですから、債務者に帰責事由がないときには解除が否定され、現行543条ただし書のような文言になるのに対し、改正法は、
　　債務者に帰責事由があるとき　　　　　　　　　解除○
　　当事者双方に帰責事由がないとき　　　　　　　解除○
　　債権者に帰責事由があるとき　　　　　　　　　解除×
となりますから、債権者に帰責事由があるときだけ解除権が否定され、改正法543条のような文言になるわけです。

2　履行遅滞等による解除

(1)　改正法541条本文

　そこで、現行541条が規定している履行遅滞等による解除がどうなったのか、を考えていきたいと思いますが、実は、この点も現行法と改正法で違いがあるわけではないのです。

　改正法541条本文は、現行法の541条と同じです。全く変わりがない。ところが、この点で、現行法については、541条による解除において、債務不履行について債務者に帰責事由があることが必要とされていたところ、改正法では、必要がないとされたのだ、大きな違いが生じたのだ、という理解があります。この理解は後に述べるように、正当な点を含んでいるのですが、注意してもらいたいのは、それはあくまで解釈論の話であり、条文の文言には変化がない、ということです。それでは、どうしてこのような解釈論、つまり現行法においては、解除のためには債務不履行について債務者に

帰責事由があることが必要であるという解釈論が生じ、改正法では必要ないという解釈論が生じるのでしょうか。

(2) 履行遅滞等についての債務者の帰責事由

① 現行415条の解釈との関係

実は、現行法の541条について、履行遅滞等について債務者の帰責事由があることが必要だ、という見解が強い、いや、現行法の解釈としても「強かった」というべきだと思いますが、このような見解は、現行415条の解釈と結びついているのですね。

現行415条は、「債務者がその債務の本旨に従った履行をしないときは、債権者は、これによって生じた損害の賠償を請求することができる。債務者の責めに帰すべき事由によって履行をすることができなくなったときも、同様とする」というものです。この条文の文言だけからしますと、損害賠償請求にあたって債務者に帰責事由が必要なのは、履行不能の場合だけのようにも思えます。しかし、この点については、前段の履行遅滞等についても、債務者の帰責事由が必要なのであり、履行不能についてだけ明文で明らかにしたのは、履行不能については誤解が生じる余地があると考えられたからであって、起草過程からも、履行遅滞等についても債務者の帰責事由が必要であることは明らかだ、といわれてきました。文言上は、履行不能についてだけ帰責事由を必要とするかたちの規定になっているにもかかわらず、履行遅滞等についても当然に同様である、と解されてきたわけです。

そのうえで、現行541条と543条を見てみますと、履行不能についての543条については、債務者の帰責事由が必要だと書いてあり、履行遅滞等についての541条には書いていない。そうすると、これは415条と同様なのですね。そこで、同様に解される。つま

り、現行541条による履行遅滞等による解除についても債務者の帰責事由が必要だ、と解されるわけです。

　しかし、現行法で履行不能による解除について債務者の帰責事由が必要だとされていたのは、帰責事由のない場合には危険負担となるからです。ところが、改正法では、履行不能の場合、債務者に帰責事由があるか否かにかかわらず、債権者の反対給付義務を消滅させるためには契約解除を必要とすることにしました。帰責事由の存否は、損害賠償請求が認められるかどうかについての違いをもたらすものであり、解除については同じに扱われる、ということにしているわけです。となりますと、解除について、履行不能の場合に債務者の帰責事由が必要だから、履行遅滞等についても同様である、という現行法のような思考プロセスにならず、逆に、履行遅滞等の場合も履行不能の場合と同様だというのであれば、履行不能による解除について債務者の帰責事由が必要ないのだから、履行遅滞等の場合にも解除にあたり債務者の帰責事由は不要である、ということになるわけです。

②　現行法解釈の実態

　この背後に、さらに2つのことが存在し、それが解釈論に影響を及ぼします。

　第1は、履行不能の場面で、債権者が自らの債務から解放されるためには、解除が必要であり、そして、そのためには債務者の帰責事由が不要である、ということになりますと、解除という制度の性格が、自ら負っている債務から当事者が解放されるための手段であるというものになってきます。債務者の帰責事由がある場合だけ解除ができる、というルールのときには、解除は債務者をとがめるというものとなり、損害賠償請求とセットのものとして理解されるこ

とになるのに対して、債務者に帰責事由がなくても債権者は解除ができるということになると、解除には債務者をとがめるという意味はなくなり、損害賠償請求とは別の話になります。

　そして、このような履行不能の場合における解除制度の性格が、履行遅滞等による解除についても影響を及ぼします。履行遅滞等による解除も債権者を自らの債務から解放する手段にすぎず、債務者をとがめるという意味をもたないのであり、債務者の帰責事由は不要だという話になってくるわけです。

　第2は、学説上も、現行法の解釈として、そのような見解、つまり、解除は債務者をとがめるというものではなく、債権者を反対債務から解放する手段であるという理解が強まっていたことがあります。これは現行法の解釈論としてそうなのです。実際、裁判例を詳細に検討してみますと、履行遅滞等による解除について、債務者に帰責事由がないから認められない、とするものは存在しないのですね。一見、そのような判示をしていると思われる判決も、実は、同時履行の抗弁権が債務者にあるという事案であり、それはそもそも履行をしないことが正当化されている場合なのです。

　この点は重要なことでして、たしかに、かつての通説を代表する本には、履行遅滞等を理由とする解除について、債務者に帰責事由が必要だと書いてあるのですが、それはもはや一般的な見解ではありませんでしたし、裁判例がそうであるというわけでもなかったのです。

　そこで、現行541条の文言は変わらないのに、履行遅滞等を理由とする解除について、債務者に帰責事由が不要とされるに至った、という解釈論が出てくるわけです。

第4章 債務不履行、解除、危険負担

③ 評　　価

それでは、この点はどう評価すべきでしょうか。

まず、実務にどのような影響があるかですが、特にありません。先ほど申し上げましたように、裁判例を見ましても、債務者に帰責事由がないという例は登場しないからです。現行541条による解除、あるいは、改正法541条による解除というのは、相当の期間を定め履行を催告し、その期間内に履行がないときに、はじめて解除ができるというものです。このような催告期間の徒過があるのに、債務者に帰責事由がない、というのは考えにくいのですね。

もっとも、この点で、たとえば東日本大震災のような自然災害で、履行が遅滞したときはどうなるのか、とお思いになるかもしれません。この点で、そういった場合に解除を認めるのはおかしいのではないか、という意見もあります。

しかし、まず、催告にあたっての相当の期間の解釈というのは、様々な事情を考慮して行われますので、自然災害が生じたという場合には、「相当の期間」とされる期間が長くなる可能性があります。「いや、そうはいっても、極端には長くならないだろう」とお思いかもしれません。たしかに、それはそうだと思います。たとえば、お風呂を修繕するためにタイルが必要であり、その納期が3月15日だったところ、3月11日に大きな地震が来て、売主であるタイル業者は倉庫が倒壊し、期限通り納入できなくなった、という例を考えます。この例で、4月15日は納入できるというときには、買主に待たせる、つまり、相当の催告期間を1ヵ月にすることもありうるでしょうが、タイル業者が操業を再開するには半年はかかり、10ヵ月は納入できそうもない、という場合を考えますと、相当の期間が10ヵ月にされるかといえば、そうはならないと思います。

そして、そのようなときに買主を10ヵ月間も待たせることが妥

当かというと、私は妥当だとは思いません。買主は社会保障機関ではありません。売主に帰責事由はないといっても、買主が 10 ヵ月の間、銭湯に行かなければならないというのは、買主に酷にすぎるでしょう。

　気をつけていただきたいのは、このとき、債権者、つまり買主は、債務者、つまり売主に損害賠償を請求することはできないということです。損害賠償請求のためには、債務者に帰責事由が必要です。債権者が契約から解放され、別の売主からタイルを調達することは認めるが、債務者に損害賠償請求はできない。これでよいのではないか、と思います。

第4章 債務不履行、解除、危険負担

改正法の読み方

1 改正法の大枠

　お前は、たいした改正ではない、と力説するが、そうならば、いろいろ枠組みを変えないでほしい、すでになじんだところが変わると面倒だ、そういうご感想もあろうかと思います。
　しかし、改正法も、慣れるとわかりやすいのでして、そのためには、全体がどういう枠組みになっているかを知らなくてはなりません。
　私が思いますに、改正後の民法は、
　　α　どのような場合に債権者は債務者に対して債務の履行が請求
　　　　できるか、
　　β　どのような場合に債権者は契約自体を解消できるか、
　　γ　どのような場合に債権者は債務者に対して損害賠償を請求で
　　　　きるか、
の3つの事柄に分けて規定しているということでして、これを理解することが重要です。
　これまで述べたところと重なる点もありますが、観点を変えて整理することは大切ですので、まず、αの「どのような場合に債務者に債務の履行が請求できるか」から見ていきます。

2 どのような場合に債権者は債務者に債務の履行が請求できるか

(1) 履行不能の場合

① 履行請求権の消滅

どのような場合に債務者に債務の履行が請求できるか、という問題は、契約通りの履行が可能なのにまだ履行がされていない場合と、もはや契約通りの履行が不可能になってしまった場合とを分けて考えなければなりません。履行が不可能であれば、その履行を請求しても無駄ですから。そこで、すでに述べましたように、改正法412条の2第1項は、「債務の履行が契約その他の債務の発生原因及び取引上の社会通念に照らして不能であるときは、債権者は、その債務の履行を請求することができない」としています。当たり前ですね。

② 履行不能の判断単位

若干注意してほしいのは、これは現行法でもそうなのですが、ここで「契約通りの履行が不可能になった」というとき、不能となったと判断される債務の単位はかなり細かく考えるということです。たとえば、売主が売買目的物を配達してきたとき、家の壁にぶつけて、売買目的物は何のダメージも受けなかったのですが、壁を傷つけたとします。こういったとき、物の売買契約における主たる債務は物の引渡しであり、それは履行されているわけですが、しかし、売買契約の付随義務として、売主は、引渡し時に買主の家を傷つけないという義務を負っていると考えられ、「傷つけた」以上、「傷つ

けない」という義務は履行不能になっているのですね。そうすると、当該付随義務については、履行を請求することがもはやできないということになります。

③ 契約の趣旨との関係

また、「契約通りの履行が不可能になった」というのは、契約の趣旨との関係で判断されます。改正法412条の2第1項を見ますと、そこでは、「契約その他の債務の発生原因及び取引上の社会通念に照らして不能」とされており、単に「不能」とはされていないことがわかります。ただし、こういったところの文言の変化を見て、過剰に反応してはいけません。これは現行法でもそうなのです。

たとえば、指輪の引渡義務を負っている債務者が、船舶で運送中、その指輪を海に落としてしまったとします。たしかに、莫大な費用をかければ捜索可能かもしれませんが、指輪の代金と捜索費用との関係で、そこまですることは考えにくいわけでして、履行不能となったと判断されます。これに対して、ルネサンスの名画の修復にあたり、当時と同じ絵の具がなくなったときは、かなりの費用をかけて当時の製法で当時と同じ絵の具を作るべきこともあります。理論的には可能だが、たいへんな費用がかかるという場合に、不能であるとされるかされないかは、契約の趣旨との関係で決まってくるわけです。これは現行法でも同じです。それをはっきりさせたのが、改正法412条の2第1項の文言であり、現行法と何か変わるわけではありません。

(2) 履行可能な場合

以上に対して、履行が可能なときは、履行強制が認められます。

しかし、家の建築を頼んだ工務店が、期日になってもいっこうに工事に取りかかろうとしないときには、「着工期日の約束も守れない工務店なんて信用が置けない」と考え、他のところに頼みたくなります。履行強制が最善の策ではないのであり、契約を解消したいと思うときもあるわけです。

　また、売主Ａが買主Ｂに家屋を売却し、2015年10月1日が引渡期日と定められた。ところが、Ａは期日になっても引渡しをせず、Ｂは、履行強制の手続をとり、2016年8月1日になってやっと引渡しを受けた。しかし、2015年10月1日から2016年7月末日までの10ヵ月間、本来ならばそこに住めたはずなのに住めなかったという損害はＢに残ったままですし、また、強制執行手続をとるまでもなく、Ｂの催促によって、Ａが遅ればせながら2015年12月1日に引渡しをしたというときも、10月1日から11月末日までの2ヵ月間、そこに住めなかったという損害は生じているわけでして、損害の賠償を受けたい。

　もちろん、債務者の債務が履行不能となっていれば、履行強制はできないのであり、そのときどうするか、という問題もあります。このようなときは、代金も払わなくてよいはずです。

　そうすると、αの履行強制の問題が終わっても、まだ、

　β　どのような場合に債権者は契約自体を解消できるか、

　γ　どのような場合に債権者は債務者に対して損害賠償を請求できるか、

という問題が残っているわけでして、次にβの問題に移ることになります。

第4章 債務不履行、解除、危険負担

3 どのような場合に債権者は契約自体を解消できるか

(1) 解除制度の位置づけ

この β の問題を定めるのが、解除制度なのです。

この問題も、債務者の債務の履行が不可能である場合と履行が可能なのに債務者が履行をしない場合とに分けて考える必要があります。

履行不能のときには、すでに説明したように、債権者は債務者に履行を強制できない。そうすると、解除は、債権者が契約による拘束から自らを解放する手段となります。これに対して、債務の履行が可能なのに債務者が履行をしない場合には、契約に双方が拘束されている状態にあります。このとき、債権者が契約を解除することは、契約から双方を解放するという機能を持ちます。履行不能の場合と機能が異なるわけですね。

もっとも、注意したいのは、履行不能・履行可能のいずれの場合も、契約から解放されるということと、相手方に生じた損害を賠償しなければならないということは別問題だということです。解放され、それでおしまいという場合もありますが、解放されるものの、債務者が損害賠償を支払わなければならない、ということもあります。この点は、後に述べる γ の問題であり、別に考えることになります。

(2) 改正法541条

① 軽微な債務不履行

解除について、まず、履行可能な場合を考えますと、それを規律するのが、改正法541条です。

> 当事者の一方がその債務を履行しない場合において、相手方が相当の期間を定めてその履行の催告をし、その期間内に履行がないときは、相手方は、契約の解除をすることができる。ただし、その期間を経過した時における債務の不履行がその契約及び取引上の社会通念に照らして軽微であるときは、この限りでない。

ここでは、判例法理の若干の明文化がされています。

まず、改正法541条のただし書を見てみましょう。ここには、催告期間経過後の時点で、「債務の不履行がその契約及び取引上の社会通念に照らして軽微であるとき」には、契約解除ができない、ということが規定されています。

これは判例法理を明文化するものです。最判昭和36・11・21民集15巻10号2507頁は、「法律が債務の不履行による契約の解除を認める趣意は、契約の要素をなす債務の履行がないために、該契約をなした目的を達することができない場合を救済するためであり、当事者が契約をなした主たる目的の達成に必須的でない附随的義務の履行を怠つたに過ぎないような場合には、特段の事情の存しない限り、相手方は当該契約を解除することができない」しています。同じような考え方は、信頼関係破壊の法理、解雇権濫用法理、売主の担保責任に関する現行566条にも現れていまして、契約をした目的を達することができない場合でなければ解除できないというのは現行法なのですね。大きな変化ではありません。

ただ、解釈論として少し注意すべき点があります。まず、「軽微」か否かは、契約目的の達成可能性との関係で考えられるべきである、ということです。これは、なぜ、「軽微であるとき」には解除ができないとされたのか、という理由に遡って考えるとわかります。

また、改正法541条ただし書は、催告期間が経過した時点における不履行の状態につき、軽微か否かを判断する仕組みになっています。したがって、軽微な不履行があったとき、催告期間内に治癒がされなくても、軽微であることには変わりがありませんので、やはり解除はできないことになりそうです。しかし、簡単に治癒できる債務不履行なのに、催告期間中にも治癒しなかったことをどのように評価に取り込むかという問題はあります。簡単に治癒できるのにしない、という債務者の態度を軽微性の判断に取り込むか否かは、今後問題になってくると思います。

② 判例法理との関係

次に、改正法542条2項、1項3号は、一部の履行不能が生じた場合につき、履行される一部だけで契約をした目的を達成できるか否かで、全部解除が認められるか、一部解除しか認められないかが決まる、という規律をとっています。これは、大判大正14・2・19民集4巻64頁、最判平成8・11・12民集50巻10号2673頁の示している判例法理です。異論のないところを規定しただけです。

また、改正法545条3項は、金銭以外でも原状回復にあたっては果実を返還しなければならない、としており、これも改正で付け加えられる点です。しかし、これも、最判昭和34・9・22民集13巻11号1451頁のいうところなのですね。判例法理の明文化というだけです。

これに対して、改正法542条1項2号は、判例法理と少し違います。つまり、大判大正11・11・25民集1巻684頁は、債務者が履行拒絶の意思を明確にした場合も、なお翻意の可能性があるから、催告が必要だとしているのですね。

しかし、本当に拒絶の意思が明確ならば、催告期間中に履行するわけはないのでして、意思の明確性の判断の問題にすぎないともいえます。そして、実務上は、後で争いになるのは困りますので、いちおうは、催告をすると思われます。判例上、不相当の催告期間を定めても、相当な期間経過後に解除の効力が発生するとされていますので、催告をすることによって債権者がリスクを負うわけでもありません。理論的にも、実務的にも、大きな変化が生じるわけではありません。

解除権者による目的物の損傷等についても、少し変更があります。改正法548条ただし書は、解除権を有する者がその解除権を有することを知らなかったときには、目的物を損傷しても、なお解除ができるとしています。これは、たとえば目的物の欠陥について知らないうちに損傷したからといって解除できなくなるのはおかしい、という考え方に立つものです。ただ、そのことにより、解除権者の原状回復義務が小さくなるわけでありません。つまり、損傷をした解除権者は、解除はできますが、原状回復義務の履行として、損傷についての損害を賠償しなければならないわけですね。そうすると、あまり大きな違いは生じないということになります。

(3) 改正法542条1項

① 残存する部分のみでは契約をした目的を達することができないとき

次に、履行不能による解除について見ておきますと、基本は、改

第4章　債務不履行、解除、危険負担

正法542条1項1号です。これは、「債務の全部の履行が不能であるとき」としておりまして、しかし、債務の一部が履行不能になることもあります。このときは、同項3号が適用され、「債務の一部の履行が不能である場合……において、残存する部分のみでは契約をした目的を達することができないとき」には、契約の全部解除ができることになります。ここでも、契約目的が基準になっていますね。

②　残りの部分でも契約をした目的を達成できるとき

　一部の不能なのだが、残りの部分でも契約をした目的を達成できるときはどうでしょうか。このときは、結論から述べますと、契約の一部の解除のみが認められ、債権者の反対給付債務は、それに対応する部分は消滅します（改正法542条2項1号）。

　一部解除というと、履行遅滞の場合でも、履行不能の場合でも、給付が可分なものをすぐに頭に思い浮かべてしまいます。毎月10日に世界各地のワインが2本ずつ送られてくるという契約にもかかわらず、ある月、いつまで経っても送られてこない。このとき、契約の解除ができるが、これは将来の分についてだけ認められるのであり、これまでの分については認められない。これまで送られてきた分については、毎月2本のワインを得るという目的が達成できているからですね。これに対して、月々、スープスプーン、フォーク、ナイフ、ティースプーンと徐々に銀食器が送られてきて、1年間でセットが完成するという契約にもかかわらず、ある月から送られてこなくなったというときには、契約全体の解除ができる。同じデザインの銀食器セットをそろえるという契約の目的が全体として達成できなくなったからですね。

　注意したいのは、残りの部分でも、いちおうは契約をした目的が

達成できる、という場合にも、不能になった部分については契約の解除ができる、つまり、一部解除ができるということです。改正法542条1項3号は、「残存する部分のみでは契約をした目的を達することができないとき」としており、このときは全部解除ができる。これに対して、一部解除に関する同条2項にはその制限がありません。こういった文言の違いからわかるように、残りの部分だけで契約目的が達成できるときでも、契約の一部の解除は認められるのです。

　そして、実は、このとき、給付が可分であることは要求されないのです。現行法について、当事者双方の責めに帰すべからざる事由による一部の滅失は、当然に反対給付債務の一部消滅が生じるとされてきました。明文はありませんが、そう解されてきました。そうしないと、債権者は反対給付の全部履行をしなければならず、それはおかしいからです。しかるに、危険負担の制度を廃止し、解除に一本化したわけですから、このとき、可分・不可分にかかわらず、一部解除が認められることになるのですね。逆に、一部解除をしないと、不能になった部分に対応する反対債務を消滅させることはできません。給付が可分の場合だけを思い浮かべがちですが、そうではないときも一部解除が問題になることに注意してください。

4　どのような場合に債務者に対して損害賠償を請求できるか

(1)　損害賠償請求権の必要性

　履行の強制、解除について説明してきました。ところが、履行の強制がうまくいっても、それだけでは、債権者の受けた損害は完全

には回復できません。売主Aが買主Bに家屋を売却し、2015年10月1日が引渡し期日と定められた。ところが、Aは期日になっても引渡しをせず、Bは先ほど説明した強制執行によって、2016年8月1日になってやっと引渡しを受けた。しかし、2015年10月1日から2016年7月末日までの10ヵ月間、本来ならばそこに住めたはずなのに住めなかったという損害はBに残ったままです。また、強制執行手続をとるまでもなく、Bの催促によって、Aが遅ればせながら2015年12月1日に引渡しをしたときでも、10月1日から11月末日までの2ヵ月間、そこに住めなかったという損害は生じています。したがって、損害の賠償を受けたいということになります。

　履行遅滞や履行不能のとき、債権者が契約を解除した場合も同じです。債務者が履行を遅滞したので、債権者が契約を解除した。たしかに、それによって、両当事者は原状回復義務を負いますが、債権者は原状に戻してもらうだけでは満足できません。

　ここまで述べてきたように、履行が可能なとき、債務者が履行をしないときに履行を強制するために、また、履行が遅滞したときに催告をして解除するために、さらには、履行不能であるときに契約を解除するために、履行遅滞などに陥ったことについて債務者に帰責事由のあることは必要とされていませんでした。履行を請求できるのは債権者である限り当たり前の権利であり、催告をして解除するときに、債務者の責任を要求することは、債権者に酷だからですね。このことはすでに説明しました。また、履行不能による解除も、債権者に責任があるときには認められないが、それ以外の場合には、債務者に帰責事由がなくても、債権者を契約から離脱する権利を認める必要があります。そこで、解除が認められることになっていたのですね。

Ⅳ　改正法の読み方

(2) 債務者の帰責事由の必要性

① 改正法415条1項

これに対して、債務者に対して損害の賠償を請求していくためには、債務者に責任があることが必要であるとされています。改正法415条1項を見てみましょう。

> 債務者がその債務の本旨に従った履行をしないとき又は債務の履行が不能であるときは、債権者は、これによって生じた損害の賠償を請求することができる。ただし、その債務の不履行が契約その他の債務の発生原因及び取引上の社会通念に照らして債務者の責めに帰することができない事由によるものであるときは、この限りでない。

債務者に損害賠償義務を負わせることは、債務者に新たな負担を課することです。したがって、その負担を課すのが妥当であるという理由が必要になるわけです。

② 帰責事由の存否の判断

しかし、実はそう単純な話ではありません。

「債務者に責任があるか否か」が常識的に判断できそうな場合もあります。絵画の売買で、債務者（＝売主。ここでは、絵画の引渡債務について問題にしているわけだから、債務者＝売主である）の倉庫の火災にともなってその絵画が焼失してしまったとします。その火災が債務者の失火であったりすれば、その絵画の焼失については債務者に帰責事由があると簡単に判断できます。

これに対して、隣家からの類焼によるときは、一般には債務者には帰責事由がないような気がします。ところが、類焼だからといって、債務者に帰責事由がないとは簡単にいえない場合も多いのです

ね。その絵画をきちんとした防火・防犯設備のある場所に保管しておかなければならない、という義務が債務者に認められるような場合もあります。たとえば、セザンヌの描いた絵画を展示のために借りた者は、厳重な防火設備のある場所に、ガードマンを多数配置して、それを保管する義務を負うというべきです。このとき、安直に住宅密集地帯の木造の倉庫にそれを保管し、隣家からの類焼で焼失してしまったとすると、その焼失について債務者には帰責事由があるというべきでしょう。

履行が遅れたときも同様です。

たとえば、売主Ａが千葉市の倉庫から横浜市の買主Ｂのところに10月1日の午前中に品物を届ける義務を負っていたとします。ところが、同日、東京都内の高速道路が複数の事故で完全な混乱状態となり、配達の自動車が大幅に遅れました。千葉市から横浜市への交通手段はいろいろあるわけでして、電車で行ってもよいはずですし、そもそも9月30日の時点で横浜まで運び、どこかの倉庫に保管しておけば、道路が混乱してもきちんと配達ができたはずです。そうしないでおいて、「道路が混乱しているのが悪いのであり、自分の責任ではない」ということは許されない。このように評価すべき場合もあると思われます。これに対して、その種の取引においては、当日、千葉市から横浜市にトラックで運ぶというのが当然だと解されており、渋滞等による遅れは仕方がない、と（暗黙のうちに）了解されている場合もあります。このときは、「10月1日の午前中に品物を届ける」という約束自体が、「10月1日の朝、千葉市の倉庫を出て、高速道路で横浜市に向かうことによって、同日午前中に品物を届けるように努力する」という意味だと解されるのであり、Ａの責任が問われないことは当たり前です。

このように見てくると、「債務者に帰責事由があるか」という判

断は、債務者がどのような義務を負っているのか、ということと密接に関係していることがわかります。「契約上、こうすべきであったのに、そうしなかったために、契約で定められた期日に義務の履行が行われなかった、あるいは、契約で定められた義務の履行はもはや不可能になった」といえる場合が、「債務者に帰責事由がある」とされる場合にほかならないのでして、どういった義務を負っていたかがポイントなのですね。

③　債務不履行と別個に規定する理由

　そうしますと、債務者に損害賠償責任を負わせるか否かの判断は、結局、債務者に契約違反があるかどうかの問題であり、債務不履行＝契約違反という事実とは別個に債務者の帰責事由を考える必要はないのではないか、と思われるかもしれません。

　これはある意味で正しいのです。しかし、民法が、「債務者がその債務の本旨に従った履行をしないとき又は債務の履行が不能であるとき」というのと、債務者に帰責事由があるか否かを、いちおうは区別して規定していることにも理由があります。

　たしかに、区別できない場合もあります。医師の債務が典型ですね。医師は、決して「病気を治す」という債務を負っているわけではありません。「病気を治すように、善良な管理者の注意を尽くして治療をする」という債務を負っているだけです。いくら患者が死亡したとしても、医師が注意を尽くしていれば、そもそも、「債務の本旨に従った履行をしないとき」に該当しません。適切な買主を探すように委任された不動産業者も同じです。善良な管理者の注意を尽くして買主を探していれば、結果として買主が見つからないからといって債務不履行になるわけではありません。このような場合には、債務不履行という事実と帰責事由の存否は区別できないのです。

第4章　債務不履行、解除、危険負担

　しかし、これに対して、売買契約における売主の引渡義務について考えてみますと、引渡しが遅れたことが、自然災害によって交通が途絶したとか、製造工場が隣家の火災により類焼したとかといった事情による場合に、債務者に賠償責任を負わせるか否かの判断のすべてを「債務者はどのような義務を負っていたか」という問題に解消してしまうと、買主に酷な事態が生じるのです。

　売主の責任を追及していくためには、買主が「売主に債務不履行がある」ことを立証しなければなりません。しかし、交通渋滞があったときどう評価すべきか、類焼のときどう評価すべきか、ということを、「売主はこういった債務を負っていたのだから、債務不履行になる」と買主が自分の側で立証していくのは大変です。そこで、買主は、「10月1日に引渡しをする義務を売主は負っていた」とだけ証明すればよく、契約の趣旨に照らして債務者に帰責事由がないことは売主の側で証明すべきだとされているのです。債務者に帰責事由がないときには損害賠償責任が課されないことは、あくまで例外であるという理解です。

　履行不能についても同じです。債権者は、「債務者の引渡義務が履行不能である」とだけいえばよく、債務者の側で、「その履行不能について自分は責任を負わないはずだ。契約上、隣家からの類焼にまで対処する義務はなかった」と証明しなければならないのです。

　もう1度、改正法415条1項を見てみましょう。

　債務者がその債務の本旨に従った履行をしないとき又は債務の履行が不能であるときは、債権者は、これによって生じた損害の賠償を請求することができる。ただし、その債務の不履行が契約その他の債務の発生原因及び取引上の社会通念に照らして債務者の責めに帰することができない事由によるものであるときは、この限りでない。

債務者に帰責事由がないときに債務者が損害賠償義務を負わないということは、ただし書に規定されています。これは、債権者は、「債務者がその債務の本旨に従った履行をしないとき又は債務の履行が不能である」という点だけを証明していけばよく、「その債務の不履行が契約その他の債務の発生原因及び取引上の社会通念に照らして債務者の責めに帰することができない事由によるものである」ことは債務者が立証しなければならないことを意味しており、帰責事由を別個に規定することは立証責任の分配と関係しているのですね。

もっとも、条文の文言からだけでは、どこまでを債権者が立証していけば、「債務者がその債務の本旨に従った履行をしないとき又は債務の履行が不能である」となるのか、どこからが、帰責事由の問題として債務者にそれが存在しないことの証明責任が課されるのかははっきりしません。ある種の常識的な判断に委ねられている問題だといえます。

ただ、繰り返しになりますが、債務者に帰責事由があるか否かは、結局、債務者がどのような義務を契約上負っていたかによって決まることには注意をしていただきたいと思います。だから、「契約その他の債務の発生原因及び取引上の社会通念に照らして」となっているのです。この点をもって、帰責事由とは「故意又は過失及び信義則上それに同視しうる事由」のことのはずであり、大きな改正がされているという方もいますが、実際の訴訟において、何が争われるのかを考えてみてください。現時点と何の変化もありません。

(3) 注意すべき点

若干、注意すべき点を述べておきます。

改正法413条の2第1項は、債務者・債権者の双方に帰責事由のない理由で履行不能となった場合でも、債務者が履行を遅滞している間に履行不能となった場合には、債務者に帰責事由ありとされるとしています。履行期が到来し、買主が売主に「早く引き渡してよ」と言っている間に、売主の倉庫が隣の家の火事で類焼してしまって、目的物も燃えてしまったというときや、動物の売買契約がされたが、売主が引渡しを遅滞している間に、希少な動物として取引が禁止された場合ですね。買主は売主に対して、「期限通りに引き渡していれば、こんなことにはならなかったのだから、責任をとれ」といえるというわけでして、これは、これまで異論のなかった解釈を明文化したものにすぎません。

しかし、前者の例で、引き渡していても燃えてしまったような場合、たとえば、買主の家もすぐそばであり、同じく類焼した、という場合には、履行を遅滞していたことが履行不能につながったわけではないので、債務者に帰責事由ありとはされないと解されています。

また、原始的不能における帰責事由について少し注意すべきことは、すでに述べたところです。

(4) 損害賠償の範囲

さて、債務を履行しなかったことについて債務者に帰責事由があるときは、債権者は債務者に損害賠償を請求できる。遅滞によって損害が生じたとき、不能によって損害が生じたとき、解除したが損害が生じているとき、すべてそうです。

このとき、1番の問題は、どういった損害が賠償の対象となるのかです。

そこで、改正法416条は次のように規定しています。

> 1　債務の不履行に対する損害賠償の請求は、これによって通常生ずべき損害の賠償をさせることをその目的とする。
> 2　特別の事情によって生じた損害であっても、当事者がその事情を予見すべきであったときは、債権者は、その賠償を請求することができる。

　現行法と異なるのは、2項です。現行法は、「当事者がその事情を予見し、又は予見することができた」という文言になっています。しかし、これでは、あたかも事実としての予見可能性があれば損害賠償の対象となる、としているようにも読めます。つまり、たとえば、工務店であるAが、不動産業者でもないBとの間で、家屋の建築請負契約を、請負代金額2500万円で10月1日を引渡日として締結したとします。ところが、契約締結後になってBから、「いやー、あの家は、Cさんに3500万円で転売することになってねえ。でもCさんは絶対に10月3日にはその家を手に入れなきゃ困るんで、引渡しが1日でも遅れると、Cさんとの間の契約は解除されるんだ」と聞かされたといったとき、AからBへの引渡しが少しでも遅れると、Bが1000万円の損害を被ることをAは「予見することができた」のであり、AはBに対して、その損害を賠償しなければならないということにもなりかねません。しかし、仮に10月1日に少しでも遅れれば、1000万円の賠償をしなければならないことがあらかじめわかっていれば、Aは、その家屋の工事を他の仕事に優先して行うこともできたし、優先しなければならないのであれば、請負代金を多めにしてもらえなければ契約しないという選択もできました。通常の請負契約だろうと思って引き受けたら、後出しじゃんけんでいろいろ説明されて、「知っていただろう」、「予見できただろう」といわれると困ります。
　そこで、改正法では、「予見すべきであった」という文言に変え、

契約の趣旨に照らして、債務者に予見義務があるような事情（から生じた損害）に限定されることをはっきりさせたのです。しかし、この点も、現行法でもそのように解されていたのであり、明確化にすぎません。「わざわざ変えなくても、そんなことは常識的にわかるじゃないか」とおっしゃる方もいると思いますが、教師としては、この明確化は重要だと思います。先ほどの例を試験で出題すると、ほとんどの学生は、転売利益は予見できたので、その損失は損害賠償の対象となる、と解答します。

　なお、「現行法では、損害賠償の範囲は相当因果関係で定まるのであって、大きな改正がされたことになる」とおっしゃる方もいるかもしれません。しかし、現行416条を見てください。改正されていません。

　もっとも、どういった損害の発生が、債務者が「予見すべきであった」と評価されるか、は必ずしもはっきりしません。さらに、債権者側が損害を拡大した場合など、「債務の不履行又はこれによる損害の発生若しくは拡大に関して債権者に過失があったときは、裁判所は、これを考慮して、損害賠償の責任又はその額を定める」（改正法418条）とされています。両者を合わせて、裁判官の裁量の幅が大きくなっています。

　以上、全体として、たいした話ではないし、改正法も α から γ を分けて規定していることが理解できれば、わかるはずです。

第5章

法定利率

第5章 法定利率

はじめに

　本章では、法定利率に関する規定を取り上げます。本論に入る前に、検討対象を画定するとともに、検討の視点について触れておきたいと思います。

　まず検討対象についてですが、ここでいう「法定利率」とは民法典の第3編第1章（債権総則の部分）の第1節「債権の目的」に置かれた改正法404条の定めるものを指しています。1ヵ条のみを取り上げるのは他の項目とバランスを失するようにも思われますが、「債権の目的」の部分に関しては、他にはあまり大きな改正はなされていないため[1]、404条の改正だけが突出したかたちになりましたので、この規定だけを取り上げてお話をすることにしました[2]。もっとも、関連するものとして中間利息の控除に関する改正法417条の2（改正法722条1項により不法行為にも準用）にも触れます[3]。

　次に検討の視点ですが、一般論としてはすでに述べたので繰り返しません[4]。本項に特有の視点としては、「不法行為との接点」と

---

[1] 改正法400条は重要な改正を含んでいるが、第4章「債務不履行・解除・危険負担」で触れられる。
[2] 改正理由には、時効期間の統一、保証人の保護、定型約款に関する規定の新設と並んで、法定利率の変動化が挙げられており、今回の改正の重要論点の1つと位置づけられている。
[3] 中間試案で言うと、「第8　債権の目的」「4　法定利率」（中間利息控除を含んでいる）の部分をカバーする。

いう視点を掲げておきたいと思います。不法行為に関する改正（前述の改正法722条1項）がこの視点を示唆しています。なお、説明は、改正法の概要（Ⅱ）、改正法の含意（Ⅲ）という順で進めます。

4）第1章「法律行為・代理」のⅠ「はじめに」を参照。

第5章 法定利率

改正法の概要

すでに述べたように、債権総則の冒頭に置かれた「債権の目的」に関する規定（改正法399条～410条）には、ほとんど修正は加えられていません。そのうちで、ただ1ヵ条、大幅な修正が加えられたのが、法定利率に関する規定です（改正法404条）。

同条は従来の固定制に代えて変動制を導入するものですが、そのおおよその仕組みは、次の通りです。

> ① 約定利率がない場合の利率は、利息の生ずべき最初の時点における法定利率による（改正法404条1項）。
> ② 法定利率は、現行の年5％を年3％に引き下げたうえで（同条2項）、一定期間（3年）ごとに変動させる（同条3項）。
> ③ 変動のさせ方は、次のようなものとする（同条4項）。すなわち、「直近変動期」と「当期」との「基準割合」の差を加算または減算することによる。ただし、1％未満は切り捨てる。

なお、ここでいう「直近変動期」とは、このルールによって法定利率に変動があった期のうち直近のものを指し、「基準割合」とは各期初日の属する年の6年前から前々年まで5年間の毎月の短期貸付平均利率の平均として法務大臣が告示するものを指しています（改正法404条4項・5項）。

これは一言で言えば、単純で、緩やかかつ大まかな変動制を採用しようとしているということです。すなわち、一方で、変動利率と言っても、ある利息債権につき一旦定まった利率は以後変動するこ

Ⅱ 改正法の概要

とはなく、他方で、短期的な変動を緩和し平準化をはかったうえで、細かな変動は捨象する仕組みが作られているのです。

抽象的な説明ではわかりにくいかもしれません。法務省が作成した資料を用いて[5]、変動のイメージを示し（【図1】）、そのうえで、具体的な計算がどうなるかを見てみましょう（【図2】）。

【図1】

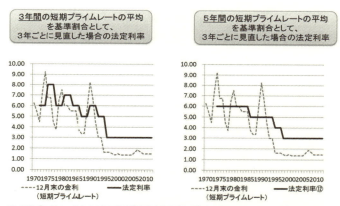

※ 短期プライムレート（1993年以前は貸出約定平均金利が存在しないため、これが市場金利を指すものと仮定する。）を元に基準割合を計算し、最初の法定利率を6％とした上で1％以上変動した場合に1％単位で変動した場合の変動回数等

【図2】

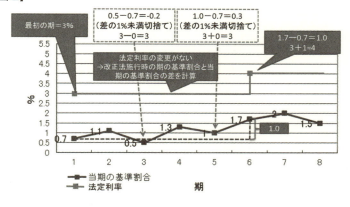

---

5) 部会資料81B 5頁、3頁。

第 5 章　法定利率

　【図1】を見ると、短期貸付平均利率（短期プライムレート）の平準化にあたって、期間を 3 年ではなく 5 年とすることによって、法定利率の急激な変動・頻繁な変動を避ける効果を持っていることが視覚的に理解されると思います。

　また、【図2】からは具体的な計算の仕方がわかります。法定利率はまず 3 ％からスタートします（上記の②）。次に、変動のさせ方ですが、第 1 期の「基準割合」は 0.7 ％であるのに対して、第 2 期の「基準割合」は 1.1 ％なので、その増減は 0.4 ％であり 1 ％を超えていません。そのため法定利率は変動しません（上記の③）。第 3 期の「基準割合」は 0.5 ％ですが、この時の比較の対象となるのは「直近変動期」の「基準割合」なので、第 2 期とではなく第 1 期との比較がされます。増減は 0.2 ％ですのでやはり変動は生じません。第 4 期、第 5 期についても同様で、第 6 期に「基準割合」が 1.7 ％となって、初めて増減が 1 ％以上になります。そこでこの期に法定利率は 1 ％加算されて、4 ％になります。以後、「直近変動期」は第 6 期になり、この期の「基準割合」である 1.7 ％が比較の対象となります。ですから、第 7 期、第 8 期には変動が生じません。

改正法の含意

　法定利率については、現行404条が改正されただけでなく、これを踏まえて中間利息の控除に関する規定が置かれたことの意味も大きいと言えます（改正法417条の2・722条1項）。これは次の2つのことを意味します。

　第1に、人身損害に関する賠償額算定につき、中間利息の控除をする際に、従来の5％に代えて、3％ないし以後変動する利率が使われることになります。5％の利率での控除は、低金利の現在の状況との乖離が大きいという批判がなされてきましたが、これに対しては、現状を動かすことは保険実務などに大きな影響を及ぼすという懸念も示されていました。3％という利率は諸般の事情を考慮して定められたものでしょうが、いずれにしても、中間利息の控除額が小さくなることによって、従来よりは大きな額の賠償金が支払われうることになります。

　第2に、しかし、このことは、人身損害に関する賠償額算定につき、現在用いられている方法を民法が公認したことを意味するわけではありません。改正法417条の2は「その利息を取得すべき時期までの利息相当額を控除するときは」と定めていますが、これは「控除する」とすれば、用いるべき利率を明示しているだけであり、「控除しない」という方法を排除するものではありません。賠償額の算定方法として他の方法がないかという点については、何も述べ

られていない。むしろ、ありうるかもしれない、という前提に立っているとも言えるのです。

　なお、改正法417条の2は強行規定かという問題もあります。強行規定であるという考え方もありうるでしょうが、任意規定であると考える余地もあります。もっとも、たとえば保険約款において、仮に、中間利息の控除に際しては年5％という利率を用いると定めても直ちに無効になるわけではないとしても、一方で、約款が契約内容になることが必要であり、他方、消費者契約においては、当該条項が不当条項であるとされる可能性があることに留意する必要があります。

第6章

債権者代位権・詐害行為取消権

第 6 章　債権者代位権・詐害行為取消権

総　　論

　現行法の債権編、第2節「債権の効力」の第2款は「債権者代位権及び詐害行為取消権」という款名のもと、債権者代位権と詐害行為取消権を規定しています。条文数は、僅か4条です。

　債権者代位権および詐害行為取消権は、ともに、この僅かな条文のもとで、判例によりルールの具体化が図られています。このような判例の集積によるルールの具体化は、条文をみただけでは、現在の規律の内容が見通せない状況を生んでおり、規律の透明化が必要なものの典型といえます。その一方で、債権者代位権については従前から立法論上の批判が強く、判例の準則の帰結に対する評価も分かれていました。また、詐害行為取消権についても、判例の準則に対しては有力な批判がありました。

　そのため、債権者代位権および詐害行為取消権のいずれについても、判例の準則の明文化が要請されるとともに、判例の準則を明文化する場合にも、とりわけ、どのルールを明文化すべきかの検証が求められます。すなわち、現在展開している判例の準則についての評価と、それを是とするなら明確化の観点からの明文化の当否、それを問題視するならば判例の準則に対し修正となる立法の要否・当否が問題となるわけです。

　そういった検討の結果、債権者代位権、詐害行為取消権のいずれについても、条文数が相当に増加しています。それらには判例の現

I 総　論

在の準則を明文化する規律とそれを修正する規律とが存在しているのです。条文数の増加により、款が分けられ、詐害行為取消権については「目」も立てられています。両制度は民事保全法や倒産法との結びつきも深く、両制度についてこれだけ手厚い条文を民法典に設けること自体にも議論のありうるところではありますが——中間試案などと比べるとわかりますが、これでも、詳しすぎるとして相当数が落ちて改正法になっているのです——現行の規定のもとでの展開を集約・検証し、今後のさらなる展開の礎とするには、民法典にこれだけの規定を置くことは相当であると考えられます。少なくとも、現行法より遥かに見通しがよくなったと言えるでしょう。

　なお、法制審議会民法（債権関係）部会の審議対象ではなかったので、おそらく、1度も検討課題にあがったことがないと思いますが、款名についてです。現行法は、「債権の効力」の中で「債権者代位権及び詐害行為取消権」を1つの款として規定しています。両者は、責任財産の保全の制度として並び称されてきたことを反映するもので、2004年の現代語化の際に、従来は、「債権ノ効力」として条文が並べられていたところを、款に分けて整理したものですが、今回、改正法では、これが、「債権の効力」の節の下に、「第2款　債権者代位権」、「第3款　詐害行為取消権」として、款が分けられました。法制上の観点からの処理であり、理由をうかがい知ることは困難ですが、おそらく、条数が増えることに伴う処理と思われます。ただ、これら2つの制度を責任財産の保全の制度としてひとくくりにできるかについては、考え方がいくつかあるところですので、示唆的な気もいたします。

　以上を総論としまして、では、債権者代位権、詐害行為取消権の順にみていきましょう。

第6章　債権者代位権・詐害行為取消権

債権者代位権

1　判例法理（等）の明文化

　債権者代位権の改正法の一群の規定は、判例法理等を明文化するものです。判例法理「等」としましたのは、「等」には、たとえば強制執行のできない権利を被保全債権とはできないといった学説上異論のない規律も明文化されており、これを含む趣旨です。なお、明文化された判例法理のほうは、学説においてほぼ異論なく支持されているもののみが明文化されたわけではありません。今回明文化された判例法理については異論もあるのですが、それにもかかわらず条文として結晶化することが決断されたことになります。また、判例の帰結に異論のないものであっても明文化の要否という観点から取り上げられていないものも相当にあります。たとえば、被代位権利の具体例などがそうです。改正法に積極・消極に結実していない現行法のもとでの判例の準則は、基本的に改正法のもとでの解釈論としても意味を持つものと考えられます。

　以下では、一般規定に関する判例の明文化の具体的内容をみます。

(1) 行使範囲、直接引渡し

判例法理の明文化として、行使範囲、直接引渡し（さらにそのときの権利消滅について明文化。改正法423条の2、423条の3）があります。すなわち、代位される権利（被代位権利）が可分であるときは、代位債権者による代位行使は、自己の債権の額の限度とするというのが、現行法下の判例です（最判昭和44・6・24民集23巻7号1079頁）。また、被代位権利が金銭の支払や動産の引渡しを内容とするときは、債務者ではなく代位債権者に対して交付するよう求めることができるとするのも判例です（最判昭和29・9・24民集8巻9号1658頁ほか）。

これらの判例の準則に加えて、債権者に対する直接交付によって、被代位権利が消滅することがあわせ定められています。この点は、法律関係の明確化のためであり、異論のないところです。本来の権利内容は債務者に対する交付ですが、代位債権者には受領権限があることから、受領権限者に対する交付によって、債務が履行され債権が消滅することになるのは、当然の帰結と言えるでしょう。後述（2(1)）する通り、債権者の代位行使によっても、債務者の処分権限は制約されませんので、この点の規律は、債務者による処分の終期を明らかにする意味もあると考えられます。

直接交付についてはその当否について議論があり、また、直接交付を認めた場合のその後の相殺の可否について議論があります（後述する5参照）。

(2) 被代位権利と被保全債権の要件

このほか、被代位権利の要件について、「差押えを禁じられた権利」が対象とならないこと（改正法423条1項ただし書）、被保全債

権の要件について、「強制執行により実現することのできないものであるとき」は該当しないこと（同条3項）が明文化されています。いずれも、強制執行の前段階としての責任財産の保全の制度であるという債権者代位権の性格から、（また、金銭の直接交付とその後の相殺によって事実上、債権回収・債権の実現までが可能になるとしても、債務者の意思によらず強制的に実現することになるという性格から）、差押えが禁止された権利についての行使や、強制執行のできない債権に基づく行使が、排除されています。

(3) 相手方の抗弁

債権者の代位行使に対して、相手方は債務者に対して主張することができる抗弁をもって債権者に対抗できるという相手方の抗弁の明文化（改正法423条の4）も、判例の明文化です（最判昭和33・6・14民集12巻9号1449頁）。債権者が行使するのは被代位権利であり、当該権利に抗弁が付着していると言えますし、相手方が債務者に対する抗弁を奪われるのは不当であることから、当然の規定と言えます。

これに対して、さほど明瞭でないのは、相手方が代位債権者に対して主張することができる抗弁を持っている場合です。現行法下、学説の議論があるところで、見解が分かれています。潮見・概要71頁は、相手方が代位債権者に対して主張できる抗弁をもって対抗することはできない旨も含意するものだとしていますが、それ自体は改正法のもとでも解釈論として残るものでしょう。ただ、あくまで代位者が行使しているのは債務者の権利であることからすると、否定されることになると思われますが、いわゆる転用型（4(1)参照）における問題があります。なお、代位債権者から主張できる（再）抗弁について、債務者が相手方に対して主張できる事由に限

定されるべきであって、代位債権者が相手方に対して有する固有の事由（代位債権者との関係で権利濫用となる旨）は主張できないとする判例があります（最判昭和 54・3・16 民集 33 巻 2 号 270 頁）。これらも改正法のもとで妥当する解釈と考えられます。

2 判例法理の変更――債務者の処分権限の不制限（改正法 423 条の 5）

(1) 債務者の処分権限への影響

以上に対し、判例法理の修正・変更となるのが、債務者の処分権限への影響です。改正法 423 条の 5 では、債権者が被代位権利を行使した場合であっても、債務者は、被代位権利について、取立てその他の処分をすることを妨げられないとして、債務者の処分権限の不制限を定めています。また、相手方としても、債務者に対して履行することを妨げられません。

現行法下では、代位訴訟が提起された事案においてでありますが、判例は、代位訴訟が提起されたことを債務者に通知し、又は、債務者が代位権の行使を知っていたときは、もはや債務者は被代位権利を処分することはできないとしていました（大判昭和 14・5・16 民集 18 巻 557 頁）。裁判上の代位についての規律を参考にするものですが、裁判所の判断・関与なく、純粋に裁判外での行使も可能である債権者代位権の行使について、一片の通知をもって差押えと同じ効果が生ずることを正当化するのは困難であると指摘されていました。また、現行法下において相手方の弁済・履行についても制約がされるのかは不透明でしたが、制約されるとするならば、相手方に不当な判断リスクを課すことになると指摘されていました。

改正法は、このような指摘を踏まえ、判例の準則を変更・修正するものです。

債権者による代位権行使によって債務者の処分権限は制約されませんので、たとえば、債権者が代位訴訟を提起し、自己への金銭等の直接交付を求め、勝訴判決が確定した場合であっても、それだけでは債務者の処分権限は制約されず、また相手方（第三債務者）も債務者に対する履行（それによって有効な弁済となること）を妨げられません。改正法のもとで、債務者の処分権限を制約するためには、一般の保全処分（仮差押えや差押え）によるべきことになります。なお、代位訴訟が提起されたときは、重複起訴の禁止等の一般則が及ぶことは当然です。このため、他の債権者による重ねての代位訴訟は封じられることになります。

このように、債務者の処分権限には制約がかかりません。したがって、債務者は、自ら取り立てることもできますし、さらには、債務免除などの処分も封じられません。債務者による債務免除に対しては、詐害行為取消権の行使により対応することになるでしょう。あるいは、一般則たる権利濫用などが働きうる余地もあります。

なお、「債権者が被代位権利を行使した場合であっても」債務者の取立てその他の処分は妨げられないとありますが（改正法423条の5）、債権者が債権者代位権を行使して、相手方から直接に金銭の支払等の履行を受けた場合は被代位権利は消滅しますので（改正法423条の3後段）、その結果、もはや債務者も権利を持たないゆえに処分権限を有しないことなるのは当然です。

(2) 訴訟告知

代位訴訟については債務者への訴訟告知が要求されています（改

正法423条の6)。訴訟告知があっても、債務者の処分権限の制限をもたらすものではありません。訴訟告知が要求されているのは、自らの知らないうちに権利行使がされることに対する債務者の保護の観点からです。一般に代位訴訟における代位債権者の地位は法定訴訟担当と考えられ、その判決の効力は債務者に及ぶと解されており、そのような立場にある債務者の保護を図る趣旨（いわゆる手続保障）です。代位訴訟が提起されたときは、債務者としては、共同訴訟参加、補助参加ができます。また、債権者代位権の行使を否定する（被保全債権の存在を争う）場合には、独立当事者参加をし、被保全債権の不存在確認請求、相手方に対し被代位権利に基づく給付請求ができます。

なお、代位訴訟について訴訟告知が要求されていますが、債権者代位権の行使そのものについて債務者に対する通知などは要求されていません。したがって、債務者に知らせないまま、裁判外で債権者代位権が行使されることは、否定されていません[1]。

3　裁判上の代位の廃止（改正法423条2項）

現行法からの修正として、裁判上の代位の廃止があります。現行法下で、裁判上の代位は、制度としては存在していますが、実例がなく、また、実際には、被保全債権の弁済期未到来の段階での保全の必要性の判断は結局423条の要件そのものと同様に解されており、裁判上の代位の手続を経ずに代位訴訟を提起し、代位訴訟の中

---

[1] この点に関する両論およびそれぞれの論拠に関し、部会資料35「第1　債権者代位権」「6　代位権行使の場合の通知、代位訴訟提起の場合の訴訟告知」「⑴代位権行使の場合の通知の要否」参照。

で要件の充足を判断している裁判例があります。したがって、このような制度を存続させる意味がないと判断されました[2]。

被保全債権の弁済期未到来の場合の行使の可否については、「保存行為」の場合にのみ認められることになります。「保存行為」の概念は、現行法上もはっきりしないところがあり、必要な場面については「保存行為」の概念の解釈によることになるでしょう。

4 登記・登録請求権を被保全債権とする債権者代位権の明文化（改正法423条の7）

(1) いわゆる転用型

債権者代位権の行使の類型には、強制執行の前段階としての責任財産の保全のための、いわゆる本来型の行使のほかに、特定の債権の実現のためのいわゆる転用型の行使があると分類されてきました。具体例としては、不動産賃貸借における、賃借人による、賃貸人の有する妨害排除請求権等の代位行使や、不動産の転々譲渡にお

---

[2] 現行法は、被保全債権の弁済期到来前に債権者に債務者の権利関係に介入させる必要があるかどうかをあらかじめ裁判所の判断にかけるという制度として裁判上の代位を設けている。実例がなく、また相手方が争うときは代位訴訟において判断が可能であることが裁判上の代位の制度の廃止につながっているのだが、そうだとすれば、形成権の行使のように裁判外で効果が生じてしまい、争うことが相手方（特に第三債務者）に不相当に判断リスクを課すことになる場合のための制度として再構築することも考えられた。改正法は、代位権行使によっても債務者の処分権限は失われず、また、相手方（第三債務者）は変わらず債務者に対して履行すれば足りるとしているので、相手方（第三債務者）の保護はそれによって図られているが、形成権（たとえば解約権など）の行使の場合には十分ではないからである。

いて、買主による、売主が前主に対して有する登記請求権の代位行使などです。さらには、抵当権者による、抵当不動産所有者の有する妨害排除請求の代位行使も、423条に仮託して（423条の法意に照らして）認められてきました。

　このような転用型と呼ばれる類型は、責任財産保全型とは性質を異にしているため、責任財産保全型の規律がそのまま当てはまるわけではありません。特にどのような場合にそれが認められるかについては、責任財産保全型においては債務者の無資力が要件であるとされているのに対し、転用型にはこれは当てはまりません。そこで、転用型については別途一般的な規律を設けることや、あるいはそもそも、債権者代位権を2つの類型として規律することなども検討されました。これらはいずれも採用されず、改正法は、判例で認められた類型のうち登記請求権について、明文化しています（改正法423条の7）。その際の、相手方の抗弁、債務者の権限、代位訴訟を提起したときの訴訟告知の規律は同様にこの場合に妥当します（改正法423条の7後段、改正法423条の4〜423条の6）。

　なお、転用型については、責任財産保全型を基本とするなら、転用となるが、現行423条は、被保全債権の保全のための被代位権利の代位行使を規定しているのであって、転用型においても、被保全債権の保全のための被代位権利の代位行使であることに変わりはなく、転用型という表現は不適切であることが指摘されています。筆者も共感するところですが、定着している表現でもありますので、ここではそのまま用いることにします。

　改正法は、いわゆる転用型もまた423条の一般規定から導かれるものであるという現行法の規律を前提としつつ、その最も代表的な場合について、具体的な規定を置いたものです。したがって、登記請求権の場面について明文化されたのは、他の転用型の類型を否定

するものではありません。一般規定による展開・新たな例の生成の余地が、含意されています。その他の（一般責任財産保全以外の）類型については、一般規定の解釈によります。

(2) 登記・登録等の請求権の行使

改正法 423 条の 7 は、登記・登録が権利の得喪・変更の第三者対抗要件である財産の譲受人は、その譲渡人が第三者に対して有する登記請求権・登録請求権を行使しないとき、当該譲渡人の登記請求権・登録請求権を行使でき、その場合に、相手方の抗弁、債務者の処分権限・相手方の債務者への履行の不制約、訴訟告知の規律が準用されることを明らかにしています。A 所有不動産が A から B へ B から C へと順次売却され、登記が A のもとにあって B が A に対する登記請求権を行使しないときに、B が A に対して有する登記請求権を C が代位行使できるという規定ですが、C が B に対して登記請求権を有し、当該財産についての登記請求権を B が A に対して有する場合、つまり、「登記請求権、登記請求権」と連続する場合というかたちで規定を置くのではなく、譲受人は当然に譲渡人の有する登記請求権を代位行使できるというかたちになっています。改正法では、売買の節において、売主は登記、登録その他の売買の目的である権利の移転について対抗要件を備えさせる義務があることが明文化されています（改正法 560 条）。したがって、不動産の売買が連続するような場合には、それぞれの買主の登記請求権、登記請求権と連続するのですが、贈与の贈与者について対抗要件具備義務があることは明文化されていません。譲渡は有償・無償を問いませんから、改正法 423 条の 7 は、贈与の場合にも登記請求権があることを間接的に示していることになるでしょう。また、同条は財産の譲受人が当然に登記請求権等を代位行使できるという規定に

Ⅱ　債権者代位権

なっていますが、CのBに対する登記請求権について行使しない（あるいは当面行使しない）特約があるなどの場合に、当然にCがBのAに対する登記請求権を代位行使できることになるかといえば否定される場合もあるでしょう。被保全債権の存在や保全の必要性はこの場合にも及びます。すなわち、具体的な規定の置かれた登記請求権保全のための登記請求権の代位行使についても、準用対象の条文には掲げられていないのですが、保全の必要性などの要件において一般規定（改正法423条）がかかっていると考えられます。

(3)　賃借人による妨害排除請求

なお、対抗力ある賃借権に基づく妨害排除請求（妨害の停止、目的物返還）については賃貸借の規定の箇所で明文化されています（改正法605条の4）。対抗力のない賃貸借の場合や、使用収益させる義務が特約された使用貸借の場合などは、解釈問題であり、これらについて、改正法423条に基づく代位行使の余地はあります。

(4)　破産法における扱い

なお、整備法（41条）により、破産手続開始当時係属中の債権者代位訴訟の取扱いの規律（破45条1項）は、改正法423条1項の規定による訴訟だけではなく、改正法423条の7の規定による債権者代位訴訟も対象となるものとしています。従前、転用型類型の破産法における取扱いについては、若干の議論がありました。改正法を受け整備された破産法のもとでも、解釈問題は残るものと思われます。

5 いわゆる「事実上の優先弁済」——金銭債権-金銭債権の場合の相殺による債権回収について、規定の見送り

債権者代位権の行使の場面は多様ですが、そのうち、特に、金銭債権を被保全債権として、金銭債権を被代位権利とする場合（いわゆる「金銭債権-金銭債権」の場面）には、代位債権者への直接交付が認められ、直接金銭の交付を受けた場合にはそれによって代位債権者が債務者に対して対応する額の金銭の支払債務を負担するのですが、その債務者に対する金銭支払債務を被保全債権と相殺することによって、被保全債権の回収を行うことができます。このような、債権者代位権の行使を通じ、最後は相殺を用いることで債権を回収することが、「事実上の優先弁済」と呼ばれ、その当否が論じられてきました。強制執行の準備としての責任財産の保全を超えて相殺の担保的機能を使える状態を作出し実際にも相殺によって債権の実現を他の債権者に先駆けて行うものであり、一方では、簡易な強制執行として権利救済に資するという評価がある反面、強制執行を潜脱するものとして問題視されてきました。後者の問題視する立場から、これを封じるために、直接交付自体を否定することや、直接交付は認めるが相殺を禁止・制限することが論じられ、法制審議会民法（債権関係）部会において検討されました[3]。しかし、いずれの手法も改正法には入れられていません。金銭等の直接交付に

---

3) 中間試案「第14　債権者代位権」「3　代位行使の方法等」(2)後段、(注1)、(注2)、部会資料73A「第5　債権者代位権」「3　直接の引渡し等」（説明）3参照。

ついては明文化されたのは前述の通りです（改正法423条の3）。直接交付を受けた後の相殺の可否や制限について特別の規定は設けられていません。したがって、相殺による回収は否定されず、ただ、それに対する制約として、相殺権濫用により対応が図られることになります。もっとも、直接交付を求めることができるといっても、直接交付請求につき確定判決を得た場合であっても、債務者の処分権限はなお制約されませんし、相手方はなお債務者に対して履行することができ、また他の債権者は一般則に従い（民事執行の要件のもと）債務者の被代位権利を差し押さえることもできますので、現行法よりも事実上の優先弁済の実現の範囲が狭まっているとは言えます。

6　その他、規定化されなかった事項

　中間試案では、代位債権者の善管注意義務（中間試案「第14　債権者代位権」、「4　代位債権者の善管注意義務」）、責任財産保全型・いわゆる本来型の場合の、債権者代位権行使に必要な費用の償還請求と優先権（同第14、「5　債権者代位権の行使に必要な費用」）が項目に掲げられていましたが、これらは改正法には入れられていません。代位債権者は債務者の、つまり他人の権利を行使するものである以上、善良な管理者の注意をもって行使すべきです[4]。また、債権者代位権の行使に伴う費用も、責任財産保全型、いわゆる本来型の代位権行使の場合、他人の権利の行使が他人の事務処理としての性格を持つ以上は、債務者に対して償還を請求できるのが原則であり、債務者の責任財産の保全により他の債権者もまた利益を受けま

---

[4] 大判昭和15・3・15民集19巻586頁。

すので、共益性があり、その限りにおいて共益費用に関する先取特権が認められると考えられます。中間試案の提案が改正法に盛り込まれるに至らなかったのは、その内容を否定するものではなく、基本的には規定がなくともそのような帰結が認められるものであり、転用型の場合や相殺による回収の場合の扱いなどを含め、引き続き解釈に委ねられています。

7　債権者代位権のイメージ

　債権者代位権については、さまざまな場面があります。このうち、「金銭債権—金銭債権」の場面においては、現行法下では、債務者の処分権限を制約し、直接交付を受けて、相殺による回収までを行うものであったところ、改正法のもとでは、直接交付や相殺は封じられないものの、一方で、債務者の処分権限は制約されないので、債権者による代位行使があっても債権者が直接交付を受けるまでは債務者が取り立てることはでき、これが、一種の調整措置となっています。相手方の保護も、債務者に対する履行が封じられないというこの点を通じて図られています。

　改正法での扱いに対しては、債権者代位権を行使しても、矛盾処分さえ封じられないのでは、債権者代位権は弱いものとなってしまう（何のための改正か）という指摘もあります、あるいはありえます。しかし、債務者が関心を失っている中で、相手方の諒解を得て、代わって裁判外で簡易に回収をするというような行使方法は封じられていません。また、債務者が関心を失っていないときになおその意思に反してその権利を行使し債務者の処分を封じるには、本来の制度、つまり民事保全や強制執行で行くべきであるということです。

現行法下での債権者の権利行使には法的に不明瞭な点もあり、改正法が債権者代位権を「弱体化」するものであるという評価自体にも慎重な判断が必要です。さらには、「弱体化」が問題視されるべきなのかも、問題であることを指摘しておきたいと思います。

なお、債権者代位権については「金銭債権─金銭債権」の局面はその一局面にすぎません。強制執行のための登記請求権の行使など、相殺や事実上の優先弁済と絡まない、債権者代位権の行使が当然あることも留意しておきたいと思います。

詐害行為取消権

1 総論

詐害行為取消権も相当に規定が増加しました。その全体にわたる点をまずみたうえで、個別の改正内容に入ることにしましょう。3点をお話しします。

(1) 規定の構造

第1に、規定の構造です。現行法は、424条のほか、取消しの効力についての425条、期間制限についての426条を設けていますが、中核は424条の1ヵ条であると言ってよいでしょう。これに対し、改正法は、個別の規定をかなり設けています。それらのいくつかは、否認権に関する規定を参考にしています。とはいえ、否認権の規定が、行為類型を狭義の財産減少行為と偏頗行為に分け、効果についても対応した規定を設け、執行行為や対抗要件具備行為などの特別規定をさらに設けているのに対し、改正法では、なお424条が一般的な規定であり、現行の424条が持つ一般条項的規定性を維持しています。一般規定に対し、個別規定が追加されたというのが基本的な構造です。

ただし、現行424条は、受益者に対する詐害行為取消権の行使と

転得者に対するそれを1ヵ条の中に規定していますが、改正法では、受益者に対する行使と転得者に対する行使を分けています。改正法では、特に、詐害行為取消しの効果について、相手方となる受益者や転得者の権利についても規定を設けていますが、受益者と転得者とではその内容が異なることや、また、要件面でも転得者の場合には、前主の主観的要件の問題などがあり、規律の詳細化にともない、両者の利害状況の違いや要件・効果の規律の違いが浮かび上がっており、別規定とされていると理解されます。なお、潮見・概要74頁は、破産法における否認権の制度にならい、受益者を相手方とする詐害行為取消権と転得者を相手方とする詐害行為取消権を分けて全体の規律を立てている、としています。そのような区別の理由として、①転得者は債務者の詐害行為の相手方ではなく、債務者の経済的状況等について知りうる立場には一般的にないこと、②受益者と転得者とは利害状況が異なること、を考慮に入れたことによる、と説明されています。

(2) 否認権制度との関係

第2に、規定化の視点としての倒産法における否認権制度との関係への着目です。これに関して2つの面を指摘しておきたいと思います。

1つは、いわゆる逆転現象です。詐害行為取消権と否認権とは別の制度であり、諸種の前提も異なりますが、他方、同根の制度でもあります。概して言えば、両者を比較すると、すでに破産手続（等の法的倒産手続）が開始しており、その原因の存在が公的に認定され、不可逆的な状況にある中で、債権者の平等がより強く要請される、否認権の場合と、なお平時であって債権者の平等も徹底しているわけではない、（あくまで強制執行の準備段階と位置づけられる）詐

害行為取消権の場合とでは、前者の否認権の場合のほうが、いわゆる本旨弁済などの偏頗行為をも対象とし、また、一般的に対象が広いのが本来であると考えられるところ、たとえば、転得者を相手方とする行使の場合には、現行法下においては、破産法の否認権のほうが要件が厳しく、本来のあり方とは逆転しています。あるいは、弁済行為などの時期的範囲について、破産法は、その安定を重視して、2004年（平成16年）改正において、支払不能で画しつつ、支払不能ではない状態においては、故意行為であっても対象とならない（故意否認はできない）ことを明らかにしているのですが、そのような明文による限定は詐害行為取消権の場合にはなく、解釈上は対象となる可能性があり、その点で、ここでも、否認権では否認できない行為が詐害行為取消しなら取り消しうるという余地が存在し、逆転現象がみられます。

　もう1つの点として、2004年の否認権制度の見直しにおける政策判断の継続があります。否認権については、2004年の破産法の見直しに伴う倒産実体法の見直しにおいて、大幅な改正がされました。そこで採用された政策判断——たとえば、支払不能でない状態においてされた行為についてまで偏頗行為の否認が及ぶものではないという政策判断など——については、これを維持すべきかどうかがそもそも問題になるのですが、その政策判断を基本的に継続させることが改正法における基本姿勢として採用されていると言えます。

　なお、2004年の否認権の改正のほうからみますと、転得者に対する否認権行使の要件についていわゆる二重の悪意の要件など詐害行為取消権よりも要件が加重されている点について改正が検討されましたが、効果を含めて、民法の解釈が不明瞭な点もあって改正が見送られたという経緯があります。また、弁済等の債務消滅行為や

Ⅲ　詐害行為取消権

担保提供行為について、非義務行為についての若干の調整を除き、支払不能でない状態においては否認は、故意否認によってもできないこと（そのほか、財産減少行為について反対給付がされたときの受益者の地位・権利など）は、詐害行為取消権についても妥当するのでなければ、政策趣旨が貫徹できないことが指摘されていましたが、民法の詐害行為取消権の改正は、作業の対象外であるとして、当面は解釈に委ねるほかないとされていました。詐害行為取消権の改正は、2004年の否認権改正の積み残された課題について手当てをするという面も持っています。

(3)　判例の明文化

　第3に、判例法理の明文化です。詐害行為取消権の法的性質や具体的な規律については、判例を維持して明文化することが行われています。ただし、重大な変更もあります。特に、効果に関わる点ですが、いわゆる相対的取消しについては、債務者に対する効力の点で見直しが行われており、今回の詐害行為取消権の改正の特徴的な事項の1つとして指摘できます。

2　被保全債権の要件——時期について「前の原因」を採用、強制執行可能性を明文化（改正法424条3項・4項）

　一般規定である424条について、被保全債権の要件として2点の改正があります（改正法424条3項・4項）。
　第1は、被保全債権について当該債権が強制執行による実現することができないものであるときは要件を欠くことが明文化されています（改正法424条4項）。その理由は、債権者代位権の被保全債権

についてと同様です。強制執行の準備段階と位置づけられる詐害行為取消権を行使し、債務者の財産処分に介入することを認めるのにふさわしいかどうかという観点からのものです。

第2は被保全債権と詐害行為との時期的な先後関係です。被保全債権については、現行法では、詐害行為取消の対象行為の時点で生じていた場合でなければならないというのが判例・通説です（大判大正6・1・22民録23輯8頁）。これも、債務者の財産処分への介入という観点から、当該財産を責任財産として期待できた債権者に限るという理由からの要請です。もっとも、判例は、詐害行為後に発生した遅延損害金や延滞税債権についても被保全債権たることを認めています（最判昭和35・4・26民集14巻6号1046頁、最判平成8・2・8判時1563号112頁、最判平成元・4・13金法1228号34頁）。また、責任財産としての期待という観点からは、すでに債権発生の確とした基礎が存在しているなら、同様に期待を認めてよいと言えます。そこで、改正法では、その発生の時期について、詐害行為前の原因に基づいて生じたものであれば、詐害行為後に生じた場合であっても当該債権が詐害行為取消権の被保全債権たることを認めています（改正法424条3項）。

委託を受けた保証人の事後求償権などが、その例として考えられます。保証の委託、および保証契約締結が詐害行為前だが、詐害行為後に弁済をして事後求償権を取得したという場合、事後求償権は詐害行為以前に発生はしていないと考えられますが、改正法のもとでは、このときの事後求償権も詐害行為取消権の被保全債権となります。なお、委託を受けた保証人の場合には、事前求償権が発生している場合もあり、事前求償権に基づく行使も考えられます[5]。現行法下の判例法理を踏まえ、その趣旨を汲みつつ、従来の判例よりも、被保全債権の範囲を広げることになる実質改正です。

　　　　　　　　　　　　　　　　　　　　Ⅲ　詐害行為取消権

　前の原因（「前の原因に基づいて生じた」債権）の概念は、相殺のところでも導入されています（改正法469条2項1号、511条2項）。この概念との異同も今後問題となるでしょう。相殺による担保的機能を画する概念と、強制執行準備のために介入を基礎づける概念とは必ずしも同じとは限りません。両者は違いうるわけですが、詐害行為取消権の行使の場合に、その後に相殺が控えているような場合もあります。少なくとも立案段階では特に違いうるものとして構想されていたわけではないように見受けられます。

5）無委託保証の場合に、「原因」が保証契約の締結であるのか、弁済等の債務消滅行為であるのか解釈論上の問題がある。「前の原因に基づいて生じた」債権という定式は、差押えと相殺（改正法511条2項）に関して導入される際には、破産債権の定義（破2条5項）が参考にされていた（中間試案（第23、4、⑴）の段階では、相殺禁止規定（破72条2項3号）のほうを参考にした「前に生じた原因」に基づく債権という定式が採用されていたが、その後、改められ、要綱では「前の原因に基づいて生じた」という定式が採用され、改正法はこれを踏襲している）。そして、破産債権該当性については、最判平成24・5・28民集66巻7号3123頁は、委託の有無にかかわらず、弁済等をした保証人は、法律の規定（現行459条、462条、改正法459条、459条の2、462条）により主債務者に対する（事後）求償権を取得するのであって、法律の規定に従って求償権が発生する以上、保証人の弁済等が主債務者の破産手続開始後になされても、保証契約が主債務者の破産手続開始前に締結されていれば、当該求償権の発生の基礎となる保証関係はその破産手続開始前に発生しているということができるとして、その場合の事後求償権の破産債権該当性（「破産手続開始前の原因に基づいて生じた財産上の請求権」、破2条5項）を肯定している。この理解からすれば、無委託保証人による（事後）求償権を基礎とした詐害行為取消権の行使についても、保証契約が詐害行為前に締結されていれば、弁済等が詐害行為後であっても、詐害行為取消権の被保全債権たりうることとなろう（潮見・概要75～76頁（無委託保証人の（事後）求償権を事務管理を理由とするものと位置づけつつ、同様の結論を導く）参照）。

3 詐害行為——否認権についての規律との関係

　詐害行為取消しの対象たる詐害行為（債務者が債権者を害することを知ってした行為）については、一般的なレベルの修正と個別の類型の明文化があります。いずれも否認権の場合の扱いとの平仄によって支えられており、特に後者の個別類型についての規律は、否認権についての政策判断や規律を採用するものです。

(1) 債務者の「行為」（改正法424条1項・2項）

　まず、一般規定では、債務者の「法律行為」から「行為」へと表現が改められました。否認権についてはすでに「行為」となっていますので、表現が揃うことになります。詐害行為取消しの対象行為については、弁済など——その法的性質の議論はあるのですが——厳密には法律行為ではないものも対象として認められていますから、そのような現行法下の扱いを反映した改正と言えます。

　ただし、このことは、詐害行為取消しの対象となる行為を否認権の対象行為と全く同じにするというわけではありません。制度の違いなどからの違いはありうるのであって、「行為」という表現を揃えることは、否認の対象となる行為は詐害行為取消しの対象とするという含意ではなく、「行為」の範囲として何が認められるかは解釈問題です。たとえば、現行法のもとでは、対抗要件具備行為についての判例は、詐害行為取消しと否認とで異なる結論および理解を示しています。整合性の問題はあるのですが、今回の民法の改正ではこの点は明文を設けることは行われませんでした。そのため、改正法のもとでも解釈論として、対抗要件具備行為が424条の詐害行為たりうるかが論じられ、基本的に、現行法下の判例の準則が妥当

Ⅲ　詐害行為取消権

することになるでしょう。繰り返しですが、破産の場合の対抗要件否認についての判例との間での整合性の問題が残っています。また、否認権の場合と対象行為について対比しますと、対抗要件具備行為の扱いについての違い（判例）のほか、執行行為の扱い——詐害行為取消しにおいては対象とならない——や、債務者の行為性の問題——詐害行為取消権においては債務者の行為であることは当然と考えられ、ほとんど議論はありませんが、否認権に関しては議論があり一定の範囲で債務者の行為でない場合も対象となりうることが認められています——などもあります。

(2) 相当価格処分行為（改正法424条の2）、過大な代物弁済の一部取消し（改正法424条の4）

① 相当な対価を得てした処分行為

　経済的窮境にある債務者に対する資金提供——財産処分に対する対価というかたちでの資金提供、あるいは債務者からみれば資金調達——を安定的に行いうるようにするという観点は、2004年の否認権制度の改正・見直しを導いた観点の1つであったと言えます。

　相当価格処分行為の規律（破161条等、相当の対価を得てした処分行為の否認）は、従前の判例——否認権、詐害行為取消権を通じて——の原則と例外を逆転させて、この政策判断に応えた規律でした。改正法は、この規律を詐害行為取消権でも採用し、否認権制度の見直しで採用された政策判断を維持し、一貫させています。

　すなわち、不動産を市価で売却する行為も、従前の判例によれば、価値ベースでは計数上プラスマイナスゼロであっても、隠匿・費消しにくい不動産が隠匿・費消しやすい金銭に代わるというのは責任財産を毀損する行為であって、なお詐害行為取消しや否認の対象行為たりうるが、有用の資に充てるなどの正当な目的・理由のあ

るときは詐害行為取消しや否認の対象とはならないという見解がとられていましたが、2004年の否認権制度の見直しでこの原則と例外が逆転され、相当の対価を得てする処分行為は、まず、それによって債務者が対価として得た財産（主に金銭）を隠匿、無償の供与その他の債権者を害する処分をするおそれを現に生じさせるような行為であり、かつ、債務者が行為の当時、隠匿、無償の供与その他の債権者を害する処分をする意思を有しており、かつ、行為の当時、受益者がそのような債務者の意思を知っていたことがあってはじめて、否認することができるという規律が置かれました（破161条1項等）。この規律が詐害行為取消権についても導入されています（改正法424条の2）。2004年の否認権の改正によって詐害行為取消権についての解釈論としても従前の判例の立場から原則と例外を逆転した立場へと転回したという理解もでき[6]、そうだとすると、そのような解釈の明文化ということにもなります。この条文をめぐっては、「隠匿等の処分」「をするおそれを現に生じさせる」「財産の種類の変更」とはどのようなものか、例えば動産の相当価格譲渡や債権の相当価格譲渡はどうか、包括的な動産や債権の譲渡ならどうかといった問題や、「その他の債権者を害することとなる処分」にはどのようなものが該当するのか、現実にはまだ隠匿等の処分がされていなかったときはどうなるのか、受益者の主観的要件の主張立証の配分、等々の解釈論上の諸問題がありえますが、いずれも、否認権についての解釈が参考になるでしょう[7]。

6）裁判実務においては、詐害行為取消権の成否を判断するにあたっては2004年の倒産法改正後の否認の要件を参考にすることが多いとの指摘があることにつき、中間試案補足説明「第15　詐害行為取消権」「2　相当の対価を得てした行為の特則」（補足説明）1を参照。

7）個々の解釈問題については、潮見・概要77頁を参照。

なお、相当の対価を得ての処分行為についての特則を設けることに伴い、担保付きでの借入行為などのいわゆる同時交換的行為についても、同様の規律が及ぶ旨を明文化することが論じられていましたが、解釈によるべきものとして見送られています。解釈によるというのは、本条によって規律されることが想定されています[8]。破産法等の倒産法における扱いと同様であり、倒産法でも規定がないところをあえて民法で置くのかという問題意識もあずかっていたように思います——筆者自身は、民法に入れるのにともなって破産法等でも明文化してはどうかと考えておりましたが、偏頗行為の扱いなど必ずしも民法と破産法等で同じというわけではないことも勘案しますと、解釈に委ねることで良かったのかもしれません。

破産法等では、受益者が債務者の一定範囲の親族であるとか、債務者が法人の場合に取締役であるとかの、債務者の内部者であるときは、債務者の隠匿等の処分をする意思を知っていたと推定する規定が置かれています。中間試案では、民法でも同様の規定を置くことが提案されていましたが[9]、これも見送られています。民法ではそこまでの必要はなく、解釈によれば足りるという考慮によるものであって、否定する趣旨ではないと理解されます。

また、否認権についての解釈論が参考になると言いましても、たとえば、隠匿等の処分に、他の債権者への弁済が入るかが否認権では論じられていますが、偏頗行為についての規律が異なる詐害行為取消権については、同様に論じることはできないと考えられます。このように、否認権の対応する規定の解釈が当然に詐害行為取消権

---

[8] 中間試案補足説明「第15　詐害行為取消権」「2　相当の対価を得てした行為の特則」（補足説明）3参照。

[9] 中間試案「第15詐害行為取消権」「2　相当の対価を得てした行為の特則」(2)。

に横滑りで入るわけではありません。

② 過大な代物弁済

　過大な代物弁済についての特則（改正法424条の4）は、過大な代物弁済がされたとき、それが改正法424条の要件を充足し詐害行為取消しが認められる場合に、消滅する債務の額を超える過大な部分のみを改正法424条の対象とするというものです。相当な代物弁済の部分は、その方法が義務に属しない債務消滅行為です。債務消滅行為ですので、改正法424条の3の規律によることになります。このような構造は、否認権についての規律と同様です（破160条2項、162条参照）。

　なお、相当な代物弁済自体は、方法が義務に属しない行為ですので、行為自体や時期が義務に属しない改正法424条の3第2項の非義務行為には該当しませんが、過大な部分を含めた全体を同項の非義務行為ととらえる余地はあると思われます。これも、否認権についての解釈問題でもあり、そこでの解釈が参考になるでしょう。このほか、過大性をいつの時点で判断するかといった解釈問題があり、否認権については行為時と考えられていますが、こういった否認権に関するその他の解釈問題も、本条の参考になるでしょう。

　また、条文上は、債務者がした債務消滅行為であって、給付額が当該債務消滅行為によって消滅した債務の額より過大であるものが対象です。代物弁済が典型ですが、見出しは、過大な代物弁済「等」となっていますので、代物弁済に限らないという趣旨でしょう[10]。過大な部分は債務消滅行為に名を借りた財産減少行為ですので、否認権において詐害行為的債務消滅行為などと呼ばれています。

(3) 偏頗行為否認類型（特定の債権者に対する担保供与等）の規定の新設（改正法424条の3）

否認権で言われる偏頗行為否認に対応する類型（偏頗行為否認類型）の規定が新設されました。

債権者平等が徹底される破産手続と異なり、詐害行為取消権の場合は、あくまで強制執行の準備段階と位置づけられますし、また、その後の強制執行による回収については詐害行為取消しの対象とはなりません。さらにまた強制執行の一般制度以外に別途、分配の手続は用意されていません。そのような詐害行為取消権において、債務消滅行為を対象とするかは一個の問題であり、制度理解に関わります。

判例は、従前より、通謀詐害要件を加重するものの、弁済もまた場合によっては詐害行為として取消対象となりうることを認めてきました（大判大正5・11・22民録22輯2281頁、最判昭和33・9・26民集12巻13号3022頁、最判昭和52・7・12金法834号38頁）。改正法は、この従前の判例の一般論を明文化しています。すなわち、債務者がした債務の消滅に関する行為については、その行為が、債務者と受益者が通謀して他の債権者を害する意図をもって行われたことを要求する、改正法424条の3第1項2号です。

それとともに、新たに、支払不能の時——漢字の「時」が用いられているのですが、概念上はむしろひらがなの「とき」ではないかと思われますけれども、ともあれ——に行われたという要件が加え

---

10) 潮見・概要80頁は、債務者がその所有する財産を第三者に対して適正価格で売却してその売却代金を債務の弁済に充てる場合を、「等」に該当する場面として挙げている。

られています（改正法424条の3第1項1号）。否認権の場合、偏頗行為が否認される根拠として、支払不能状態にあることが基本となると考えられること、否認権においては偏頗行為については、（故意否認であっても）支払不能にないときは否認対象としないという政策判断が採用されています。これに対し、詐害行為取消しは弁済等を偏頗行為として端的に取消し対象とするわけではなく、あくまで、通謀詐害要件のもとに、その対象とするものなのですが、それだけですと、可能性としては、通謀詐害という「故意」要件を充足するならば支払不能となっていない段階での債務消滅行為も詐害行為取消しの対象となりうることとなります。否認権の規律において採用された政策判断が貫徹されず、また、いわゆる「逆転現象」がもたらされることになります。そこで、支払不能であるときという要件が加えられています。もっとも、このような整理からすると、むしろ消極要件とすることが、趣旨にかなうと個人的には考えますけれども、規定上は積極要件とされています。この規定ぶりからしますと、説明や理解の仕方も、今申し上げたような、通謀詐害要件のもと詐害行為取消しの対象とするのだが、否認権との平仄から支払不能でない段階での行為を除外する趣旨で支払不能要件を追加しているといった説明や理解とは違った形での説明や整理が条文の構造にかなうかもしれません。現に、潮見・概要79頁は、偏頗行為の否定の基礎として説明し、否認権をベースとしつつ、通謀詐害要件を加えることで破産法の否認権よりも要件を加重したものと説明しています。

　支払不能概念で画する規律の導入とともに、当該行為および時期が義務でない非義務行為については支払不能前30日まで拡大するという規律も、同様に導入されています。

　なお、現行法下では、424条の債務者が債権者を害することを

知ってした法律行為の判断においては、相関説ないし総合判断説がとられ、行為の客観的性質の詐害性の大小と債務者の主観とが相関的に、あるいは総合的に判断されるとして、弁済の場合と担保の提供・供与の場合とは、別の類型として、それぞれ論じられてきました。これに対し、否認権においては、一部の債権者を優遇する行為として、弁済等の債務消滅行為と（既存債務についての）担保供与行為とは、偏頗行為類型として否認権の要件については同一の規律によっています。詐害行為取消権において、（既存債務についての）担保供与行為と弁済等の債務消滅行為を並列して同一の要件のもとで律している点、より具体的には、担保供与行為についても、通謀詐害要件が課されるという点は、従来の議論とは異なる点です。

　逆転現象の解消については、それを解消すべきだとした場合、否認権にあわせる、詐害行為取消権にあわせる、いずれでもない新たな規律を設けるなどの方法が考えられます。基本的に、2004年の破産法等の改正における否認権の見直しが行われ、その時点で一定の政策判断が採用された部分については、その判断を尊重する方向で、したがって、否認権にあわせる方向で、逆転現象の解消が試みられています。これに対し、転得者否認は2004年改正で課題として認識されながらも、手つかずのまま残されたところであり、また、もともと否認権の要件が重すぎるなどの批判もあったことから、むしろ、民法の規定（改正法）にあわせる方向で、整備法による倒産法の改正が図られています（整備法41条等による破170条等）。

4　判例法理の明文化

　詐害行為取消権については、判例法理の明文化といえる改正も相当にあります。なかでも、重要なのは、424条の骨格、ないしは詐

害行為取消の法的性質や詐害行為取消訴訟の構造です。すなわち、424条について、判例は、詐害行為取消権とは、対象行為を取り消し、逸失した財産を回復する制度であり、訴訟としては形成訴訟と給付訴訟の両方からなるという立場で一貫しています。

また、判例は、取消しの効果は債務者には及ばず、したがって債務者は被告とならないという、いわゆる相対的取消しの考え方を採用したうえで、被告適格を限定しています。

これが、詐害行為取消権の基本構造についての判例の骨格であると言ってよいでしょう。このような判例の立場に対し、特に、相対的取消しについては、たとえば不動産の処分の取消しの場合に登記を債務者に回復して強制執行を行いうるようにすることと債務者に効力が及ばないとすることの整合性、強制執行のための責任財産の回復なら責任のレベルでの否定にとどめれば足りるなどの考慮から、責任説等が有力化していました。

改正法は、そのように学説上議論があり、また責任説をはじめとした、受益者のもとで強制執行を可能にする制度として詐害行為取消権の制度を理解する見解が有力であるものの、詐害行為取消権の基本構造として、「取消＋回復」という判例のいわゆる折衷説を維持し、かつ、その内実につき、判例の諸準則の明文化を行っています（改正法424条1項、424条の6）。

このような基本構造のほか、詐害行為取消訴訟の相手方は、受益者または転得者であること（改正法424条の7）――これは、債務者は相手方とはならないことや、転得者があるときにも転得者だけを相手方とすることもできることを含意しています――、詐害行為取消権行使の範囲として、行為の目的が可分のときは取消債権者の自己の債権の額の限度に限られること（改正法424条の8）、原状回復においては現物返還が原則でありそれが不可能または困難であると

Ⅲ　詐害行為取消権

きは価額償還の方法によること（改正法424条の6）、金銭の支払や動産の引渡しの場合には取消債権者への直接交付（請求・受領）が認められること（改正法424条の9）などは、いずれも従来の判例の準則を明文化するものです。また、直接交付がされたときに受益者や転得者がもはや債務者への交付を要しないことの明文化（改正法424条の9第1項後段）は、債権者代位権の場合と同様、その先の法律関係を明確にするものです。なお、簡単に判例法理・準則の明文化といいますと、異論がなかったかのように受けとめられるかもしれませんが、法制審議会民法（債権関係）部会等での改正の議論の中では、その当否がかなり論じられました。そのような検討を踏まえた後に、結果的に、判例法理・準則の採用・明文化となったと言ってよいでしょう。なお、規定としては、たとえば債権譲渡が詐害行為として取り消されたときの原状回復行為の詳細など、逸失財産の種類ごとに具体的な規律を設けることも検討されていましたが[11]、詳細にすぎ、解釈による対応で十分であるとして見送られています。

　注意すべき点として、相対的取消しについての見直しとの関係があります。つまり、債務者に対しても取消判決の効力が及ぶという改正がされました（改正法425条）。その結果、詐害行為として取り消されたときは、債務者に対してもその効力が及ぶことになりますので、債務者との関係でも原状回復義務などが生じることになります。換言すれば、詐害行為取消権が行使され、取消しが認められて受益者等が金銭の支払などを命じられる場合には、債務者も相手方・受益者等に対して金銭債権を持つことになり、他の債権者による当該債権への強制執行などが考えられることになります。このよ

---

[11]　中間試案「第15　詐害行為取消権」「8　逸出財産の返還の方法等」参照。

うな法律関係であるため、債務者には効力が及ばないという解釈のもとで現行法下では生じなかった問題が生じてきます。改正法のもとでは、取消債権者に対する直接交付の意味、取消債権者への交付と債務者に対する義務との関係などの問題が出てきます。債権者代位権の場合、代位債権者は代位訴訟にあっては法定訴訟担当であると解され、また、あくまで債務者の権利を代位行使しているのに対し、詐害行為取消しにおいては、取消債権者固有の権利としての取消権であるところ、取消債権者の直接交付請求（改正法424条の9）も取消権の範疇であるとすると、直接交付が認められる場合、取消債権者が固有の債権・請求権として受益者等に対して金銭債権・請求権等を持つことになるのかなどの問題があります。また、詐害行為取消権は基本的に訴訟でしか行使できず、訴訟の判決が債権者への交付・引渡を命じているときに、それをどうみたらよいのかなども問題となると思われます。債務者の権利として生じ、その取立権・受領権が与えられるという構成であるのか、そうだとすると、取消債権者に対して交付すると、債務者の権利が消滅するという構成――債権者代位権の場合と同様の構成――になりそうですが、改正法では、債権者に対して支払や引渡をしたときは、債務者に対して支払や引渡をすることを要しないという、債権者代位権の場合の被代位権利の消滅とは異なるかたちで規律を置いています（改正法424条の9第1項後段）。

　このように理論的な解明は残されているのですが、規律としての最小限は明らかにされたというところでしょう。

　なお、相対的取消し・債務者に対する効力否定という現行法の判例法理のもとでは、取消しの効果は債務者には及びませんでしたので、取消債権者が受益者等から金銭等の直接交付を受けても、債務者に対する返還債務は生じないという帰結になり、取消債権者が受

領した金銭を債務者に対する債権の回収に充てる法律構成が不明瞭であったのですが、改正法のもとでは債務者に対して効力が及ぶことから、取消債権者が受益者等から金銭等の交付を受けてもそれはあくまで強制執行の準備として金銭等の交付を受けたにとどまり、債務者のために保管すべきことになり、債務者の取消債権者に対する返還請求も立つものと思われます。現行法下では、相対的取消しのもと、交付を受けた金銭を取消債権者が自己の債権の回収に充てることの法律関係が不分明なまま、つまり、相殺というには反対債権がなく、充当というにはその根拠が不明であるという中、争うことのできる主体がないために、事実上回収ができるという状態であり、それが事実上の優先弁済といわれる事態であったわけですが、改正法のもとでは、債権者代位権の場合と同様、取消債権者は、金銭の交付を受けたときはその有する債務者に対する金銭債権と相殺という法律構成を通じて、回収を図ることになるでしょう。そうしますと、相殺制限の問題なども生じてくるわけで、いずれにしても、法律関係の明確化にはなるでしょう。

なお、相殺の可否については、議論がありましたが[12]、規定化は見送られています。もととなる法律関係の解明の余地があるものの、この場面に特有の相殺の禁止・制限の規定が設けられなかった以上は、一般則（相殺権濫用）以外に特別の制限はないと考えられます。

このほか、取消債権者の費用償還請求やそれについての優先権付与（一般先取特権）に関して、検討がされたものの——規定化にあたり、受益者の反対給付の返還・償還の請求権との間の優先関係が

[12) 中間試案「第15　詐害行為取消権」「8　逸出財産の返還の方法等」(4)、（注1)、（注2）及びそれについての中間試案補足説明参照。

問題となり、この点の明文化を図ることも考えられていたのですが13)、この点についての——規定化は見送られています。共益費用の性格を持つときの費用償還請求や一般先取特権は、現行法のもとでも可能です。引き続き、解釈問題となるでしょう。

5 現行法（判例法理等）の変更

(1) 債務者に対する効力（改正法425条）

すでに言及した点ですが、現行の判例法理等の変更点として、重要なのは、債務者への効力です。判例法理に向けられた批判の1つが、相対的取消しの内容として、債務者には効力が及ばないとする点にありました。しかし、不動産が逸出したときに債務者への登記名義回復が認められ、債務者の財産として強制執行が認められているように、およそ債務者に効力が及ばないというわけではないことは、現行法でもそうだといえます。また、相対的取消しの主眼は、必要な範囲に取消しの効果をとどめる点にあるのであって、およそ債務者には及ばないということが主眼であるというわけではありません。そこで、この点を改め、改正法は、債務者に対しても効力が及ぶものとしています（改正法425条）。

債務者に効力が及ぶなら、そして、自身の行為が取り消される以上、最大の利害関係人であるのは債務者であるはずであって、そうならば、債務者を被告とすべきではないかが論じられましたが、類型的に、債務者が関心を持たなかったり行方が知れないなどの事情

---

13) 中間試案「第15　詐害行為取消権」「9　詐害行為取消権の行使に必要な費用」(1)後段、(2)参照。

Ⅲ　詐害行為取消権

が少なくなく、またそういった事情が類型的に認められるにもかかわらず、和解のためには債務者の同意が必要となって、機動的な対応ができないなどの問題があり、そのような詐害行為取消権の行使をめぐる現状から、被告となるのは受益者または転得者であるという規律は維持されており、ただ、債務者への手続保障の観点からの訴訟告知が要求されています（改正法424条の7）。

　このような取扱いは、いわば実践的な配慮によるものですが、詐害行為取消請求を認容する確定判決の効力が及びながら被告とならず、訴訟告知だけがされるという地位をどう説明し、理解できるのか、さらに具体的な法律関係はどうなるのかについて、民事訴訟法上の理論的解明の問題は残っています。

　なお、改正法では、債務者とすべての債権者に効力が及ぶとしています（改正法425条）。債務者に及ぶとすれば足り、すべての債権者に及ぶという点は不必要な条文化にもみえますが、詐害行為取消権の行使資格として、被保全債権について詐害行為前に原因があったものに限られ、また、現行法の425条に関して取消しの効力が及び強制執行が可能となる債権者の範囲に関して学説上の議論もあることから、すべての債権者に及び、詐害行為前の原因に基づく債権を有するものに限定されないことを明示する趣旨で、債務者とともに「その全ての債権者」が挙げられています。

　現行法では、効力が及ぶのは、取消しの効力ですが、改正法では、（詐害行為取消請求の）認容判決の効力となっています。形成力のほか、既判力も含まれるというのが、立案担当者の説明です。ここで既判力が及ぶということの意味、その民事訴訟法上の理論的な解明の問題、さきほどの訴訟告知で既判力も及ぶという扱いの解明の問題は、ここにも残ることになります。

　また、実体法上は、相対的取消しの見直しが、いわゆる絶対的取

消しへと転じたものなのかという問題があります。絶対的取消しとするものだという見解も示されていますが、しかし、絶対的取消しと理解することには次の難点があります。第1に、改正法が取り消される行為の当事者である債務者を被告としていないことです。この説明は絶対的取消しと解するときはいっそう難しいと思われます。第2に、詐害行為取消請求を認容する確定判決の効力が債務者およびそのすべての債権者に対して効力を有すると定められ、受益者や転得者が範囲に入っていません。そのため、転得者が登場しているときに、転得者のみを相手方として詐害行為取消訴訟が提起された場合には、受益者や、あるいは転々譲渡がされたようなときの間に入った転得者には取消認容判決の効力――その最たる形成力――が及ばないことになると考えるのが素直に思われます。また、相対的取消しは、法律行為の当事者でもなく、能力や意思表示の瑕疵等もなく、債権者詐害以外の点では瑕疵のない法律行為の効力に、債権者という第三者が介入していくものである以上、その効果は必要最小限たるべきであるという考え方に基づくものであり、この基本的な考え方はなお支持されるものと考えられます。そうだとすると、相対的取消しの見直しは、必要な範囲で、つまり、債務者に取消判決の効力が及ぶという範囲で見直されたものと解することができるでしょう。これに対しては、詐害行為取消権の法的性質をどうみるか、形成訴訟であるのかどうか、改正法425条が取消判決の効力として規定していることと実体法上の取消しの効力をどう考えるかなどの諸点に関わり、具体的な帰結としても転得者による前主に対する担保責任の追及の可否などに影響し、議論のあるところです。

(2) 転得者を相手方とする詐害行為取消権（改正法 424条の5）

　現行法の判例の準則の変更として、転得者を相手方とする詐害行為取消権の要件があります。現行法下では、受益者が善意であっても転得者が悪意であるときは、転得者を相手方として詐害行為取消権の行使ができるとするのが判例です（最判昭和49・12・12金法743号31頁)[14]。また、この点は、否認権の場合に、転得者が前主の悪意をも知っている必要があるとして、受益者と転得者双方の悪意、さらには、転得者が受益者や前主の悪意についても悪意であることという加重された要件のもとで認められることと（破170条1項1号等）、不整合が指摘されていた点でもあります。破産法の見直しにおいては、否認権のほうを改めて、詐害行為取消権のほうにあわせることが検討されましたが、効果面での詳細を詰め切れず、見送られていたという経緯があります。

　改正法は、詐害行為取消権のほうと、整備法によって転得者否認のほうの両方を改める立場を採用しています。

　すなわち、改正法では、転得者を相手方とする詐害行為取消権の行使ができるのは、「受益者に対して詐害行為取消請求をすることができる場合において」、転得者が、債務者がした行為が債権者を害することを知っていたとき、転得者が複数あったときは、そのすべての転得者が債務者がした行為が債権者を害することを知っていたとき、としています。受益者が善意のときは、「受益者に対して詐害行為取消請求をすることができる場合」には該当しないので、これにより、受益者の悪意が要求され、結局、相手方となる当該転

---

[14] ただし、転々とした事例であって、受益者は悪意であったようである。

得者とそれよりも前の者（受益者、転得者）のすべてが悪意であることが、要件となります。換言すれば、前主の悪意について知っている必要はないのですが、詐害行為であることは、受益者および転得者のすべてが知っている（悪意である）必要があり、1人でも善意者が登場すれば、もはやそれ以降の者に対して詐害行為取消請求はできないことになります。善意者保護規定において転得者が登場するときのいわゆる絶対的構成を採用していると言うことができます。その場合の絶対的構成の論拠がそうであるように、善意者保護の貫徹がその理由ということになるでしょう。

　なお、主観の対象については、表現が「債権者を害すべき事実」（現行424条1項ただし書）から「債務者がした行為が債権者を害すること」に改められています。同様の表現の修正は、否認権にも及んでいます。

　証明責任について一言しておきます。受益者の悪意については、一般規定（改正法424条1項）ではただし書となり、消極要件となっていますから、受益者が善意について証明責任を負うと解されます。一方、転得者の悪意については、転得者の悪意が積極要件として書かれていますので（改正法424条の5）、取消債権者が証明責任を負うと解されます。問題は、転得者に対する場合の受益者の主観の証明責任です。この場合は、受益者に対し詐害行為取消請求ができる場合であることが要件となっていますから、受益者に対し詐害行為取消請求ができるための要件について、つまり受益者の悪意についても取消債権者が証明責任を負うのではないかと考えられます。

　類似の問題は、転得者否認について論じられており、現行の転得者否認の規定のもとでも、受益者の主観については破産管財人ではなく、相手方・転得者が証明責任を負うという有力説があります。否認権についても整備法による改正で転得者否認について類似の規

律となります。文言上は、この有力説の立場が否定されるようにもみえるのですが、なお、解釈の余地があり、そもそも、詐害行為取消権において解釈の余地があると思われます。もっとも、受益者と異なり、直接の相手方でない転得者が、受益者の善意を証明するのは困難であって、当否の問題がそもそもはあるでしょう。また、転得者自身の悪意について取消債権者に証明責任が課されるのに、他者である受益者の主観については転得者に証明責任が課されるというのは、取消債権者と転得者の間の調整としてバランスを欠くのではないかという問題もあります。転得者に対する行使の場面としてどういう類型を想定するのか、すべてが悪意者であるなら、実は結託しているような場合を考えることになるのか、そういった典型場面の想定などによっても評価が変わりうるかもしれません。

なお、転得者否認については、整備法による改正によって、前主の悪意についての悪意を含意するような要件は改められています。

6 受益者、転得者の地位・権利

(1) 現行法下の受益者・転得者の地位・権利

詐害行為として取り消され、財産の回復が命じられたときの、相手方つまり受益者や転得者の地位や権利については、規定がありません。判例では、債務消滅行為が取り消された場合に、受益者である債権者の債権が復活することが示されていますが、債権者たる受益者からの分配請求等は否定されています。また、たとえば、廉価売却行為が取り消された場合に譲受人である受益者がどのような地位にあるのか、あるいは権利を有するのかは、規定もなく解釈に委ねられています。廉価売却の場合に、取り消され、譲渡を受けた財

産の返還を余儀なくされた受益者は、売買契約の当事者たる債務者に対して担保責任を追及できるという考え方もありますが、相対的取消し、特に債務者に効力は及ばず、債務者と受益者との間では取消しの効力は及ばないという考え方を推し進めると、担保責任は追及できないという帰結になるとも指摘されています。すなわち、債務者のもとに回復された財産は債務者との関係ではなお受益者の財産となり、当該財産に対する強制執行等によって当該財産から取消債権者等が弁済・満足を受けると、受益者が自己の財産をもって債務者の債務を消滅させたことになり、それをもって受益者は第三者弁済の弁済者と同様に債務者に対して求償権を取得するという構成になると指摘されていました。反対給付の額等とは関わりなく、弁済額・財産価額が求償権の基本額となります。転得者の場合には、前主たる受益者に対して効力が及ばないなら、受益者についてと同様に、財産を返還しそれから債権者が弁済を受けてはじめて債務者の債務を弁済した第三者として債務者に対し求償権を有し、それを行使することになりますし、前主たる受益者にも効力が及ぶなら、担保責任の追及が可能となります。このような受益者や転得者の地位については、判例上も学説の議論においても必ずしもはっきりしていませんでした。

　これに対し、否認権の場合には、否認権の行使が認められた場合の、相手方である受益者の権利について明文が置かれています。受益者が反対給付をしていた場合には、反対給付について権利行使が認められています。破産法168条です。

　これも、2004年に改正があったところですが、否認権の改正においては、受益者の反対給付は、給付された財産が破産財団中に現存する場合にはその返還請求が認められ、もはや反対給付が破産財団中に現存せず返還ができないときは財団債権として価額償還請求

が認められ、いずれにあっても優先的に扱われるのが基本となっています（破168条1項等）。破産債権と扱われる場面もありますが、反対給付として取得する財産について破産者が隠匿等をする意思を持っており、受益者もそれを知っていたという例外的な場合ですし、しかも、破産債権と扱われるということは他の破産債権者と同列での割合弁済を受けるという地位となりますので、他の破産債権者が弁済を受けた後に行使するというものではありません。このような受益者の扱いについては、特に受益者のした反対給付に関する取扱いについて、破産にあってもこのような扱いとなるのに、個別の差押え・強制執行のときは、他の債権者に劣後する地位しか認められないことについて、ここでも、逆転現象であると評価することができます。なお、受益者の地位については、詐害行為取消権の場合にも相対的取消しからの帰結に関わりなく、担保責任が認められるという見解もありますが、むしろ否認権についてはその見解が有力だと見受けられます。さらに、転得者の地位については否認権の規定においても明らかにされておらず、前主に対する担保責任の追及が認められるという見解が有力のようです。

(2) 反対給付についての受益者の権利・地位

改正法は、廉価売買など詐害行為の場合に受益者が反対給付をしていたときの、受益者の反対給付についての権利等について規定を設けています。現行法の沈黙を埋めるものと言えます。

反対給付についての受益者の権利に関する改正法425条の2がそれです。財産処分行為が詐害行為として取り消されたとき、受益者は、債務者に対して反対給付の返還を請求することができ、現物の返還が困難であるときは、価額償還の請求ができます。これは、もともと、反対給付分は債務者の責任財産から逸出していないと考え

られることや、否認権の場合には原則として受益者はその反対給付については優先的に回復できるようになっているその処遇などを勘案したものです。

　ただ、否認権における処理と比較しますと、受益者への現物返還の場合は、特定の財産の場合にそれによって所有権等が当然に受益者に回復され債務者の債権者に対抗できるなら優先的な回復が認められることになるのに対し、価額償還については、否認権の場合の財団債権としての処遇のような優先的地位は定められていません。逆転現象を解消するなら、何らかの優先権を受益者が反対給付について債務者に対して有することになる価額償還請求権について認めることが考えられ、その実現の手法として、受益者が返還するべき財産について受益者の先取特権を認めることが検討されました。否認権の場合に隠匿等の意思を知って行為をしたときは破産債権となりますので、そのような場合は除きます。細かいことを言いますと、否認権の場合とパラレルにするなら一般先取特権になるところ、他の財産についてまで優先権を認めることには疑問があります。また、先取特権を認めるとなると順位の問題があり、順位について規定を設けることの技術的な困難さがあって、先取特権の付与は見送られています。

　では、受益者は、詐害行為取消権の場合には、その反対給付について価額償還請求によるときは何ら優先的な地位が認められないのかですが、解釈としては、同時履行の抗弁があります。詐害行為取消請求の判決の効力が債務者にも及ぶことになりますので、売買契約が詐害行為として取り消された場合であれば、受益者は売買契約の目的財産を返還するとともに、反対給付つまり代金について相当額の支払を請求できることになり、ここで同時履行の抗弁を有するなら、それにより、事実上、一定の優先的地位が認められることに

Ⅲ 詐害行為取消権

なります。規定上、廉価売却などではなく、弁済など債務消滅行為の場合、受益者は債務者に対する債権者ですが、弁済が詐害行為として取り消されますと、受益者の債権が復活することが明文化されています。改正法425条の3です。原状に復するというわけですが、425条の3のほうは、受益者が給付の現物返還をするか、価額償還をしたときに、原状に復するとなっていますので、受益者による現物返還や価額償還が先履行であることが明らかです。これに対し、債務消滅行為でない、財産処分行為で、反対給付をしていた場合の受益者の反対給付についての権利は、取り消されたときに権利を有することになっていますので、明文で先履行とされているわけではなく、同時履行の抗弁の認められる解釈の余地があります。ただし、部会の審議においては、債務者から受けた給付の返還が先履行と考えられていたと見受けられます。潮見・概要89頁は、この問題に関する民法の規律全体を考慮したとき、先履行と解するのが一貫するとしています。なお、価額償還のほうは状況によっては相殺の余地もありますが、現物返還との平仄の問題も生じます。

なお、現行法下の相対的取消しを前提とした処遇では、受益者は、取消債権者や強制執行において配当を受ける他の債権者に劣後するわけですが、改正法のもとで、反対給付について権利が認められても強制執行に入れるのか、入れないのなら実質的には劣後することになるので、債務名義等の手当てまで必要かも問題となりますが、取消しによって反対給付の返還請求権等があることで、受益者は、仮差押えなどによって、強制執行には入ることができ、取消債権者を含め強制執行において配当を受ける債権者とは、対等で、平等処遇を受けることになります。とはいえ、取消債権者の費用償還請求権が共益費用として一般の先取特権によって保護される場合には、取消債権者の費用償還請求権に劣後することになります。

こうしますと、破産手続等の否認権の場合の処遇とはずれがありますが、詐害行為取消訴訟係属中に破産手続が開始され、否認権に変更された場合は否認権の場合の処遇ということになりますが、詐害行為取消請求の判決が確定した後に破産手続が開始された場合には、否認権並びの保護はないことになるでしょう。

(3) 債務消滅行為が詐害行為として取り消されたときの受益者の債権の回復

以上は、財産処分行為が詐害行為として取り消された場合で、受益者が反対給付をしていたという場合の反対給付に関する権利の話です。これに対し、債務消滅行為が取り消されたときは、受益者の債権が復活します。すでにみましたように、この場合は債務者から受けた給付の返還ないし価額償還が先履行です。否認権に関する処遇と同様であり（破169条等）、従前の判例法理でもあります（大判昭和16・2・10民集20巻79頁）。

(4) 転得者の権利・地位

転得者の権利・地位については、詐害行為取消請求による取消しの対象はあくまで債務者と受益者との間での行為であり、転得者に対する詐害行為取消請求がされ、取消しがされて転得者が前主たる受益者（または転得者）から転得した財産の返還または価額の償還をすべきときの転得者の権利・地位については、受益者ならば有したであろう権利を転得者が行使できるという規律となっています（改正法425条の4）。

すなわち、受益者の権利・地位については、詐害行為が財産の処分行為の場合には反対給付についての権利、債務消滅行為の場合には債権の復活というように、受益者の権利が分けられています。転

得者の場合も、転得者と前主である受益者（または転得者）との間での行為は、受益者による財産処分で転得者が反対給付をしていた場合と、受益者から弁済等を受けて転得者が有する債権が消滅したという場合とがあります。もっとも、債務者が受益者に対してした行為の効力が否定される結果、転得者が債権の回収（受益者からの債務の弁済）として取得した給付を保持できなくなるというのは、代物弁済を受けたような場合ですので、後者のような場面はきわめて限定的です。ただ、ないわけではないでしょう。そして、両方の場面において、そのときの転得者の権利・地位については、転得者がした行為の種類によって区分されるのではなく、あくまで、詐害行為取消請求によって取り消される債務者と受益者との間の詐害行為の種類により、区別がされています。

　取り消される詐害行為が受益者に対する財産処分行為であったときは、取消しによって受益者が債務者に対して反対給付の返還請求権または価額償還請求権を有することとなるところ、転得者に対する詐害行為取消請求のときは、転得者が反対給付をして財産を得たのであれ、債権の回収（債務の弁済）として財産を得たのであれ、いずれかにかかわらず、転得者は、この受益者の債務者に対する反対給付の返還請求権または価額償還請求権を行使することができます。また、詐害行為が債務消滅行為であったときは、受益者は一旦消滅した債権を回復することになるところ、転得者に対する詐害行為取消請求のときは、転得者が前主からの財産処分行為に対し反対給付をしていた場合、債権の回収（債務の弁済）として得ていた場合のいずれかを問わず、転得者は、この受益者が回復する債務者に対する債権を行使できることになります。なお、改正法425条の4第2号によれば、「前条に規定する行為が取り消された場合」に「前条の規定により回復すべき受益者の債務者に対する債権」と

なっており、「受けた給付を返還し、又はその価額を償還したとき」という文言が入っていませんが、「その行為が受益者に対する詐害行為取消請求によって取り消されたとすれば前条の規定により回復すべき」ものですので、転得者が受けた給付の返還または価額の償還（改正法424条の6第2項）が先履行であると解されます。

あくまで債務者の責任財産を基準として、受益者はもとより、転得者の権利・地位も決せられるとするものです。それによって反対給付についての権利であるのか、債権の回復であるのかが決まり、転得者は、受益者であれば有したであろう権利を行使するという構成です。もっとも、転得者としては自身の出捐部分を回復できれば十分ですので、その権利行使の範囲は、転得者がした出捐の範囲、つまり、転得者が反対給付をしていたならその額、債務の弁済等により債権の消滅があったのならその消滅の額を限度とします（改正法425条の4柱書ただし書）。

このような転得者の権利・地位は、明文で特別に認められたものです。では、転得者は、前主たる受益者（または転得者）に対して、担保責任の追及をすることはできないのかが、問題となります。これは、取消しの効力をどう考えるかという問題と密接に関連します。詐害行為取消請求を認容する確定判決は、債務者およびそのすべての債権者に効力が及ぶとされていますが、受益者に及ぶ旨は規定されていませんので、転得者のみを相手方として詐害行為取消請求がされた場合には、転得者の前主たる受益者（または転得者）には取消判決の効力は及ばないことになります。実体法上の取消しの効力は別であると考える見解も有力ではありますが、実体法上の取消しの効力についても同様であると解するなら、このとき、転得者としては、取消判決を受け、自らが受けた給付を返還し、またはその価額を償還しても、反対給付の返還や価額の償還を前主に対して

Ⅲ　詐害行為取消権

請求できるようになるわけではありません。改正法は、このような転得者の地位に配慮して、転得者の出捐の範囲で、受益者に対して請求がされていたなら受益者が行使しえたであろう権利を、行使できるとしたものと言えます[15]。

　転得者の権利・地位については、同様の規律が否認権についても設けられます（整備法による破 170 条の 2、170 条の 3 等）。現行法上、否認権については、売買などにより転得者が取得した目的物を返還したような場合に、転得者は前主に対して担保責任を追及できるというのが通説ないし有力説です。転得者の権利・地位についてのこのような規定が新設されることによってこの見解が否定されるのかといえば、詐害行為取消権と否認権とでは、否認権は訴訟以外の方法での行使が認められており、形成訴訟というより実体法上の形成権の行使であって方法が限定されたものという理解ができ、両者は同列には扱えないことから、担保責任の成否はなお解釈問題として残っていると言えます。

7　期間制限（改正法 426 条）

　詐害行為取消権の行使期間については、短期と長期の 2 種類の期間制限が設けられています。この点は現行法から変わりがありません。

　ただし、3 点の変更があります。第 1 は、期間の長さについて、長期の 20 年が 10 年に短縮されていること、第 2 は、期間制限の性質が、現行法では少なくとも短期の期間制限については消滅時効として規定されており、長期の期間制限については中断等のない除斥

---

15)　潮見・概要 30 頁。

期間と解すべきというのが通説であったところを、いずれも訴えの提起の期間制限（出訴期間の制限）とされていること、第3は、短期の期間制限の起算点が債権者の知にかからしめられているのですが、その対象についての表現が「取消しの原因」を知ったとなっていたところを「債務者が債権者を害することを知って行為をしたこと」を知ったに改められていることです。

　第1および第2の点は、20年を10年に短縮することはもとより、期間制限の性質の変更も、短期の期間制限を含め、時効による更新や停止を認める必要はないという判断に基づくものであって、行為の安定性の確保、予測可能性の確保の観点からの見直しです。詐害行為取消権は、行為の当事者でない債権者が介入をするものであるというその性格から第三者への影響が大きいことや、詐害行為取消権が認められるためには行為時はもとより詐害行為取消権行使の時点まで債務者の無資力の状態が継続される必要があると解されるところ、20年間にわたってそのような状態を放置することを許容する必要はなくせいぜい10年であろうという判断が基礎にあります。これに対し、第3の点は、現行法の解釈としても、判例上、すでにこのように解釈されていますので（最判昭和47・4・13判時669号63頁）、この判例法理を明文化したものです。

　このうち、長期の期間制限を20年から10年に短縮する点は、否認権についても同様の見直しがされます（整備法41条等による破176条等）。

　なお、現行法下では、詐害行為取消訴訟が和解によって解決することも少なくないと言われています。もっとも、和解をしても、受益者（相手方）としては他の債権者による詐害行為取消訴訟提起の可能性がある以上は、そのリスクを考えると、結局、期間制限を待ってということになると指摘されています。とはいえ、20年で

Ⅲ　詐害行為取消権

はなく、おおむねどの債権者も知るだろうという時点から2年を基準として行動をするようです。とりわけ短期の期間制限を消滅時効から出訴制限へと改めることは、これに若干のバックアップをすることになるのかもしれません。もっとも、制度上は、短期の期間制限の起算点は債権者の主観にかかっていますので、詐害行為の時や訴訟提起などから2年経てば大丈夫ということにはもちろんなりません。

8　破産法（倒産法）の改正ほか

(1)　破産法（倒産法）の改正

　整備法によりまして、詐害行為取消権の規定の見直しに伴い、否認権についても改正があります。字句の修正以外の実質的な改正は、転得者に対する否認権の行使の部分（整備法41条等による破170条～170条の3等）と否認権の行使期間（整備法41条等による破176条等）です。

　いずれも、詐害行為取消権の規律並びの規律とするものであり、内容については、すでにお話をしました。

　転得者に対する否認権の行使については、要件が否認権のほうが厳格にすぎると指摘されており、2004年の破産法等の見直しにおいても検討されたものですが、民法上、詐害行為取消権の場合の処遇が確立していないことや、実際上の見直しの必要性の点で喫緊の課題とは言えなかったことなどから、改正が見合わせられたという経緯がありますので、この2004年以来の課題について、ある程度の解決が図られたと言えるでしょう。

　ただ、転得者に対する否認権行使の場合に、受益者の主観（善

意・悪意）の証明責任を破産管財人と転得者のいずれが負うのかが解釈問題として論じられており、規定が改められることによって、従来の議論に影響を与える可能性があります。

(2) 詐害信託

詐害行為取消権の規定の改正に伴い、整備法によって改正されるものに、このほかでは詐害信託の取消しや否認の規定の修正があります（整備法51条による信託11条、12条）。この修正自体は、基本的には字句修正ですが、信託受益者の主観的要件の点に実質改正があります。また、特に詐害信託の詐害行為取消しについては、相当価格での処分行為の取消しの規定が入ることによって、自益信託の場合などの解釈上の問題がよりクローズ・アップされる可能性があります。

第7章

連帯債務・保証等

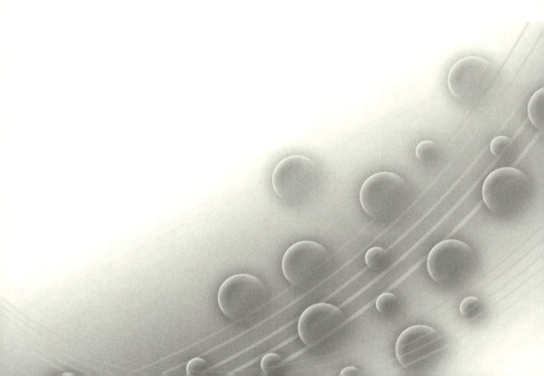

第7章　連帯債務・保証等

連帯債務等

1　総　　論

　保証を除く、多数当事者の債権債務関係については、概念相互の整理が図られたほか、新たに連帯債権についての規定が新設されています（改正法432条～435条の2）。また、債務者複数のほうでは、不可分債務と連帯債務について改正があります。
　以下では、まず債務者複数の関係から、連帯債務を中心にみていくことにします。

2　連帯債務に関する改正の概要

(1)　特　　色

　連帯債務については、どのような場合に連帯債務になるのかという要件が明確にされたこと、そして、連帯債務としては、現行法下のいわゆる不真正連帯債務（あるいは全部義務）をも取り込んでいること、それに伴い、影響関係や求償関係の規律が見直されていることが、改正の大きな特色です。

Ⅰ　連帯債務等

(2)　連帯債務の要件

　まず、連帯債務の要件については、現行法には規定がありません。現行法では、「数人が連帯債務を負担するときは」（現行432条）とだけ定められていて、どのような場合に「数人が連帯債務を負担する」のかは解釈に委ねられていました。債務の目的が性質上不可分な場合は不可分債務となりますし、連帯債務の場合は一部の履行も請求できますので、連帯債務となるのは債務の目的が性質上可分な場合です。そのうえで、明示・黙示の連帯の特約がある場合や、商行為による債務負担に関する商法511条1項のように法律の規定により連帯とされる場合が、連帯債務となると解されていました。

　改正法では、債務の目的が性質上可分であって、かつ、法令の規定や当事者の意思表示によって連帯して債務を負担することとされた場合と整理され、明文化されています（改正法436条）。

　その一方で、不可分債務については、従来不透明さが指摘されていた、意思表示による不可分という類型が否定され、不可分債務は、性質上不可分な債務について複数の債務者がある場合の規律であるとされました（改正法430条）。改正法のもとでは、債権の目的が可分であるが、意思表示により不可分とされるという場合は、連帯債務となります。

(3)　影響関係――絶対的効力事由の見直し

①　絶対的効力事由の見直し

　次に、具体的な規律の内容として、現行法の変更・修正が目立つのが、影響関係における絶対的効力事由の見直しです。現行法の連帯債務の規定は、絶対的効力事由が多いことが特色とされ、この背後には、連帯債務が、一定の意思の連携のある者の間の関係として

とらえられ、1人について生じた事由が当然に他に及んでよいということを裏打ちする関係として考えられていたという事情があります。求償関係についても同様の部分があります。

しかし、こういった連帯債務の把握や規律が、たとえば、不法行為を理由として複数の主体が損害賠償債務を連帯して負う場合における連帯債務・連帯責任には、そのまま妥当しないと考えられ、そこから、複数の債務者が全部について履行責任・債務を負い、債権者は、複数の債務者の1人に対して、または同時にもしくは順次にすべての債務者に対して、全部または一部の履行を請求することができる関係ではあるのだが、民法の債権総則に置かれた連帯債務の規定がそのまま適用されるわけではない、その意味で「不真正の」連帯債務という議論を生んできました。

しかも、このような不真正連帯債務は少なからず存在します。不真正連帯債務への対応は1つの立法課題であり、改正法の連帯債務は、これをも射程に入れて、法律の規定による連帯債務をも取り込んだ要件立てとするとともに、影響関係および求償関係の見直しを行っています。

影響関係については、絶対的効力事由の削減です。改正法では、絶対的効力事由は、債務消滅原因で全部の絶対効をもたらすもの、つまり、弁済——これは明文はありませんが当然です。そのほか、代物弁済や供託は弁済と扱われますので、弁済と同視できる事由といえます——のほか、更改、相殺、混同に限られています（改正法438条〜440条）。このような絶対的効力事由の見直し、削減は、連帯債務の射程のとらえ直しによるものと、たとえば免除のように現行法下でも当事者の免除の意思解釈から限定的にとらえられていた場合があり、連帯債務の射程の見直しとは別の考慮によるものとがあります。

Ⅰ　連帯債務等

②　履行の請求

　現行法で絶対的効力事由として規定されていた履行の請求（現行434条）は相対的効力事由となっています。請求の効果は、遅滞責任の発生や、時効の中断（改正法では進行停止・更新）でしたが、複数の債務者の間に連携があるとは限らない連帯債務者間において当然にこのような効果を生じさせることはできないためです。逆に、このような効果を生じさせるべき場合は、合意によって対処することが想定されています（改正法441条ただし書。後述⑥参照）。

　なお、現行434条は連帯保証に準用されていました（現行458条）。これにより、連帯保証人に対する履行の請求は主債務者にも効力を生じ、主債務についても時効中断等の効果をもたらしたのですが、改正法のこの点の見直し（履行の請求の相対効化）は、連帯保証にも影響します（改正法458条。後述Ⅱ1(2)②参照）。

③　相　殺

　また、相殺については、現行法上は、他の連帯債務者が相殺可能な反対債権を有しているときに、その者が相殺をしない間は、当該連帯債務者の負担部分の限度で、相殺の援用が可能という規定になっていましたが（現行436条2項）、相殺をするかどうか、どれと相殺をするかは当該債務者の選択に委ねられるべきところ、他の債務者が相殺までできるのは行きすぎであるとして、現行法の解釈として履行拒絶にとどまるという見解が有力でした。改正法は、この点を明文化して、相殺権を有する者の負担部分の限度において、履行を拒絶することができる旨を規定しています（改正法439条2項）。相殺をするかどうかの意思決定は当該相殺権者たる連帯債務者のみが行いうることを確保するとともに、相殺をするかどうかについて未確定の間は履行拒絶権が行使されうるため、相殺権を有する連帯

債務者の相殺（機会）を確保する趣旨を持つことになります。

　なお、改正法439条1項は現行436条1項と同じであり、相殺の絶対的効力事由たることを定めるものですが、この限りでは確認規定と理解されます。

④　更改、混同

　更改および混同については、現行法の規律が維持され、ともに、絶対的効力事由とされています（改正法438条、440条、現行435条、438条）。

　中間試案の段階では、更改および混同についても、相対的効力事由とする提案がされていました（中間試案「第16　多数当事者の債権及び債務（保証債務を除く。）」「3　連帯債務者の一人について生じた事由の効力等」「(2)更改、相殺等の事由（民法第435条から第440条まで関係）」ア）。

　現行法上、債権の満足をもたらすわけではないにもかかわらず、更改が絶対的効力事由とされているのは、更改の合意をする当事者（債権者と債務者）の意思として通常の意思内容を忖度するもので、特約があれば別と解されています。さらに、他の連帯債務者について債権が消滅するという効果は、連帯債務の担保的効力を弱めるので、実務上、そのような意思まではないことが多いという指摘もあります。

　また、混同が絶対的効力事由とされているのは、求償関係を簡単にし、また、無資力者の出現による不利益を回避するためとされています。仮に混同が相対的効力事由となった場合は、連帯債務者の1人と債権者との間に混同が生じても、他の連帯債務者には影響が及びませんので、債権者は他の連帯債務者に全部の履行を求めることができ、反面、他の連帯債務者は債権者に対して履行をすること

になり、そして、当該債権者は混同によって連帯債務者の1人となっていますので、連帯債務者である債権者に対して求償することになります。このような処理は迂遠です。可分債務ですから負担部分絶対効とすることも考えられますが、負担部分を控除した額を他の連帯債務者に請求できるという扱いにすると、他の連帯債務者の中に無資力者がある場合は、債権者もこの無資力者の負担部分について分担することになり、他の連帯債務者から一旦弁済として受け取った分の一部を返還しなければならないことになり、その間に債権者が無資力になると弁済者が損失を被る、こういったことが不公平だと考えられるというわけです。

中間試案では、更改および混同をいずれも相対的効力事由とすること（当事者間に別段の合意がある場合を除く）、ただし、混同については注記において、負担部分絶対効とすることが考えられるとされていました。

しかし、更改については、(i)同一性を有しない新たな債務を成立させることによって旧債務を消滅させるものであることからすると、債務の消滅という効果を伴う点で弁済と同様の効果を有することや、(ii)新債務が履行されるまで、旧債務を併存させるべきであると債権者が考えるのであれば、更改契約をするのではなく、代物弁済契約を締結すればよく、旧債務を消滅させ、その効果を他の連帯債務者にも及ぼすことは債権者の意思にも特段反しないと考えられること等を考慮して、更改を絶対的効力とする現行法を維持することとされました[1]。

---

1) 部会資料80－3「第2　多数当事者（保証債務を除く。）」「2　連帯債務者の一人について生じた事由の効力等」「(5)相対的効力の原則（民法第440条関係）」。また、部会資料67B「第1　多数当事者の債権及び債務（保証債務を除く。）」「1　更改の取扱い」参照。

混同については、求償の簡便性の要請には理由があることから、完全な相対的効力事由とすることは不適当であり、また、負担部分絶対効とする中間試案第 16・3(2)アの（注）の考え方についても、連帯債務者の 1 人となった債権者は、他の連帯債務者の無資力のリスクを回避できる点で連帯債務の制度趣旨にも合致するようにも思われるけれども、混同が生じた場合には、債権者は連帯債務者の 1 人としての地位も有するに至っており、この地位に基づいて、他の連帯債務者の無資力のリスクも負担するのはやむをえないという判断が示され、その結果、弁済とみなす現行法の規律を維持するものとされています[2]。

⑤　免除、消滅時効

現行法下では負担部分絶対効が定められていた、免除および時効消滅については（現行 437 条、439 条）、相対的効力事由となっています（改正法 441 条）。

㋐　免　　除

免除については、基本的に、免除の意思表示の解釈問題であるところが大きく、現行法のもとでも、むしろ原則は、訴求しないという趣旨のものであるとか、相対的な免除であるなどと言われ、免除の（負担部分）絶対効が認められる場面は限定的に解されてきました。また、1 人に対する意思表示によって全員を免除することも認められています（最判平成 10・9・10 民集 52 巻 6 号 1494 頁）。

改正法は、免除を相対的効力事由としていますが、改正法のもと

---

[2] 部会資料 67A「第 1　多数当事者の債権及び債務（保証債務を除く。）」「2　連帯債務者の一人について生じた事由の効力等」「(5)相対的効力の原則（民法第 440 条関係）」（説明）3 参照。

で、債務者の1人に対して「免除」がされたときそれがどのような趣旨なのかという意思表示の解釈の問題が残ります。不訴求の趣旨であると解されることもあるでしょうし、全員を免除する趣旨であることもあるでしょう。その場合には、それぞれ、不訴求の趣旨、全員を免除する趣旨として、意思表示通りの効果が認められ、この点は、改正法でも当然の前提となっています[3]。

　免除がされた場合の求償の問題がありますが、全員を免除する趣旨ではないときに、求償関係は内部の問題であって、債権者が介入できる事項ではないから、免除を受けた者に対しても債権者に履行をした他の連帯債務者は求償権を行使できることになります。この点は明文化されています（改正法445条）。では、このとき、免除を受けた連帯債務者は債権者に求償できるのかが解釈問題です。法制審議会民法（債権関係）部会での審議過程ではこの点の明文化として、債権者には請求できないという旨を定めることが提案されていましたが、最終的に見送られています。改正法の想定は、債権者には請求できないというものと言えます。債権者の受領には法律上の原因があって不当利得とは言えないことや、1人を免除する趣旨は他の者から全部の履行を受けるという趣旨であるのが通常であって、債権者の免除の意思表示の趣旨に反することなどがその理由です[4]。

(イ) 時効の完成

　負担部分絶対効であった時効完成についても、相対的効力事由となっており（改正法441条）、また、求償について免除と並んで同じ規律が設けられています（改正法445条）。債務者の1人のために消

---

[3] 潮見・概要102頁。
[4] 潮見・概要102〜103頁。

滅時効が完成した場合に、他の連帯債務者には効力が及ばず、債権者は他の連帯債務者には全部の請求ができ、弁済等をした他の連帯債務者が消滅時効の完成した連帯債務者に対しても求償権を行使できます。このとき、求償債務を履行した、消滅時効の完成した連帯債務者が債権者に対して請求ができるかについては、免除と同様に規定がありませんが、免除についてと同様に、債権者が他の連帯債務者から全部の給付を得たことは法律上の原因があるため、不当利得とは言えず、否定されるというのが改正法の想定です。

消滅時効の完成が相対的効力事由となることで、連帯債務の担保力が強化されることになる、ないしは改正法はそのような政策判断に基づくと指摘されています[5]。

⑥ 合意による対処

以上を概して言えば、不真正連帯債務をも取り込んだ連帯債務の規律においては、連帯債務者間に連携も認識もない場合があるため、基本的には相対効であるが、そのような者の間にあっても絶対効を認めるにふさわしいものだけが、絶対的効力事由とされており、それは、全員に対して債務消滅をもたらす事由に限定されるというわけです。

では、従来の、負担部分絶対効などが認められていた場面においては、あるいは、むしろ負担部分絶対効を認めることがふさわしい連帯債務関係における規律はどうなるのかですが、これは、当事者の合意に委ねられています。改正法441条ただし書がそれです。債権者と他の連帯債務者の1人が別段の意思を表示したとき、相対的効力事由である事由について当該他の連帯債務者に効力が及ぶかに

---

5) 潮見・概要103頁。

ついては、その合意によるという規律が明文化されています。

特に、連帯債務における履行の請求の絶対効の見直しについては、連帯保証の局面で問題視されたのですが、その懸念については、債権者との合意で対応していくことになります。たとえば、連帯債務者A、B、Cがある場合に、債権者がBとの間で、債権者がAやCに対して履行の請求をしたときは、Bに対しても履行の請求の効力が及ぶことを合意するというようなかたちです。なお、債権者とBとの間で、Bに請求をしたときは、Aに及ぶとかCに及ぶとかを合意しても、AやCには及ばないのは当然です。連想していくと、債務者間でそのような合意をしたらどうかという問題も考えられます。第三者のためにする契約に類して考えられるでしょうか。

⑦ その他

なお、このほか影響関係に関して、破産手続開始についての現行441条は削除されています。解釈の幅のあった規定ですが、破産法の規律に委ねる趣旨です。

(4) 求償関係

① 求償権発生の要件

求償関係については、求償権が生ずる場合について、「負担部分」について求償権を有するというのが「割合」なのか「額」なのか、つまり、一部の債務消滅行為をし、それが自己の負担部分内にとどまっていた場合に求償ができるのか、それとも自己の負担部分を超えて弁済等をした場合に超過部分について求償ができるのかという問題があり、判例（大判大正6・5・3民録23輯863頁）は、求償の場面での負担部分とは「割合」を意味するのであって、自己の負担

部分を超える出捐をしなくてもなお求償ができるという解釈をとっており、これが通説でもありました。連帯債務者間の負担の公平に資すること、連帯債務者による弁済の促進などがその理由です。改正法は、この規律を明文化しています（改正法442条1項「自己の負担部分を超えるかどうかにかかわらず」）。

なお、現行法のもとでは、この点が連帯債務と（共同）保証との間の違いとされており、両者を揃える考え方（保証に合わせる考え方）も検討されましたが、改正法は、連帯債務については上記の通りとし、また、保証（共同保証についての規定、465条）についても変更がなく、保証のほうは自己の負担部分を超える額の弁済等をしたときが要件となります。

また、求償の際の基準について、たとえば、債権額を超える評価額の財産で代物弁済をしたときは、免責を得た額が基準となるのであって、出捐額（免責を得るために支出した財産の額）ではないことも、併せて明らかにされています（改正法442条1項かっこ書）。

この規定（改正法442条1項）も、いわゆる不真正連帯債務についても及ぶことになります。

② 求償の範囲

求償の範囲について、免責があった日以後の法定利息、避けることのできなかった費用その他の損害の賠償を包含するという規定自体は、現行法から変更がありませんが（442条2項）、法定利率についてはその規律自体の改正があります（改正法404条）。なお、規定上は対象範囲の限定がないので、いわゆる不真正連帯債務にも及ぶことになり、この点で現行法下の判例と異なる扱いをもたらす可能性があります。

③ 求償と通知

　求償について通知との関係でも見直しがあります。443条1項の事前通知については、通知の対象が、「債権者から履行の請求を受けたこと」から「共同の免責を得ること」へと改められています。主眼がそちらだからです。

　より実質的な修正は、事前通知の規律が及ぶ場合を、他の連帯債務者があることを知っていたときに限定している点です（改正法443条1項「他の連帯債務者があることを知りながら」）。知るべきであった場合という表現になっていないので、調査義務もないことになります。存在を知らなかった——それゆえその者に対して事前通知をしなかった——他の連帯債務者に対しても求償はでき、当該事前通知を受けなかった連帯債務者が、債権者に対抗できる事由を有していたとしても、その対抗は受けないことになります。

　事前通知をしなかったときに不利益が課される場面を他の連帯債務者についての知・不知で切り分けることが適切な基準なのかについては議論があります。通知をして然るべき関係というのは単純に存在を知っているというのではないと考えられ、そこで、「協働関係」がある場合といった規律とすることなども模索されたのですが、「協働関係」の存在といった規律では内容が不分明で基準として作動しないとして、結局、認識（知・不知）による基準となっています。

　事後通知の規律についても、他の連帯債務者の存在を知っていた（にもかかわらず通知を行わなかった）場合に限定がされています（改正法443条2項）。

　このほか、現行法下の解釈問題に、事後通知を怠った連帯債務者と事前通知を怠った連帯債務者の間での求償の問題があり、最高裁判決があります（最判昭和57・12・17民集36巻12号2399頁）。すな

わち、連帯債務者Ａ、Ｂがあるときに、Ａが債権者に対し弁済をしたがＢに対する事後通知をせず、ＢはＡの弁済の事実を知らないまま、しかしＢもＡに対して事前通知をせずに、債権者に対し弁済をしたときに、求償においていずれの弁済が有効と扱われるのかという問題につき、443条2項の適用に関して、1項の事前通知を怠った連帯債務者を保護する趣旨ではないとして、Ｂは自己の弁済行為を有効とみなすことはできないとされています。この問題は、改正法のもとでも、現行法と同様、解釈問題となります。

④ 負担部分を有する無資力者がある場合の分担

　求償関係では、このほか、無資力者がある場合のその負担部分の分担に関して、負担部分を有する者が皆、償還をする資力がないときの規律が追加されています（改正法444条2項）。そのときは、償還ができない部分については、負担部分を有しない求償者と他の資力のある者との間で平等割合で分割して負担するという規律です。現行法下の判例（大判大正3・10・13民録20輯751頁）を明文化するものです。

　また、現行法の、連帯の免除（相対的連帯免除）の場合の無資力者の負担部分の分担（債権者負担）に関する445条は、削除されています。債権者の通常の意思は、連帯を免除した者の他の連帯債務者との間の内部関係における負担まで引き受けるというものではないためです。これにより、無資力者があるときの規律は、一般の求償の規律（改正法444条）によることになります。

3　不真正連帯債務

　いわゆる不真正連帯債務について改めてまとめておきます。現行

法下では、たとえば、現行・改正法719条のように法律の規定によって複数の主体が連帯債務・責任を負うとされる場合にも、債権者が、連帯債務者の誰からでもどの順でも、履行の全部でも一部でも請求できるという点では連帯債務の規定が妥当するものの、債権総則の連帯債務の規定がそのまま及ぶわけではない法律関係があり、特に影響関係において、弁済・代物弁済・供託のように債権を満足させる事由以外は相対的効力とすべきであり、現行の連帯債務の絶対的効力事由の規定が妥当しない関係であるとされ、また、内部的な負担割合を想定できず求償関係も直ちには妥当しないとされ、連帯債務ではあるが、「不真正」の連帯債務と呼ばれてきました。もっとも、内部的な負担や求償については、判例上、不法行為の場合にも複数の責任主体の間で求償が認められるようになっています。このため、「不真正」と言われる主要な理由は影響関係における絶対的効力事由に置かれるようになっていたと見受けられます。

　改正法は、債権総則の連帯債務の中に、従来、不真正連帯債務と言われたものを排除せず、取り込むという立場をとっています。これは、その旨を明文で定めた根拠規定があるというわけではありません。

　真正・不真正と呼ぶかはともかく、連帯債務をもたらす社会関係のイメージには、一方に連帯債務者相互間に連携があってその意思により共に債務負担をしている場合があれば、他方の極には連帯債務者相互では互いの存在すら知らないという場合があります。現行法の連帯債務は前者を典型例として想定しているために、後者のような場合に妥当しない規定が少なからずあるわけです。この両方があることを踏まえつつ、両方を取り込むとき、前者のいわば現行法の連帯債務を基本として、後者のような場合について特則を置くか、または、後者を基本として、前者のような場合について特則を

置くか、いずれかが考えられます。

　今次の連帯債務の規定の見直しは、現行法の連帯債務をもたらす社会的関係のイメージを維持して、そのいくつかをそれとは異なる連帯債務（意思の連携がなく、互いの存在も知らないような場合）について準用するというのではなく、広く、両方を連帯債務一般に包含しつつ、現行法の連帯債務をもたらす社会関係を想定した規律を、それぞれの箇所で別個に設けるという態度を採用しています。

　まず、連帯債務となる場合を、債務の目的が性質上不可分である場合であって、法令の規定がある場合またはその旨の当事者の意思表示がある場合としており、法令の規定がある場合には、現行・改正法719条の共同不法行為で主観的な関連共同がないような場合を含みます。

　それと併せて、連帯債務一般については、影響関係において、絶対的効力事由を弁済等に縮減しています。その一方で、合意による対応を明文で用意して、債権者と債務者との間で合意で絶対的効力を定めることができる旨、それが有効である旨を規定し、連帯債務の特約がされるような場合への対応を図っているわけです。

　また、求償関係では、通知の規律にみられるように、通知の規律が妥当するのは、連帯債務者が他の連帯債務者の存在を知っている場合に限られており、逆から言えば、連帯債務一般の場合には、互いの存在を知らない場合がありうることを想定していることがわかります。翻って、連帯債務が生じる場合の、法律の規定による連帯債務には、現行法下で言われる不真正連帯債務も改正法下では、436条以下の規定の適用される連帯債務となるわけです。

　あえて、不真正連帯債務も取り込まれていることの根拠条文を問うならば、規定上は、性質上可分の債務につき法律や意思表示によって連帯債務を負う場合が連帯債務であるという、基本条文（改

正法 436 条）に示されていることになります。

　なお、「法令の規定又は当事者の意思表示」によるとありますが、たとえば、現行・改正法 709 条に基づく責任が競合する場合や、同法 715 条の使用者責任が認められる場合の使用者の責任と同法 709 条の被用者の責任の併存の場合や、同一の損害について不法行為責任と債務不履行責任とが複数主体で競合する場合などのように、法律の明文の規定があるわけではなく、解釈によって連帯債務・責任が認められているという場合があります。この場合も、改正法の連帯債務の規定が妥当することになります。「法令の規定」は緩やかに解釈されることとなると思われます。たとえば、消費者契約法 10 条には「民法、商法（明治 32 年法律第 48 号）その他の法律の公の秩序に関しない規定」と定められていますが（平成 28 年改正前の規定）、そこにいう「法律の公の秩序に関しない規定」（任意規定）には、明文の規定のみならず、一般的な法理等も含まれるとされていますので（最判平成 23・7・15 民集 65 巻 5 号 2269 頁）、同様の解釈が可能ではないかと思います[6]。

　現行法下のいわゆる不真正連帯債務の扱いからの具体的な変更点をみていきますと、影響関係については、改正法は、絶対的効力事由を削減する立場をとっています。これが、不真正連帯債務にも適用される支障がおおむねなくなったという判断を支えているわけですが、ただ、現行法下の判例と比べますと、更改と混同（改正法 438 条、440 条）——紆余曲折を経て現行法維持となった規律ですが——についてに判例（混同に関し、最判昭和 48・1・30 判時 695 号 64

---

[6] 潮見・概要 100 頁は、類推適用ないし準用によるとする。なお、消費者契約法 10 条については、明文の規定に限られず、一般的な法理等も含む旨を明らかにすべく、平成 28 年に改正がされている。

頁）や学説（更改に関し、中田裕康『債権総論〔第3版〕』（岩波書店、2013）466頁）を変更することになります。

　求償関係については、まず、求償権の発生について、自己の負担部分を超える弁済をしたときに、その超過部分を求償できるとする判例（最判昭和63・7・1民集42巻6号451頁等）を変更することになります（改正法442条1項）。このような判例の立場には疑問視する見解も有力であり、また、連帯債務の一般規定のあり方として、保証と同様の規律とすべきかどうかが検討されたうえで、現行法を維持する立場が採用されていますので、この点はまさにいわゆる不真正連帯債務の扱いについても変更する趣旨と解されます。次に、通知の点は不真正連帯債務をも念頭に改正がされています（改正法443条）。不真正連帯債務かどうかというのではなく、他の連帯債務者の存在を知っていたかどうかによって規律されることになります。第3に、求償の範囲（改正法442条2項）については、従来あまり論じられていなかったと思われますが、不法行為の場合に求償を認める判例は、訴状送達日の翌日以後の法定利率による金員の支払を認めており（前記・最判昭和63・7・1）、請求日の翌日からの法定利息としているように思われ、そうしますと実務の扱いを変更することになるのかもしれません。

　こうして現行法下のいわゆる不真正連帯債務についても改正法の連帯債務に含まれ、その規定が適用されると言っても、たとえば、求償関係における「負担部分」をどのようなものと解するのかなど、それぞれの条文において、問題となる連帯債務の性質、連帯債務者間の結びつきのありようなどを考慮して、解釈がされることになると考えられます。真正の連帯債務に対して、ひとくくりで不真正債務として具体的な法律関係を論じるということは、改正法の想定するところではないと言えるでしょう。それぞれの規律ごとに、

それぞれの連帯債務関係の性質や特色を考慮して、条文解釈がなされることになると思われます。

4 連帯債務と不可分債務

(1) 連帯債務と不可分債務の関係についての整理

連帯債務は、債権者が、数人の「連帯債務者の一人に対し、又は同時に若しくは順次に全ての連帯債務者に対し、全部又は一部の履行を請求することができる」というものです。この点は現行法も改正法も変わりません（現行432条、改正法436条）。不可分債務について、この規定が準用される点も——不可分債務については、「一部の履行を請求する」ことは想定されませんから、必要な修正を施し、「全部の履行を請求する」と読み替えるわけですが——現行法と改正法とで違いがありません（現行430条、432条、改正法430条、436条）。

連帯債務と不可分債務とはどう違うのか、どのようなものがそれぞれに該当するのか、それぞれに該当することでどのように違うことになるのかについて、改正法は、整理を図っています。

(2) 不可分債務の要件

どのような場合に、連帯債務となり不可分債務となるのかについては、連帯債務の要件のところで述べましたように、現行法の意思表示による不可分の場合を不可分債務から排除し、すべて連帯債務のほうに含めるかたちで、整理がされています。

不可分債務については、現行法では、不可分債権についての規定を受けて、債権の目的がその性質上不可分である場合と、当事者の

意思表示によって不可分である場合の2種があると解されています。また、意思表示による不可分については、不可分債権の規定にある、債権の目的が意思表示によって不可分とされる場合――たとえば、売買契約の代金について全部が一時に履行されないと債権の目的が達成されないような場合が起草者によって想定されていました――のほか、当事者が不可分債務とする旨の意思表示をしたときが、民法427条の別段の意思表示としてありうると言われています。こういった、当事者の意思表示による不可分である場合というのがどのような場合かが、連帯債務との関係で不透明でした。契約によって複数の主体が債務を負うときに、債権者と複数の債務者との間で、性質上は可分であるが不可分の合意をする場合ですが、不可分の特約と連帯の特約との区分が明確ではなく、たとえば、売買契約で買主が複数というとき、買主の代金支払債務は性質上可分な債務ですが、債務者たる買主全員の資力が総合的に考慮されたとみられる場合には、分割債務ではなく、不可分債務または連帯債務の成立を認めるべきだといった主張がされています。では、不可分債務となるのか連帯債務となるのかは、意思表示の解釈の問題ですが、一般的には連帯債務であり、その成立を認めるべき場合が多いと指摘されています。

　改正法のもとでは、債務の目的が性質上可分であって、意思表示によって、ⓐ複数の債務者が債権者に対しそれぞれ全部の履行をなすべき債務を負い、1人または数人により全部の履行がされたときはすべての債務者について債務が消滅する、ⓑ債権者としては、複数の債務者の一部または全部に対して、全部（または一部）の履行を請求することができる関係は、連帯債務ということになります。

(3) 不可分債務の効果

現行法上は、不可分債務について、連帯債務の規定を準用するものの、影響関係に関する部分（現行434条～440条）は準用対象から除外され、他方で、不可分債権に関する影響関係の規定（現行429条）が準用されていました（現行430条）。この結果、現行法上、不可分債務とされた場合は、連帯債務についての規定が準用されるものの、影響関係の部分、特に絶対的効力事由が排除されている点が——連帯債務についての相対的効力の原則も準用から排除されていますが、相対的効力の原則自体は不可分債権のほうの準用によっています——両者の違いと言えます。

改正法では、連帯債務の影響関係について、絶対的効力事由を見直し、縮減をしています。改正法のもとで連帯債務について、絶対的効力事由となる、すべての債務者の利益のために債権が消滅するのは、㋐弁済・代物弁済・供託など、規定はありませんが、当然視されるもの、㋑相殺（改正法439条1項）——これも弁済と同様であり、規定がされているのは、相殺権者以外の連帯債務者の履行拒絶権について特別の規定が置かれており（同条2項）、それと併せて規定がされているというもので、むしろ確認規定という性格と理解されます——、そして㋒更改（改正法438条）と㋓混同（改正法440条）に限られています。

このような連帯債務についての見直しを受けて、不可分債務については、不可分債権の影響関係の規定の準用をやめ、連帯債務についての規定を影響関係も含めて準用するかたちに改め、ただ、混同についてだけは、準用から排除しています（改正法430条）。

弁済やそれと同様の扱いとされるべき代物弁済、供託、相殺についての絶対効は——不可分債務の相殺というのは考えにくいとはい

え——不可分債務にも妥当します。

　また、更改についても、更改の合意をする当事者（債権者と債務者）の意思として通常の意思内容を忖度するもので、特約があれば別と解されており、不可分債務を対象とする場合にも、当事者の通常の意思は連帯債務の場合と変わらないと考えられます。旧債務が消滅して新債務に切り替わるという点に着目するなら弁済と並ぶ扱いとなるという理解も、連帯債務と不可分債務とで変わるわけではありません。このため、更改については連帯債務と同様の扱いとされており、現行法からの変更となります[7]。なお、免除については、相対的効力事由ですので、その限りでは現行法と変わりがありません[8]。

　これに対し、混同については、不可分債務の場合は、債務内容と求償の内容が同種であるとは限りませんので、不可分債務を債権者に対して履行したうえで、他の不可分債務者の1人である債権者に対して求償をすることは、意味なく迂遠な処理とは言えないため、混同の処理のみは連帯債務についての扱いが排除されています[9]。

　したがって、連帯債務と不可分債務との間の法律関係上の処理は、混同が絶対的効力事由となるかどうかの点に違いがあることになります。

　連帯債務と不可分債務の要件及び準用規定の内容、それを支えた

---

7) その理由につき、部会資料67B「第1　多数当事者の債権及び債務（保証債務を除く。）」「1　更改の取扱い」(2)、部会資料80－3「第2　多数当事者（保証債務を除く。）」「5　不可分債務」参照。

8) ただし、現行429条1項後段の準用がなくなること、改正法では準用対象たる改正法445条に関して免除を受けた連帯債務者が求償債務の履行後に債権者に償還を請求することはできない旨が想定されていることから、この点で現行法からの変更があることになる。

9) 潮見・概要89～99頁。

考慮から推し量りますと、必ずしも厳密にではありませんが、おおむね、連帯債務については金銭債務が、不可分債務については非金銭債務が想定されていると言えるでしょう[10]。現行法下で不可分債務とされてきたものには、1頭の馬の引渡しのように給付が物理的に不可分である場合が典型例ですが、それとは別にそのように不可分な利益の対価としての債務も、性質上の不可分債務だとされてきました。判例（大判大正11・11・24民集1巻670頁）は、賃借権が共同相続されたときの賃料債務を不可分債務としています。賃料債務は金銭債務ですので、対価との関係を切り離せば、連帯債務と言うべきであり、学説では、連帯債務と推定すべきであるとか、法律上当然の連帯債務を認めるなど、連帯債務として扱うべきだとの見解も主張されています。これに対しては、賃貸借契約上賃借人が負う債務は、目的物の返還など賃料債務の支払に尽きないため、それだけを連帯債務とするのは複雑になりすぎるとして、不可分債務とする判例を支持する見解もあり、考え方は分かれています。改正法のもとで、たとえば、賃料債務を不可分債務とする判例が維持されるのかは解釈問題として残ります。潮見・概要98頁は、金銭債務が不可分債務となることはほとんどないことになる、としています。

---

10) 潮見・概要39頁は、部会資料67Aの混同に関する説明について、「連帯債務の場合には履行すべき内容と求償の内容とがともに金銭であって同一であることを所与とした立論である」とする。

第7章　連帯債務・保証等

5　債権者複数の法律関係

(1)　連帯債権

①　規定の新設

　債権者の複数のほうに目を向けますと、連帯債権の規定が新設されています。連帯債権は、旧民法には規定がありましたが、明治民法において、実際にはほとんどみられず規定の必要なしと判断され、規定が設けられなかったのですが、明治民法制定時との比較では、現在では、連帯債権に当たる法律関係が、規定化を要する程度に存在すると考えられるようになったとも言えます。実際、特許権侵害の事案で、独占的通常実施権者の損害賠償請求権と特許権者の損害賠償請求権とが、いわゆる不真正連帯債権の関係に立つとする判決なども出ていますし（知財高判平成21・8・18判タ1323号256頁）、また、民法上の関係についても、たとえば、承諾ある建物賃貸借において、賃貸人の転借人に対する賃料請求と賃借人の転借人に対する賃料請求を「連帯債権」とする裁判例もあります（東京地判平成14・12・27判時1822号68頁）。複数の弁護士が共同して訴訟追行を受理したときの報酬債権、複数の宅地建物取引業者の共同の媒介によって土地の売買契約が成立したときの報酬債権などの局面でも、裁判例において、連帯債権の概念を用いるものがみられます。学説では、上記の転貸借の場面や復代理の場面、そのほか、債権の二重譲渡の場合に対抗要件具備が同時であったときに2人の（あるいは複数の）譲受人と債務者との関係を連帯債権として構成する考え方などもあり、連帯債権の概念はそれなりに使われていると言えるでしょう。

I　連帯債務等

　もっとも、連帯債権の規定化にとってより直接的なのは、連帯債務と不可分債務との関係に関して、性質上可分であるが意思表示による不可分の場合には連帯債務と整理されたことです。これを踏まえますと、債権者複数の場合に異なる扱いとするのは合理的ではありません。また、性質上不可分な場合と意思表示による不可分の場合とでは一定の差異が認められると考えられ、これらの理由から連帯債権の規定が新設されています。

②　規定の概要

　連帯債権の定義は、連帯債務のそれ（改正法436条）と対になっています（改正法432条)[11]。

　対外的効力については、複数の連帯債権者のうち各債権者が、すべての債権者のために全部又は一部の履行を請求することができ、債務者は、すべての債権者のために各債権者に対して履行をすることができると規定されています（改正法432条）。連帯債権の内実を明文化したものです。連帯債務と実質的に対になる考え方が示されていると言えるでしょう。

　影響関係については、絶対的効力事由として、規定はありませんが当然である弁済等のほか、相殺について明文があり（改正法434条)、また、混同について全部の絶対的効力事由となっています（改正法435条）。これに対し、更改と免除は、持分割合型の絶対的効力事由とされています（改正法433条）。可分債権である連帯債権の場合に、不可分債権についての429条（現行・改正法）のような規律をとることは迂遠だと考えられたためです。また、相対的効力

---

[11] 部会資料80－3「第2　多数当事者（保証債務を除く。)」「6　連帯債権―連帯債権者の請求権等」。

の原則に関して、合意による調整が可能であることが明文化されています（改正法435条の2ただし書）。

内部関係については規定がありません。現行法上も不可分債権の内部関係については規定がなく、解釈によっています。連帯債権の場合、弁済を受領した債権者は、内部関係における割合（持分割合）に応じて、他の債権者に分与することになり、持分割合については平等と推定されるということになるでしょう。

(2) 不可分債権

不可分債権については、不可分債務と対になるかたちで、概念整理がされ、債権の目的が性質上不可分である場合に限定されました。このような概念整理が連帯債権についての規定の新設の背景の1つともなっています。現行法の意思表示による不可分の場合は連帯債権として整理されています。

不可分債権の効果については、基本的に連帯債権のそれが準用されますが、連帯債権と違うのは、影響関係における更改、免除、混同です。更改及び免除については現行429条1項が維持されています。また、混同については、不可分債権の場合には、相対的効力の原則が妥当します。

内部関係については規律がありませんが、現行法下も解釈によっていますので、改正法のもとでも、解釈によることになります。弁済を受けた債権者は、内部関係の割合に応じて、他の債権者に利益を分与しなければならないという解釈は、そのまま改正法のもとで妥当するでしょう。

保証

保証債務については、根保証についての規律と、個人保証人保護の方策の拡充としての意思確認制度や情報提供の規律が、大きな変更点です。

1 保証債務（保証人保護の方策の拡充以外）

(1) 附従性

まず、保証債務の一般規定については、附従性の内容として448条に2項が加わっています。主債務の目的又は態様が保証契約の締結後に加重されても、保証人の負担は加重されないというもので、異論のない準則を確認し明文化するものです。

(2) 影響関係

次に、影響関係、1人について生じた事由についてです。

① 主債務者について生じた事由の効力

主債務者について生じた事由の効力については、457条に若干の見直しがされています（改正法457条）。

順にみていきますと、改正法457条1項の中断が、完成猶予・更

新に改められています。時効障害事由の見直しを踏まえた表現の修正です。

また、現行法（457条2項）では、保証人が主債務者の相殺の援用ができる旨を規定するのみでしたが、相殺に限らず、主債務者の抗弁全般について保証人が援用できることとしています（改正法457条2項）。これも解釈上異論のなかった点です。

一方、相殺の援用については連帯債務の場合と同じ問題があり、相殺権の行使まで認めるのは行きすぎであることから、ここでも履行拒絶権であるとして明文化されています（改正法457条3項）。範囲は、連帯債務の場合には負担部分の限度、保証の場合には債務を免れる限度となっていますが、保証の場合には主債務者の負担部分が100％なので、内実には変わりありません。また、相殺のみならず、解除や取消しについても同様の規律が設けられています。主債務者が取消権や解除権を有するときは、それらの権利の行使によって主債務者がその債務を免れる限度において、保証人が、債権者に対して債務の履行を拒むことができるという規定です（同項）。

②　保証人について生じた事由の効力

保証人について生じた事由は主債務者には及ばないのが原則ですが、連帯保証については特則があります（現行法及び改正法458条）。連帯保証の場合については、連帯債務についての規定が準用されます。現行458条は現行434条から440条までを一括して準用する規定となっていますが、これについては、準用対象にいわゆる空振りの規定もあることが指摘されていました（負担部分を前提とする現行436条2項、437条、439条、それぞれ、相殺の援用、免除、時効）。また、改正法では連帯債務の影響関係の規律自体が見直されています。そこで、その見直しを受けて、改めて準用規定が、その対象を

明確にして、置かれています（改正法458条）。準用されているのは次の諸規定です。改正法438条は更改の絶対効、439条1項は相殺の絶対効、440条は混同の絶対効、441条は相対効の原則です。

　特に、履行の請求についての規律が重要です。現行法では連帯債務の場合に履行の請求が絶対的効力事由になっており、これが連帯保証の場合に準用されていますので、連帯保証人に対する履行請求によって、主債務者にも効力が及んだわけですが（現行434条、458条）、改正法では、連帯債務の場合に履行の請求は相対的効力が原則であることになりましたので（改正法441条）、連帯保証人に対する履行請求も同様に相対的効力の原則が妥当しますから、連帯保証人に対する履行の請求をしても、それだけでは、時効の障害事由や遅滞責任の発生に関し、主債務者に効力が及ばなくなります。これは実務上の影響が大きい点であり、合意による対応を検討すべきことになります。連帯保証の場合に、相対的効力の原則に関する441条が準用されており、同条には合意による対応が認められることが規定されていますので（同条ただし書）、これに依拠することになります。具体的には、主債務者との契約中に、連帯保証人に対する請求をもって効力が及ぶ旨の条項を置くことになるでしょう。連帯保証自体は主債務者の関与なくして成立しうるものですので、条項の内容の詳細については検討が必要であると思われます。

(3) 求償関係

① 委託を受けた保証人の事前求償権

　第3に、求償関係です。委託を受けた保証人の事前求償権について、現行法では459条と460条に分けて規定がされていたのを一本化し（改正法460条）、また、現行法の4つの事由のうち、460条3号の、弁済期不確定かつ最長期をも確定することができない場合に

おいて保証契約の後10年を経過したときを削除しています。この規定によって想定されていたのは終身定期金債務の保証などですが、そもそも主たる債務の額すら不明であって事前求償になじまないと考えられ、削除となっています。また、実情としても終身定期金債務自体があまりないのかもしれません。もっとも、そのような債務についても担保の提供などの余地はありそうですが、被担保債権額は確率によることになるでしょうし、場合によってはその後の清算などもあります。相当長期にわたる不確実さは否めません。このような場合に「事前求償権」として適合するのはむしろ免責請求などではないかと考えられます。現行460条3号の削除からは、事前求償権が基本的に、金銭等の支払を想定して立案されているとは言えるように思います。

② 事後求償権

事後求償権の範囲については、委託を受けた保証人と委託を受けない保証人とに分けて、規定がされています。

委託を受けた保証人の場合、現行法と基本的に同様の事後求償権についての基本的な規定（改正法459条、現行459条）に加えて、新たに期限前の弁済等の場合の規定が設けられています（改正法459条の2）。

まず、基本的な規定である改正法459条には実質的な修正はありません。1項のかっこ書が加わっていますが、この内容は一般にとられている見解を明文化するものです。

次に、新設された期限前の弁済等の場合です。保証人は主たる債務の期限前でも弁済等の債務消滅行為をすることができますが、それによって主債務者の期限の利益を奪うことはできません。そこで、この場合には、主債務者の期限の利益への配慮から、事後求償

権を行使できる時期について、主債務者についての期限の到来後であることを明文化しています（改正法459条の2第3項）。

また、その範囲についても、「その当時」つまり、保証債務の弁済等の時点であり、それにより主債務が消滅した当時──主債務の弁済期の当時ではなく──において利益を受けた限度においてであるとしています（改正法459条の2第1項前段）。弁済等の債務消滅行為の当時利益を受けた限度にとどまるという規律は、委託を受けない保証人についての現行の求償規定（現行462条1項）と同様です。これにより、主債務者が当時有していた相殺の抗弁などがあるときはその対抗を受けることになりますが、その場合には保証人は債権者に対し、相殺によって消滅すべきであった債務の履行を請求することができる旨が定められています（改正法459条の2第1項後段）。

利息等についても、期限前の弁済等の場合は、主債務の弁済期以後の法定利息とその弁済期以後に履行したとしても避けることのできなかった費用その他の損害賠償が求償の内容であることが明らかにされています（改正法459条の2第2項）。

委託を受けない保証人については、現行法上、保証人が弁済等により主債務者にその債務を免れさせたときは、主債務者にその債務を免れさせた当時において主債務者が利益を受けた限度において求償権を有することになっており、この点は改正法でも変わりません（改正法462条1項、現行462条1項）。保証人が主たる債務の弁済期前に弁済等の債務消滅行為をする場合は、委託を受けない保証人の場合にもありうるのですが、主債務の弁済期前の弁済の場合の規律は、債務消滅行為の当時利益を受けた限度という点で、委託を受けない保証人の場合には、弁済期後の弁済等の場合と変わりがありません。つまり、主債務の期限前・期限後を問わず、委託を受けない

保証人は、債務消滅行為をした当時に主債務者が利益を受けた限度において求償権を有することになります（改正法462条1項）。ただし、主債務の弁済期前の弁済等の場合、求償権の行使は、主債務の弁済期以後になり、この旨が準用のかたちで明文化されています（改正法462条3項、459条の2第3項）。

債務者の意思に反した保証の場合については、現行法からの変更はありません（現行・改正法462条2項）。

③ 事前・事後の通知と求償

通知と求償については、現行法は、連帯債務についての規定を準用するかたちになっている（現行463条）のを改正法では書き下ろしているのですが（改正法463条）、実質的な修正がいくつかあります。

現行法は、保証人一般について、443条の規律つまり事前通知、事後通知の規律を準用し（現行463条1項）、主債務者については、委託を受けた保証人が善意で弁済等をした場合に443条の規律を準用していますが（同条2項）、保証人が善意で弁済等をした場合ですし、そもそも主債務者から保証人に対する求償の場面は存在しないことから、主債務者に準用されるのは事後通知の規律です。

改正法は、主債務者による保証人に対する事後通知については、現行法の内容を書き下ろすことで、より明確にしています。中身に変更はありません（改正法463条2項）。

保証人による主債務者に対する通知については、まず、事前通知の規律は、保証人が事前通知を怠った場合に、求償を受ける主債務者が債権者に対抗できた事由をもって対抗できるという規律ですが、この事前通知の規律は委託を受けた保証人の場合に限定されています（改正法463条1項前段）。これは、無委託保証の場合にはいずれにせよ、消滅行為の当時利益を受けた限度での求償という規律

となっており、債権者に対抗できた事由をもって対抗することができるので、通知にかからしめる必要がないからです。通知内容は、現行法では債権者から履行の請求を受けたこと（現行443条1項、463条1項）ですが、債務の消滅行為をする旨となるでしょう（改正法463条1項、443条1項参照）。改正法463条1項後段の相殺に関する規律は、現行法（463条1項、443条1項後段）と基本的に同様です。

次に、保証人の事後通知については、保証人による弁済等の事実を知らずに主債務者が弁済等の債務の消滅行為をしたときは、主債務者は自己の弁済等を有効とみなすことができる規律ですが、これは、委託の有無にかかわらず、保証人が事後通知を怠ったために、主債務者が善意で債務消滅行為をした場合に妥当します。この点は現行法（463条1項、443条2項）と同様であり、書き下ろしとなっています（改正法463条3項）。改正法では、「保証人が主たる債務者の意思に反して保証をしたとき」についても言及し、そのような「ときのほか」として、保証人が事後通知を怠った場合の主債務者による自己の弁済等の有効みなしを規定しています。主債務者の意思に反して保証をした場合については、通知の有無を問いません。もっとも、意思に反した保証人の場合の求償の範囲は、主債務者が現に利益を受けた限度においてですから（現行・改正法462条2項）、保証人が主債務者に対して求償するまでに主債務者が債務消滅行為をしていたときは、主債務者に対して求償をすることができないことはそこから導かれていますので、その限りでは確認規定ということになるでしょう。

なお、連帯債務について、事前通知と事後通知のそれぞれの懈怠の場合の処理の問題があり、判例がありますが、このような懈怠の競合の処理は、保証でも問題となりえます。具体的な場面として

は、委託を受けた保証の場合で、主債務者が事後通知を怠り、その後、受託保証人が善意で弁済等の債務消滅行為をしたが事前通知をしていなかった場合です。このときの法律関係がなお解釈問題として残るのは、連帯債務についてと同様です（Ⅰ2⑷③参照）。

⑷　根保証（継続的保証）

①　貸金等根保証契約についての規律の拡張

　根保証（継続的保証）の規律については、現行法において貸金等根保証契約についての特則が置かれているところ、この一部については、貸金等の根保証に限らず、個人の根保証一般の規律に拡張されています。たとえば、建物賃貸借の賃借人の債務の保証や継続的売買契約における買主の債務の保証などの場合です。身元保証なども入るように思われますが、損害担保契約ではないかなど、その性質の問題はあります。2004年改正において貸金等根保証契約の特則が設けられたのは、社会問題化しており、早急の手当てを要すると考えられた場面について特則を設けたものであって、それ以外の場合にはそのような特則が不要であるという判断をしたものではありません。当時より、その規律については他の個人根保証にも及ぼすべきことが指摘されていました。この指摘に対応したものと言えます。

　個人根保証契約一般の規律となるのは、根保証の場合の保証債務の内容、書面による極度額の定めとその要件を満たさないときの保証契約の無効（改正法465条の2）、また、元本確定事由についての、保証人の財産への強制執行・担保権実行、保証人についての破産手続開始、主債務者の死亡、保証人の死亡です（改正法465条の4第1項）。

　これに対し、元本確定期日に関する規律（改正法465条の3）、元

Ⅱ　保　証

本確定事由のうち主債務者の財産への強制執行・担保権実行、主債務者の破産手続開始（改正法465条の4第2項）は、個人貸金等根保証契約の規律にとどまります。

　建物賃貸借の賃借人の債務についての根保証を例にとりますと、まず、元本確定期日に関する規律はありませんが、これは、3年や5年で賃貸借が終了するわけではなく、借地借家法による更新等の賃貸借契約の継続性の保障が図られているという事情もありますので、一定の年数の経過により以後は当然に無保証となるというのは適切ではないと考えられたためです[12]。次に、元本確定事由については、保証人の財産状況の悪化（強制執行・担保権実行、破産手続開始）は元本確定事由ですが（改正法465条の4第1項1号・2号）、主債務者の財産状況の悪化（強制執行・担保権実行、破産手続開始）は元本確定事由とはなりません。貸金等債務の場合には、主債務者の財産状況が悪化したときは、さらなる貸付けは自制されるのが通常でしょう。これに対し、建物賃貸借の場合には、賃料の不払いがあっても信頼関係破壊理論によって解除がある程度制限されていますし、また、期限の定めのない賃貸借でも借地借家法による継続保障がありますので解約権が自由に行使できるわけではありません。賃借人破産の場合も賃借権が失われるわけではなく、これらの場合に賃貸人は建物を貸し続けなければならず、主債務者の財産状況の悪化によりさらなる賃料債務の発生を封じられるわけではありません。そのため、これらの事由によって元本が当然には確定しないこととされています。もっとも、主債務者たる賃借人の破産の場合、賃借権は破産財団に属する財産であり、換価のために譲渡されるとなれば、賃借人の交替が起こりますので、契約上の地位の移転に伴

---

[12] 部会資料70A「第1　保証債務」「1　根保証」参照。

う担保の引継ぎの問題になると思われます。

　前述の通り、死亡つまり、主債務者の死亡、保証人の死亡はいずれも個人根保証契約一般の元本確定事由です（改正法465条の4第1項3号）。保証人の死亡が元本確定事由ですので、その時点で既発生の保証債務は相続されますが、その後の根保証は生じず、もちろん相続されません。貸金等根保証についての判例とは異なり、不動産賃貸借の場合にはその後の継続的保証の部分についても保証債務（ないしは保証契約上の保証人の地位）の相続を認めた判例（大判昭和9・1・30民集13巻103頁）がありますので、その立場を変更することになります。

　主債務者の死亡も元本確定事由です。個人の保証人が保証をするのは当該賃借人が主債務者だからであって、相続人による債務まで保証する趣旨ではないと考えられるためです。賃借人の死亡によっても賃貸借は終了せず、賃借権・賃借人の地位は相続されますので、主債務者の死亡より後に発生する債務については個人の保証人によって保証されていた部分は保証されず無保証となります。信頼関係破壊理論による解除制限や借地借家法による賃借人保護など——さらには賃貸人が個人であることも少なくないという事情もあるでしょうか——を考慮しますと、無保証となることが問題ではないかとも考えられますが、しかし、賃貸人としては機関保証を利用することができますので、対応は可能だと考えられます[13]。

　なお、いわゆる求償権保証について、つまり、法人の保証人の求償権についての個人保証に関する規律が、改正法465条の5に置かれており、極度額の定めなどの規律が貸金等以外の場合にも及びます[14]。

---

[13] 以上につき、継続的売買に関してを含め、潮見・概要121～122頁参照。

② その他の検討事項（見送り）

　根保証については、このほか、2004年改正以来の課題であった、特別解約権・保証人による元本確定請求権の規定を設けることや、最高裁判決（最判平成24・12・14民集66巻12号3559頁）が出されているもののなお議論の続いている、元本確定前の保証人に対する履行請求の可否の問題や随伴性の問題（元本確定前に被担保債権が譲渡された場合の被譲渡債権についての保証の有無）についても、検討対象となりましたが、いずれも見送られています。

2　保証人保護の方策の拡充

(1)　総　　論

　個人保証人の保護については、連帯保証廃止論を一方の極として、様々な方策が論じられてきました。

　すでにみた根保証についての改正は、個人の保証や求償保証の場合についての規律であり、信用保証に限らず他の類型（主債務の種類）にも、保証人保護の方策を拡張するものです。改正法は、このほか、保証意思の確認措置、情報提供措置などを採用しています。

　各規律の対象は一律ではありません。すなわち、㋐すでにみた貸金等根保証の規律の拡張のように継続的保証の場合の規律となっているもの、㋑公正証書による保証意思確認のように継続的保証・根保証に限定されない事業のための貸金等の個人保証を対象とするもの、㋒期限の利益喪失に関する情報提供のように、継続的保証や事業のための貸金等の保証といった限定なく、個人の保証人一般を対

14）詳細につき、潮見・概要123～124頁参照。

第7章　連帯債務・保証等

象とするものがあり、さらに、㋖履行状況についての情報提供のように、法人を含めた保証人一般を対象とするものがあります。最後のものは、もとより、個人保証人の保護には尽きないわけです。

(2) 公正証書による保証意思の確認——事業に係る債務についての保証の特則1

① 保証債務を履行する意思の、公正証書による表示

まず、事業に係る債務についての保証の場合に、あらかじめ、公正証書による保証意思の確認措置が要求されています（改正法465条の6～465条の9）。個人保証が、情誼に基づいてされることが少なくなく、また、保証契約を締結する時点では保証債務の履行を求められるかどうかが確定しておらず、保証契約を締結するリスクについて合理的な判断がなされずに保証契約が締結されがちであること、特に事業に係る債務の保証の場合は保証人の負担が重いものとなりがちであることを考慮したものです。

事業に係る債務についての保証には、事業のために負担した貸金等を主債務とする保証——これは根保証ではなく個別保証です——と、主債務の範囲に事業のために負担する貸金等債務が含まれる根保証契約の両方が含まれます。これらについては、保証契約の締結に先立って、公正証書によって、保証人となる者が保証債務を履行する意思を表示する必要があり、それを欠くときは、保証契約は無効となります（改正法465条の6第1項）。事業のための貸金等の保証・根保証の場合の求償権の保証のための個人保証についてもこの規律が及びます（改正法465条の8）。公正証書による保証債務履行意思の表示は、法人保証の場合には適用されません（改正法465条の6第3項、465条の8第2項）。

あらかじめという保証契約締結に先立っての時期ですが、保証契

約締結の前1ヵ月以内となっています（改正法465条の6第1項）。公正証書作成にあたっての口授等の手続や公正証書の方式などが定められています（改正法465条の6第2項、465条の7）。保証人が保証契約を締結し、保証債務を負担する前に、保証によってどのような責任を負うことになるのかを十分理解したうえで保証契約締結の判断をすることを確保する趣旨です。その観点から、担保することになる主債務の範囲や、また、連帯保証であるのかどうか、連帯保証となるとどのような効果があるのか（催告の抗弁や検索の抗弁がないこと、共同保証の分別の利益がないこと）といった事項が、公証人に対して口授する事項として定められています（改正法465条の6第2項1号）。連帯保証については廃止論もあったわけで、連帯保証についての懸念は、部分的にではありますが、ここで受け止められたと言えます。

　保証債務を履行する意思の表示として、公正証書の記載がどのような文言となるかは、今後、定型が定められていくと思われます。公証人に対して保証人となろうとする者が口授し、それを公証人が筆記したものを、読み聞かせまたは閲覧によって、正確さを確認し、そのうえで署名、捺印するというものです。記載内容は、保証人にとって保証債務として何を負担するのかがわかりやすいかたちになっていることに特に配慮が払われることになるでしょう。

　なお、公正証書作成の際に強制執行を認諾する文言が入れられるのではないかという懸念も表明されましたが、強制執行認諾約款付き公正証書の禁止の規定は置かれていません。この点について特段の規定は設けられていません。

　公正証書による保証意思確認措置は、情誼に流され安易に保証がされることへの対応措置であって、保証ができなくなるわけではないので、公正証書で万全なのか、あるいは逆に、無益な手続ではな

いかという懸念もあるかもしれません。しかし、たとえば、根保証の場合の極度額の定めも、定めることが要求されているだけで上限がないので定め放題であって、十分な規律なのかが問われていますが、さすがに巨額なら尻込みするというような事実上の効果が想定されます。同様にここでも、手続が置かれることは、万全ではないものの、一定の意味があると言えるでしょう。

② 適用除外

公正証書による保証意思確認措置の適用除外となるのが、いわゆる経営者保証等の場合です。経営者である個人が保証する場合には、情誼に基づく債務負担という事情はないこと、そもそも主債務の負担・履行（ひいては事業遂行）において経営判断を行っている（それに関与している）こと、公正証書による保証債務履行意思の表示にはコストもかかり、適時の履践ができずに貸付等を受けられなくなることのデメリットもありうること、経営者の規律付けの機能も期待されることなどから、経営者及びそれに準ずる者については、保証契約締結前の公正証書による保証意思確認措置の規定の適用が除外されています（改正法465条の9）。

主債務者が法人であるときの、理事、取締役、執行役、主債務者が法人であるときの支配株主等、そして、それぞれについて、これらに「準ずる者」として例示されていない主体をカバーするようになっています（改正法465条の9第1号・2号）。たとえば、監事や監査役はどうかなど、どういう者が「準ずる者」に当たるのかは解釈問題です。業務執行を行う・その意思決定に携わる主体、支配力を有する主体の2類型ですので、その観点から解釈することになるでしょう。

主債務者が個人である場合——正確には法人でない場合ですが

――には、共同事業者が適用除外となっており、さらに、主債務者の配偶者について、当該「事業に現に従事している」配偶者が適用除外となっています。このうち、配偶者については問題が多いと指摘されています。主債務者が個人事業者であるときの配偶者による保証は、現在の実務上、一般的であり、配偶者による保証について経営者等以外の第三者による保証と同様の規律が課されると、特に中小企業が金融機関から融資を受けるにあたって支障が生じることが懸念されるという指摘を受けたものです。また、配偶者の保証については、個人事業者の場合には、家族の財産と事業の財産とが十分に分別されていない事情があることなど、その必要性を基礎付ける事情も指摘されました。事業と無関係な配偶者まで適用除外とするのは適切ではないことから、「主たる債務者が行う事業に現に従事している」という限定がされています。この限定により、自らまたは他方配偶者である事業主を通じて事業の状態を知ることができること（事業の状態に関する情報へのアクセス）、自らが従事する他方配偶者の事業のための信用保証をすることは、事業の継続に主眼があり、情誼性が薄いと考えられるという考慮を基礎にしています15)。

　しかし、配偶者というのは、一般には、最も情誼に流され、拒絶を期待することが困難であって、規律を設けるもととなった懸案が最も妥当する類型です。また、配偶者が共同で事業をしているなら、共同事業者の範疇に入りますので、配偶者として切り出されるのは、そこまでではない配偶者ということになり、いっそう立法論として疑義が呈されています。

---

15) 部会資料78A「第3　保証」「1　個人保証の制限」、同80－3「第3　保証債務」「6　保証人保護の方策の拡充」「(1)個人保証の制限」。

改正法のもとで鍵となるのは「事業に現に従事している」という概念・限定です。朝、店舗の清掃をし、従業員が来るまでの間の顧客対応をするのみというだけでも良いのかといえば、そうではないでしょう。では、どういった事情があれば、「事業に現に従事している」と言えるのかは、必ずしも明確ではありません。その趣旨からしますと、事業の状態に関する情報のアクセスの容易さ、情誼性よりも事業継続を主眼とするといえるだけの関わりなどが、判断の考慮事由ないし観点となるでしょう。

法制審議会民法（債権関係）部会の審議においても、配偶者について適用除外とすることには、反対も強く、死文化する解釈を工夫するという発言もありました。改正法の解釈として、他の類型に該当するものと実質的に同視される主体に限定されるべきであるという解釈がすでに示されています[16]。考え方としては、適用除外の趣旨が妥当する場合ですので、他の類型と実質的に同視される主体に限定するというは理由のあることと考えられます。ただし、それによって他の類型が緩やかに解される、「準ずる者」の範囲や「共同して事業を行う者」の範囲が緩やかに解されるのでは、本末転倒です。適用除外の趣旨から、「現に従事している」という概念は厳格に解することになるでしょう。

こうすると、配偶者について適用除外となるかどうかは解釈の幅があり、不確実さを否めません。公正証書による意思確認を履践しないと保証は無効となりますので、安全性重視という観点からは、基本的に配偶者についても公正証書での保証債務履行の意思表示をとるのが安全策となるでしょう。公証人によるサービスへのアクセスが地域によっては困難であるとか、また、コストが主債務者に転

---

16) 潮見・概要129頁。

嫁されるといった点が指摘されますが、公証人サービスのアクセス困難等は、これを契機に、公証人サービスを拡充していくべきでしょう。また、コスト増が債務者に転嫁されることになるとしても、保証人保護のほうが重要だというのが、改正法の趣旨なのです。

(3) 契約締結時の情報提供義務——事業に係る債務についての保証の特則2

このような、保証債務履行意思の確認措置とともに、事業に係る債務の個人保証人の場合には、保証人への契約締結時の情報提供義務が課されています（改正法465条の10、法人の保証人の除外につき同条3項）。一般に、契約締結段階における情報提供は、契約相手方に課されるのが通常です。保証契約についてであれば債権者となるのですが、この規律にあっては、主債務者が情報提供義務者です。その結果、委託を受けた保証人に対しての情報提供ということになります。

提供すべき情報は、財産・収支の状況、他の債務負担の有無や額・履行状況、主債務の担保（すでに提供しているもの、今後の提供予定のあるもの）があるときはその内容です（改正法465条の10第1項）。これらは、主債務の履行可能性に関わり、それは保証人の責任の具体化の可能性に関わるものです。これらの情報に関しては、債権者としても事業に係る債務について信用供与をする以上は、把握しているものと考えられるのですが、それが主債務者の情報であることにかんがみ、正確性の問題や他者（債権者）による提供の可否への懸念から、主債務者が、委託を受けた保証人に対して提供することとされています。

情報の不提供や虚偽（事実と異なる）の情報の提供の場合、保証

人がそのために誤認をし、その誤認によって保証契約の意思表示をしたときは、保証人が保証契約の取消権を有します。しかし、主債務者による情報提供であって、その有無や内容については債権者が知りえないこともあります。そこで、取消権が認められるのは、債権者が、情報の不提供や虚偽の情報提供がされたことを知り、または知ることができたときに限られています（改正法465条の10第2項）。第三者詐欺の場合の主観的要件（改正法96条2項）に類する規律です。知るだけではなく、知ることができたときを含みますから、債権者としては調査・確認義務があることになります。とりわけ金融機関にあっては、留意が必要であり、実務対応を迫られるところでしょう。

　対応のあり方として、保証の委託者であり情報提供義務の義務主体である主債務者及び保証人の双方から、事実にそった情報の提供がされたこと、それを受けたことを確認する書面の提出を求める方法などが考えられているとのことです。表明保証の一種でしょうか。表明の実質の問題はあるだろうと思われます。所定の署名欄に署名をというだけで、何に署名をしているのか認識しないままというような状態では、問題があるのではないでしょうか。

　以上は、契約締結時の情報提供です。これが、一般の契約締結段階の情報提供義務とどのような関係に立つかは、解釈問題となります。この規定の新設が信義則に基づく契約締結過程における情報提供義務を否定するものではありませんから、およそ債権者が情報提供義務を負わなくてよくなるわけではありません。信義則上の情報提供義務があるとされていた場面において、それがこの規定によって一部代替されるのかどうかなどが問題となるでしょう。

Ⅱ 保 証

(4) 契約締結後の情報提供義務

契約締結後の情報提供義務について、主債務者の履行状況についての情報提供義務、期限の利益喪失の場合の情報提供義務の規定が、それぞれ、設けられました（改正法458条の2、458条の3）。

いずれも広い意味では、主債務者の履行状況に関する情報の提供であり、その義務を債権者に課すものですが、提供すべき情報の内容や時期についての違いのほか、対象となる保証人の範囲（個人・法人、委託の有無）、当然に提供義務があるのか、請求があったときの義務なのか、効果の明定の有無などの違いがあります。

① 主債務者の期限の利益を喪失した場合の情報提供義務
　　——個人の保証一般

後者（改正法458条の3）から先にみると、これも、個人保証の場合の規律ですが、主債務の類型を問いません。主債務者が期限の利益を有し、それを喪失したときは、債権者は、その旨を保証人に対して通知しなければなりません。通知を怠ったときの効果は、期限の利益の喪失から通知を現にするまでの間の遅延損害金を請求することができない、というものです。請求することのできなくなる遅延損害金は、期限の利益を喪失したことと因果関係のあるものに限られます。通知は、期限の利益喪失を債権者が知った時から2ヵ月以内にしなければなりません。

2ヵ月以内にすれば、その間の遅延損害金を請求できますが、2ヵ月以内に行わず、遅れたときは、それまでの遅延損害金は請求できなくなります。本体部分の請求ができなくなるわけではありません。

また、期限の利益の喪失自体が否定されるわけではありません。

あくまで、保証人に対して一定期間分の遅延損害金の請求ができない、というにとどまるのであって、この規定により、保証人が期限未到来の抗弁を出せるわけではありません。

② 主債務者の履行状況に関する情報提供義務
——委託を受けた保証人一般

前者の、主債務者の履行状況についての情報提供義務は、法人の保証人を含めた規律ですが、委託を受けた保証人に限定されています（改正法458条の2）。

債権者が、保証人の請求に応じて、主債務の元本、利息、違約金、損害賠償その他債務に従たるすべてのものについての不履行の有無、これらの残額、弁済期が到来しているものの額に関する情報を提供しなければならないとして、債権者に情報提供義務を課しています。これらの情報は、保証債務の具体的な履行責任の可能性や内容に関する情報であり、また、それを最もよく知っているのは債権者であると考えられるため、個人か法人かの保証人の属性を問わず、請求ベースで、債権者に情報の提供を義務づけたものです。債権者としては、これに応じても、そのような情報の提供をしたこと自体について責任を問われないことになり（守秘義務からの解放）、この点に意味があることになります。

義務違反、つまり情報を提供しなかった、あるいは事実と異なる情報を提供した場合の効果については規定されていません。一般の債務不履行による損害賠償責任の問題となります。債務不履行ですから、義務違反による保証契約の解除も可能性としては排除されません。本条のもと、たとえば、債務者が履行遅滞をしているが、解消に向けて努力中であるとき、たとえ他には（保証人にも）知らせないでほしいという債務者の要請があったとしても、債権者として

は保証人の請求があった以上は、情報提供義務を負います。もっとも、義務違反の効果については規定がなく、基本的には損害賠償と考えられますから、債務者の要請を考慮して、保証人に対する損害賠償責任の負担を覚悟で応じないということは、経営判断としてありうるかもしれません。

　本条の情報提供義務は委託を受けた保証人の場合に限っています。「債務不履行の有無や主債務の額などは主債務者の信用などに関する情報であるから、主債務者の委託を受けていない場合にまで、これらの情報を請求する権利を与えるのは相当でないと考えられるから」というのがその理由です[17]。しかし、たとえば、債務の残額やそのうち弁済期が到来しているものなど、すべてではないにしても、ここに列挙された情報は、保証人の保証債務の具体的な内容や責任の可能性に関わるものですから、委託を受けない保証人から問い合わせられる場合も考えられます。委託を受けない保証人としては債務者に問い合わせることもないでしょうから、債権者から情報を得る必要性は委託を受けた保証人よりも高いといえるかもしれません。情報の内容によっては、債権者が提供を拒絶できるのか疑問なものもありますし、むしろ、実際上、問い合わせに応じることが少なくないのではないかと思います。本条が守秘義務からの解放の点で債権者にも意味があるとすると、逆に委託を受けない保証人に対する情報提供については、主債務者との関係で問題が生じる可能性もあります。債権者としては、無委託保証がされた場合には一定の情報について当該保証人の請求に応じて開示することがある旨について、あらかじめ主債務者の同意を得ておくなどの手当て

---

[17] 部会資料76A「第2　保証」「3　主たる債務の履行状況に関する情報提供義務」。

をすることが必要なのかもしれません。

　こうして考えてきますと、具体的な場面で、どのような情報をどの程度出すべきかについては、とりわけ、金融機関の場合には判断を迫られることになる可能性がなくはないでしょう。

(5)　その他の方策（見送り）

　以上のほかにも、個人保証人の保護の方策として、保証人の責任自体を縮減する規律が検討されていましたが、実際上も理論上も種々の問題があり、成案を得られる見込みがないとして規定化は見送られています[18]。今後の立法課題であり続けるとともに、保証意思の解釈（たとえば夫婦の一方が保証をしたが離婚をした後の債務負担など）や、信義則等の一般則による縮減などが――さらには事情変更や錯誤なども考えられるでしょうか――引き続き、改正法のもとでの解釈論として展開されていくことになります。

---

18) 部会資料70B「第1　保証人の責任を制限するための方策」、同76B「第1　保証」「2　保証人の責任の制限」、同78B「第2　保証人の責任制限」、同80－3「第3　保証債務」【取り上げなかった論点】参照。

第8章

債権譲渡

第8章　債権譲渡

債権譲渡

1　改正の全体像

　債権譲渡については、債権譲渡制限特約、将来債権譲渡、債務者の抗弁が、三大改正項目です。

　なお、このほか、指名債権譲渡の対抗要件のあり方について、現行法の民法上の対抗要件と債権譲渡登記制度との併存に関し、債務者対抗要件（名称も権利行使要件とする）とそれ以外の第三者対抗要件とを区別し——この区別自体は現行法でもあります。ただ、登記制度の導入によって、債務者の認識を通じた対抗要件制度が債務者以外の第三者については妥当していません——一定の債権、特に金銭債権については、現行の債権譲渡登記という債務者の認識を通じてではないかたちの公示制度の採用、それへの一元化、債務者に対する権利行使要件との分化などが検討されましたが、改正は見送られています。

　ただし、用語については、「指名」債権の譲渡の語が単に「債権」の譲渡に改められています。改正法467条は、現行法では指名債権譲渡の対抗要件であったのが、債権譲渡の対抗要件一般という規律になっています。わかりやすさの観点からの表現の変更です。債権譲渡の対抗要件といっても、電子記録債権など他の規定があるとき

206

に、それらの規律によることは言うまでもありません。特則ということになるでしょう。

　また、改正としては、証券的債権の譲渡の規定（現行470条〜473条）が一括削除されています。関連して、無記名債権について動産とみなす現行86条3項が併せて削除されています。現行法の証券的債権の譲渡に関する規定は、中途半端な規定と評されており、有価証券の一般規定の導入により、いっそう無用となったとして削除されたものです。

　なお、有価証券の一般規定については、譲渡のみに関わるものではないことから、規定の配置としても、債権総則の最後に置かれています（第7節「有価証券」、改正法520条の2〜520条の20）。有価証券の一般規定を民法に置くこと自体の当否の問題もありましたが、学校債など商人や商事に関わるものばかりではなく、商法に規定するのは適切ではないとされました。そうしますと、特別法としての単独法とすることがもう1つの選択肢ではありましたが、商法よりも範囲の広いものとして、民法に置かれています。有価証券の規定の内容については、立ち入りません。参考として、神作裕之「民法（債権関係）改正のエッセンス：各論②有価証券」NBL1046号（2015）26頁を挙げておきます。

2　債権譲渡制限特約

(1)　総　　論

　債権譲渡に関する大きな改正項目の1つは、債権譲渡制限特約（以下、単に「譲渡制限特約」ともいう）です。債権譲渡制限特約については、現行法では、一般に譲渡禁止特約と呼ばれており、特約

に反した譲渡については、判例は物権効をとっていると理解されており、善意の譲受人には特約を対抗できないが、悪意の譲受人の場合には、債務者と譲受人との間だけではなく、譲渡当事者間でも効力が否定されるとされています。譲渡人の特別清算の場合に、譲渡人は特約を対抗できないとして、特約の主張権者に一定の制限をかける最高裁判決（最判平成21・3・27民集63巻3号449頁）が登場しており、物権効には揺らぎがみられるものの、基本的には、物権効が判例であるとされています。

このような物権効に対しては、そもそも、譲渡禁止特約が債権の譲渡性に対する例外であることや、譲渡禁止特約はもっぱら債務者の利益のためであるところ譲渡当事者間においても無効とするのは特約の趣旨を超えていること、特約という点からするとその第三者効の問題と定式化することができ、その観点からは物権効は当然ではなくむしろ債権効が基本となること、債権譲渡について平時の資金調達手法としての債権譲渡について注目され、活用が図られる中、特に金銭債権の譲渡について譲渡禁止特約が不当な制限となりかねないことなどが、指摘されてきました。このような、理論面、実践面での指摘や要請を受けて、債務者の利益のために譲渡を制限する特約としての性格を基礎に、規律を見直したのが、改正法の債権譲渡制限特約についての規律です。

(2) 預貯金債権についての現行法の維持——特則

① 預貯金債権とその他の債権一般との区別

まず、改正法においては、債権の種類について、預貯金債権とそれ以外の債権とが分けられて、預貯金債権については特則が設けられています。改正法では特則という位置づけですが、その内容は基本的に現行法下の判例の考え方とされるところを維持するものと

なっていますので、こちらから先にみましょう。

　なお、現行法下では、債権譲渡禁止特約の趣旨等について預貯金債権を念頭に語られることが多かったのですが、改正法においては、これと一般の場合とが区別されているため、譲渡制限特約についての一般の規律を論じるときには、預貯金債権以外の債権、たとえば、請負代金債権、売買代金債権、敷金や保証金の返還請求権などを念頭に置くことになると指摘されています[1]。

② 　預貯金債権についての現行法の規律の維持

　預貯金債権については、規定が設けられていますが、内容は現行法下の判例とされる考え方を踏襲するものです（改正法466条の5）。規定の体裁は、第三者への「対抗」という現行466条2項の規定を踏襲していますが、改正法「第466条第2項の規定にかかわらず」という文言が加わっており、それによって債権の譲渡の効力は妨げられないという466条2項の一般則の規律を排していること、現行法のもとで物権効が判例であると考えられることから、預貯金債権については物権効をとるものということになります。預貯金債権については、現行法下で、預貯金債権について譲受人が善意無重過失とされることはほぼ考えられず、銀行等のシステムはそれを前提に構築されているところ、それを変更するとなると、システム構築に要するコストや管理コストが著しく増大すること、預貯金口座は、頻繁に出し入れが行われるもので、膨大な事務処理を行う預貯金の管理者・預貯金債権の債務者たる金融機関において、円滑な払戻業務に支障が生じかねず、決済性預金・流動性預金についての利便性を減殺すること、預貯金債権は性質上現金化されているのも同然で

---

1) 潮見・概要134頁。

あって、債権流動化による資金化になじまないことなどが、基礎にある考慮事情です[2]。

現行法上、譲受人等の「善意」は善意無重過失をいうというのが判例であり、その点が預貯金債権についても明文化されています（改正法466条の5第1項）。また、譲渡禁止特約によって差押えや転付命令を封じることはできないというのも判例・通説であり、この点も明文化されています（同条2項）。

このほか、現行法下での判例の展開が妥当するのかどうかという問題があります。債務者の承諾による遡及的有効（最判昭和52・3・17民集31巻2号308頁）や第三者との関係での債務者の承諾の遡及効制限（最判平成9・6・5民集51巻5号2053頁）、特約の主張権者の限定（最判平成21・3・27民集63巻3号449頁）などの現行の判例法理がなお解釈として妥当するかどうかです。物権効が維持されることからは、これらの判例が妥当すると考えられますが、とりわけ、平成9年判決と平成21年判決との間には緊張関係があるとみられ、特に平成21年判決——事案は預貯金債権ではありません——の射程が問題になってくるものと思われます。

③ 預貯金債権の範囲

預貯金債権の範囲に関しては、解釈問題がありえます。特則を基礎づけるこれらの事情は、普通預金など、流動性・決済性ある預金によりよく当てはまるものです。また、表現の点で、債権譲渡制限特約の箇所（改正法466条の5）では、預貯金債権として、その定義において口座の概念が用いられ、「預金口座又は貯金口座に係る預金又は貯金に係る債権」（預貯金口座に係る預貯金債権）という表現

2）潮見・概要138〜139頁。

が用いられています。預貯金債権の概念は、改正法では３ヵ所の規定で登場しますが、そのうちの１つである消費寄託においては、「預金又は貯金に係る契約により金銭を寄託した場合」（改正法666条３項）という表現が用いられていて、口座といった概念は登場しません。他方で、弁済のところでは振込の法律関係につき、改正法477条において「債権者の預金又は貯金の口座に対する払込み」という概念が用いられています。改正法477条については、もっぱら、あるいは少なくとも典型的には流動性預金の場合が想定されますし、他方で、改正法666条３項については、定期性あるいは固定性の預金が代表的な想定場面と考えられます。このような趣旨の違いや表現の違いがあるために、これらがそれぞれ異なる含意であるのか、定期性の預金と流動性・決済性の預金とで異なるのかという解釈問題があります。

　改正法666条３項のようにまさに固定性預金への適用こそが求められる規律については、「契約」概念が用いられ、流動性・決済性の預金についての改正法477条は「口座」概念が用いられています。改正法466条の５について言えば、譲渡制限特約についての例外処理の理由が端的に当てはまるのは、流動性・決済性預金であることや、条文の表現の違いから、これを流動性・決済性預金に限定する解釈論上の可能性が気にかかるわけですが、立案においては、特に範囲が異なるわけではなく、消費寄託についての規定も、債権譲渡制限特約についての規定も、定期性のものと流動性・決済性のものとの双方を含むものと説明されています。また、銀行実務上も、定期預金についても、口座単位での扱いがされているようであり、口座に係る債権と呼んで差し支えない模様です。こういった事情からすれば、改正法466条の５の預貯金債権は、流動性・決済性の預貯金口座の預貯金債権に限られるわけではなく、定期性・固定

性の預貯金債権についても妥当するものということになるでしょう。

(3) 預貯金債権以外についての譲渡制限特約の効力 —— 一般則

① 物権効の否定、債務者の履行拒絶権

預貯金債権以外の債権については、物権効が否定され、特約に反する譲渡もそれによって効力を妨げられることはありません。ただし、債務者は、悪意または善意重過失の譲受人（さらには質権者等）に対しては、特約の効力を主張でき、具体的には履行を拒絶し、譲渡人に対して弁済等債務消滅行為ができ、それによる債務消滅を譲受人等に主張できます（改正法466条2項・3項）。

なお、このような法律関係をどう呼ぶかは、いささか悩ましい問題です。従来の議論の枠組みにおいては、「物権効」に対し「債権効」が対置されるのが一般でした。また、「債権法改正の基本方針」では、債務者の利益保護の特約であることをとらえ債務者との関係では特約が効力を持つが、それ以外の者との関係ではそうではないとして、「相対効」という考え方が打ち出されました。改正法は、従来の対立の枠組みである、「物権効」に対する「債権効」の考え方をとっているわけでも、「債権法改正の基本方針」の立場を採用しているわけでもありません。強いていえば、（預貯金債権以外についての）物権効の否定であり、また、さらに強いていえば、債務者の抗弁・履行拒絶構成であり、「弁済先固定効」とでも呼ぶべき立場ということになります。そうしますと、少なくとも「債権効」の語を用いるのは適切ではないでしょう。債務者はなお「制限」特約を主張できるという点で「相対効」という呼称が許容されるかとも思いますが、債務者との関係でも債権譲渡は有効なので譲渡の結

果、譲受人が債権の帰属主体たる債権者であって、ただ、(悪意・重過失の譲受人等に対しては) 履行の拒絶や譲渡人への弁済ができるという点からは、履行拒絶権や弁済先固定効といった表現がより適切には思われます。

債務者が制限特約を主張できる、譲受人等の第三者の主観については、現行法では、規定上は善意となっていますが (現行466条2項ただし書)、無重過失を要求するのが確立した判例であることから、明文化されています。無重過失が要求されることについては、金融機関等の場合の調査義務の厳格化・高度化を懸念する指摘もありましたが、判例が確立していることから、明文化されています (改正法466条3項)。また、善意・悪意によって特約の効力が異なりうるのは債務者にとって不透明であることや、流動化・証券化案件では特約の存在について悪意であることが少なくなく、譲渡制限特約の効力について物権効を否定して整序するなら譲受人の善意・悪意を問わず同一の規律とすることも立法論としては考えられ、そのような提唱もありましたが、この点は現行法が維持されています。

②　催告による履行拒絶権の喪失

譲受人等が悪意ないし善意重過失 (以下、単に「悪意」とのみ言う) のときは、譲渡は有効であって、ただ、債務者は履行拒絶ができ、譲渡人を弁済受領権者として債務消滅行為をすることができます。弁済を受領するこのときの譲渡人の地位は、しかし、債権譲渡は効力を有している以上、債権者ではないことになります。そのため、債務者の履行の受領権はあるが、履行についての請求権はないと考えられます。そうなると、譲渡人も譲受人も誰も債務者に対して請求できない債権という状態が作り出されてしまいます。そこ

で、この事態を解消するため、債務者が債務の履行をしない場合において、譲受人等が相当期間を定めて履行の催告――このときの履行先は譲渡人であり、譲渡人に履行せよという催告になります――をし、相当期間内に履行がないときは、債務者は譲受人等に対する履行拒絶権を失うという規律が設けられています（改正法466条4項）。

また、この場合の、債務者の抗弁や相殺の基準時点について、調整が図られています（対抗要件具備時が相当期間経過時に読み替えられる。改正法468条2項、469条3項）。

譲受人が催告権を持つのは、「債務者が債務を履行しない場合」です。債務不履行に陥っている債務者については、もう1度チャンスを与えたうえで、「弁済先固定効」を奪うことになります。すでに債務を履行しない債務者である以上は、そのような弁済先固定の利益を失うことになってもやむをえないと考えられます。

確定期限付きの金銭債務のような場合には、期限の到来によって債務者が遅滞責任を負い、当然に損害賠償債務を負うため、債務者としても座して待っているわけにはいかないという面があります。不確定期限付きの場合も債務者が知れば同様で、債務者に知らせることは誰でも可能です。これに対し、期限の定めのない債務の場合には、請求がない限りは遅滞に陥ることがないため、誰も請求ができないときは、債務者を遅滞に陥らせることができず、債務者にも遅滞責任によるインセンティブがないという事態が生じます。この場合を改正法466条4項でカバーできるのかという問題があります。

条文解釈としては、㋐「債務者が債務を履行しない場合」が遅滞責任を負っていることを指すのか、㋑事実として、履行期が来ているのに（そして履行を拒む権限もないのに）履行しないという状態

（この意味で事実として債務を履行しない状態）を指すのか、です。

　前者㋐と解すると、期限の定めがない債務については、請求があるまでは遅滞に陥らないため、同項だけでは解決できないことになります。これへの対策としては、譲受人が譲渡人に請求権限を与え、譲渡人がそのうえで債務者に請求することで、遅滞に陥らせることができるので、それによることになると言われています。もっとも、譲受人が譲渡人に権限を与える方法というのは、期限の定めのない債務にかかわらず、一般的に可能であって、それを通じて（たとえば譲渡人に取立権限を付与するなど）譲渡人が請求することができるようになりますから、その限りでは、本項による必要はありません。つまり、付遅滞のための請求権限のみを与えるということも可能ではあるが、請求権限（取立権限）を与えるなら、そのあとも改正法466条4項によるまでもなく譲渡人から請求ができるということにはなるでしょう。

　これに対し、後者㋑と解すると、そのような譲受人から譲渡人への権限付与がなくとも、改正法466条4項によることができると考えられます。

　債務者の特約による利益をどこまで重視するかによりますが、(i)債務者との関係でも譲受人が債権者であることは変わりがなく、同項が、譲渡人に取立権限などが与えられないまま、誰も請求することができない状態が作出されることへの対応を図る規定であることや、(ii)期限の定めのない債務については期限の利益がない以上、履行期は到来しており、債務者としては履行を拒絶する事由がないこと、(iii)また、遅滞に陥っていない債務者の保護は催告期間の相当性において勘案することができると考えられることから、後者㋑をとることもでき、また、それが適切だろうと思います。

③ 供　託

　譲渡の効力は妨げられない以上、債権者（債権を有する者）は譲受人となります。現行法下では、譲受人の主観によって、債権者が誰であるかが変わってくるため、債務者としては債権者不確知として供託ができ、それによって、自己のあずかり知らない債権譲渡により、紛争に巻き込まれることを避けることができました。これに対し、改正法のもとでは、譲受人の主観いかんにかかわらず債権者は譲受人であることになるため、債権者不確知（受領拒絶等）の供託事由が発動するかは定かではなく、（あるいは、無理だろうと考えられ──この点は、筆者は解釈でも可能ではないかと思っていたが、不透明ではある）、そのような状況に対しては、債務者の立場がこの点で不利益に変更されるのは適切ではないと考えられます。そこで、債務者の供託の規定が設けられています（改正法466条の2）。供託をした債務者は、遅滞なく、譲渡人と譲受人に供託の通知をしなければなりません（同条2項）。このとき、供託金の還付請求ができるのは譲受人のみであり、譲渡人にはその権限がありません（同条3項）。その結果、譲渡人の債権者がそれを差し押さえることもできないことになります[3]。

④　譲渡人の破産手続開始による供託請求

　譲渡人について破産手続開始決定があった場合には、譲受人は債務者に対し供託請求ができることが定められています（改正法466条の3）。供託請求権を有するためには、債権の譲渡について債務者その他の第三者に対する対抗要件を備えていることが必要です。債務者に対する請求となりますし、また、破産手続との関係で（破産

---

[3] 潮見・概要135頁。

管財人に対して）譲受人であることを主張できる必要があるから、これは当然だと考えられます。また、供託請求権を有するのは、全額の譲受人に限られています。供託金をめぐる法律関係の複雑化を避ける趣旨です。

　供託請求により供託がされたときの債務者による譲渡人の破産管財人および譲受人への通知義務や、譲受人のみが還付請求権を有することは、供託についての規律と同様です（改正法466条の3後段による466条の2第2項・3項の準用）。これにより、債権の譲受人は破産手続外で（つまり、破産管財人を通じないで）債権の満足を受けることができます。供託請求があると、債務者は破産管財人に対しては弁済することができません。つまり、破産管財人に対する弁済等をもって譲受人に対抗できないことになります。債務者が供託請求に応じないときは、民事執行法157条4項（取立訴訟）と同じ方法で訴訟提起が可能であると説明されています[4]。また、供託請求がされた場合の債務者の抗弁や相殺について、調整が図られています（対抗要件具備時が、供託の請求を受けた時に読み替えられる。改正法468条2項、469条3項）。

　譲受人としては、供託請求をしないこともできます。このときは、債務者はなお、譲渡人──その財産管理権は破産管財人の専権となるから、破産管財人──に対し弁済等をすることができます。破産管財人による受領は、取立委任契約が続いているなら──委任ですから破産によって終了しない特約があるときです──契約上の義務の履行──おそらく有償でしょうからそうなると双方未履行双務契約の履行選択となると思われます（破53条1項）──として、譲受人にそれを引き渡す義務を負い、また、取立委任契約が終了し

4）潮見・概要136頁。

ているときは、他人の債権を回収したことになるから、事務管理ないし不当利得によって、いずれの場合も、譲受人は財団債権者としての権利行使が可能となります（破148条1項7号・5号）。前者の取立委任契約に基づく引渡しであるときは、破産管財人はそれに対する報酬等の請求ができますし、また、後者の場合にも、交渉の余地は生じてくることになるでしょう。供託請求をするか否かは譲受人の選択にかかりますので、回収コスト、交渉コストを考えて譲受人が選択することになるでしょう。

　供託請求権の事由は破産手続の開始のみであり、民事再生や会社更生の開始の場合には、供託請求権は認められていません。これらの場合、基本的には、取立委任契約があれば契約に基づき、また、そうでないときも事務管理や不当利得に基づき、いずれの場合も共益債権者としての権利行使となります[5]。このような扱いを踏まえて、言い換えれば、債務者が履行拒絶権を行使し、譲受人に対する履行を拒絶して譲渡人（またはその管理人）に履行をしても、譲受人は、譲渡人を通じて債権の回収を図るわけであり、それは、譲渡人について法的倒産手続が開始された場合でも変わりがないところ、民事再生手続や会社更生手続の場合と異なり、破産手続の場合には財団債権さえも全額弁済が行われるとは限らないため、特に破産手続が開始されたときは、譲受人に供託請求権という選択肢を認め、その保護を図っていることになります。

⑤　差押えとの関係

　譲渡制限特約については差押えとの関係での規律も明文化されています。

---

[5] 潮見・概要136頁。

I　債権譲渡

㋐　譲渡人の債権者による差押え

　まず、譲渡制限の対象として差押え・ひいては転付命令には及ばない——差押債権者の善意・悪意を問わず、差押債権者には特約を対抗できず、したがって、その主観にかかわらず、当該債権を差し押さえ、かつ転付命令によって移転することができる——というのが確立した判例です（最判昭和45・4・10民集24巻4号240頁）。改正法466条の4第1項、預貯金債権についての466条の5第2項はこの点を明文化しています。

　なお、現行法下、物権効を前提としますと、特約についての悪意者が譲渡を受け、第三者対抗要件を具備した後に、当該債権が差し押さえられたときは、先の譲渡は無効であり、差押えが効力を持つことになります。さらにその後に債務者が承諾した場合には譲渡契約時に遡って治癒されるところ、民法116条の法意から、第三者の権利を害することができず、この間の差押債権者の権利を害することはできないというのが判例です（最判平成9・6・5民集51巻5号2053頁）。預貯金債権以外の一般の債権の場合については、譲受人悪意の場合にも譲渡は有効ですので、第三者対抗要件を具備している以上、その後の差押債権者に対しても効力を主張できることになります。物権効の否定によって、差押債権者の地位は、現行法から変わる部分があります。

　規定上、「強制執行をした差押債権者」となっており、たとえば、担保権の実行として差押えをするという場合は「強制執行」ではなく、これに該当しません。約定担保権——質権ですが——の場合は、その設定自体が、譲渡制限の対象に含まれうるので（改正法466条3項の「その他の第三者」）、譲渡制限特約の効力が及ばない差押債権者に入らないのですが、法定担保権である先取特権の場合に、それに基づく差押えは、強制執行の場合と同様に解されてよい

と思われます[6]。それに準ずる者として拡張して解釈するか、類推適用の余地があるでしょう。

(イ) 譲受人の債権者による差押え

一方、差押えについては、このような譲渡人の債権者による差押えのほか、譲受人の債権者による差押えがあります。差押えがあったときに差押債権者に特約を主張できないという効果はあくまで譲渡人の債権者による差押えに関するものであり、譲受人が悪意であって、債務者が譲受人に対しては履行拒絶ができるときは、譲受人の債権者は譲受人の地位を基礎とするものであるため、譲受人の債権者による差押え・強制執行に対しては、債務者は、履行拒絶、譲渡人への弁済等による債務消滅の対抗ができるとされています（改正法466条の4第2項）。転々譲渡の譲受人の場合や、譲受人が善意でその差押債権者が悪意の場合などは、現行法下でも判決がありますが、解釈問題です。

なお、預貯金債権の場合は物権効なので、譲受人悪意のときは債権譲渡の効力自体が生じませんから、譲受人の債権者が差押えをしても、執行債務者以外の者の財産を差し押さえたことになり、状況は異なります。預貯金債権の場合に改正法466条の4第2項に対応する規定が置かれていないのは、そのため、つまり、執行債務者が有する債権でない債権を差し押さえた場合の一般の規律によるためでしょう。一般には第三者異議による強制執行不許の場面ですが、第三債務者は異議権者に該当しないと解されますので、結局、譲渡無効を主張して、取立権限を否定・履行請求に対し拒絶するものと思われます。

---

[6] 潮見・概要137頁。

Ⅰ 債権譲渡

⑥ 債務者の承諾

このほか、譲渡の制限が外れる場合として、債務者の承諾があった場合がありますが、これ自体は当然のこととして、明文化されていません。物権効の場合には遡及的に治癒され譲渡契約時から有効となるわけですが、履行拒絶権であれば債務者の承諾は、履行拒絶権の放棄や不行使を意味することになるでしょう。

⑦ 債権譲渡による資金調達への影響

現行法下の債権譲渡禁止特約、特に物権効という解釈については、債権を譲渡することで資金調達を図るという観点から、その制約となることが指摘され、見直しの要請の一因となっていました。では、以上のような見直しによって、従来の譲渡禁止特約付きの債権——改正法下では譲渡制限特約付きの債権——でも譲渡をし、資金調達を図りやすくなったでしょうか。特約付きの債権で特約の存在について悪意であっても、譲渡は有効となりますし、譲受人の地位に配慮した規定が設けられていますので、ある程度は、イエスと言えるでしょう。また、事実上、特約の内容自体を見直す契機ともなりますし、債務者に承諾を働きかける契機ともなりうるのではないでしょうか。しかし、万全かと言えば、譲渡をしない（あるいは債務者の承諾を必要とする）旨の特約がされ、それに反した譲渡が契約上の義務違反であるとして、契約を解除される可能性や、当該契約について解除は認められないときも、次の契約を締結しないという可能性があり、債権を発生させる原因たる契約やその機会が失われる可能性は、改正法の規律によっても封じられません。特約の定め方や内容次第ではありますが、債務不履行（特約違反）とならないと考えるのは難しいと思います。

その場合も、債務不履行を理由とする解除については、軽微な不

履行であって契約目的不達成に至らないと解することができ、そもそも解除権が不発生だと考えられます。

　約定解除権の場合には、解除権の行使が権利濫用や信義則違背と評価されることもありうるでしょう。特約の趣旨次第ではありますが、債務者の利益保護の点で不都合がないときは、たとえば、承諾しないことが権利濫用とされることもあると考えられますし、そのような事情のあるときは、解除権行使が権利濫用と評価されることもあるでしょう。改正法のもとで債務者の利益への配慮が十分に図られているとすると、それを超えて譲渡人の不利益をもたらすことは過剰であって、合理的な理由や特別な事情がない限り、基本的に権利濫用という評価につながるといった考え方も展開しうるように思われます。

　新たな契約をしないことについては、継続的取引の解消についての信義則が働きます。譲渡制限特約付きの債権を譲渡したという約定違反を理由とすることには、信義則上の制限は働かないということになるのかどうかです。結局は、約定の（趣旨の）解釈が左右するように思われますが、債務者の利益保護としては、改正法が用意したところで対応が図られているから、信義則についての考慮要素としても、この点の約定違反は重視されないと考えられるのではないでしょうか。

　概して言えば、譲渡制限特約に反して譲渡がされ、特約違反だとされる場合においても、債務者の地位がそれなりに、あるいは相当に保護されていることからすると、当該特約の合理性が現行法よりも減じられ、また、さらには特約違反による解除の不当性が増すことにはなると思います。ただ、権利濫用や信義則といった一般条項に依拠するために、不透明さは免れないでしょう。

3 将来債権譲渡

(1) 総　　論

　将来の債権の譲渡自体は、対抗要件具備を含め、大審院判決以来認められていますが（大判昭和9・12・28民集13巻2261頁）、その活況の基礎を作ったのは平成11年判決（最判平成11・1・29民集53巻1号151頁）であり、将来債権譲渡の法律関係が以降の一連の最高裁判決を通じて明らかにされています[7]。すなわち、一連の最高裁判決を通じて、将来債権譲渡も有効であり、その発生の基礎の蓋然性を欠くことによって譲渡が無効とはならないこと、指名債権譲渡の対抗要件の方法によって対抗要件を具備できること、債権譲渡によって譲受人は確定的に権利を取得し、さらなる譲渡人の行為を要しないことなどが、明らかにされてきました。

　将来債権譲渡については、平成11年判決の解釈として、およそ発生の可能性が非常に低い場合も当事者の合意にすべて委ねられるのかという問題があることが指摘されていたり、また、将来債権譲渡のメカニズム（何が譲渡され、何について対抗要件が備えられているのか）、将来債権譲渡の効力範囲としての公序良俗の具体的規律が論じられてきました。また、譲渡人の倒産の場合の効力範囲、不動産賃料の場合の目的不動産の所有権が移転したときの効力範囲、将来債権譲渡担保の扱いなどが論じられてきました。

---

7) 最判平成12・4・21民集54巻4号1562頁、最判平成13・11・22民集55巻6号1056頁、最判平成13・11・27民集55巻6号1090頁、譲渡担保に関し最判平成19・2・15民集61巻1号243頁等。

第 8 章　債権譲渡

　将来債権の譲渡や譲渡担保の隆盛は、これらの議論の重要性を高めており、民法の分野を超えて倒産手続における処遇などの問題や立法課題も論じられています。

　改正法は、これらすべてに解決を示すこととはせず、その基本を明らかにする規定を設けるとともに、具体的な問題としては債権譲渡制限特約について規律を置いています。

(2)　改正の概要

①　基本の法律関係の明文化

　改正法は、将来債権譲渡ができること（改正法466条の6第1項）、債権譲渡の対抗要件の方法によって対抗要件を具備できること（改正法467条1項かっこ書）、将来債権譲渡によって譲受人は、発生した債権を当然に取得すること（改正法466条の6第2項）を明らかにしています。これらは、いずれも、判例の明文化です。

　判例が言及していた公序良俗による限界づけ、判例をめぐって論じられていた、債権取得の時期や、譲渡人を経由するのかどうかといった移転のメカニズムは、解釈に委ねられています。

②　債権譲渡制限特約との関係

　具体的な問題として、譲渡制限特約との関係があります。すなわち、将来債権の譲渡がされた後に、対象となる債権について譲渡制限特約がなされたとき――それは当該債権を発生させる契約をする時点において合意されることが多いでしょう――譲渡制限特約に関する規律がどう及ぶのか、あるいは及ばないのかという問題です。

　これについては、改正法は次のような規律を設けています（改正法466条の6第3項）。すなわち、債務者に対する通知または承諾の時点つまり債務者の認識のための措置の時点（対抗要件具備時と略

称される）までに譲渡制限の意思表示がされたときは、譲受人等は悪意とみなされます。この反面において、それより後に譲渡制限の意思表示がされたときは、譲受人等は善意と扱われます。

　将来債権譲渡と譲渡制限特約については、債権譲渡契約の段階で、対象債権を発生させる契約がされておらず、まして、譲渡制限特約もされていないところ、後に（対象債権を発生させる契約がされるにあたり）譲渡制限の特約がされる場合が、議論となる代表的な場合です。このとき、将来債権譲渡契約の時点において、譲受人は、まだされていない譲渡制限特約について悪意ではありえないし、その重過失の有無を語りえない状態にあります。このときの規律については、現行法上、かなり解釈が分かれていました。

　改正法は、これにつき、債務者に対して通知または債務者の承諾があった時と譲渡制限特約の先後によって、規律を変えるという立場をとっています。債務者としては、対抗要件具備（自らへの通知または自らの承諾）がされたときは、債権譲渡を認識しているべきであってその後に債権譲渡制限特約をしても譲渡制限特約の効果を期待すべきではないが、対抗要件具備より前であれば債権譲渡制限特約の効果を（フルに）期待できる、という切り分けです。

　改正法466条の6第3項による悪意擬制は、条文の文言上は、将来債権譲渡時にすでに譲渡制限特約がされている場合——たとえば、基本契約がされており、その中に譲渡制限特約が定められている場合が考えられます——を排除していませんが、規定の趣旨は、将来債権譲渡契約時には、債権が現に存せず、その譲渡制限特約も存しないために善意・悪意の対象が存在しないために、善意・悪意を基準とすることが困難であるという事情に対応する点にありますので、将来債権譲渡契約時に認識対象たる譲渡制限特約が存在するときは同項の射程外であり、悪意擬制なしに、改正法466条3項や

466条の5第1項が適用されることになると解されます。

改正法466条の6第3項の規律は債権の種類を限定していません。つまり、預貯金債権についても同様であることに留意が必要です（改正法466条の6第3項かっこ書）。将来の預貯金債権を対象に譲渡をし、対抗要件具備後に預貯金について口座を新規開設し、譲渡制限特約が付されるというような場合には、特約による譲渡制限を対抗できないことを前提に行動すべきことになります。それを理由に口座の開設や預金の受入れを拒絶できるかといったことが問題となるでしょう。おそらく、将来の預貯金債権の譲渡について通知がされた場合には、その後は、譲渡対象範囲の新たな口座の開設には（無条件では）応じないといった対応が考えられます。また、口座の開設ではなく、預金の預入れの場合、預入れごとに預貯金債権が新しく成立する場合は、口座によって管理されているのであれば、口座契約の中での譲渡制限の特約が、その後発生する預貯金債権についても当然に及ぶことになると思われますが、これは基本契約中に譲渡制限特約が置かれている場合のイメージです。

(3) 将来債権譲渡をなしうる範囲（見送り）

将来債権譲渡について実際上も関心の高い問題の1つが、将来債権譲渡をどの範囲でできるのかです。平成11年判決の判示を元とした公序良俗違反とされる外延の明確化、譲渡人の倒産の場合の効力、事業や事業用財産の譲渡の場合の効力、賃貸目的不動産の所有権が移転した場合の効力などの問題が論じられました。中間試案では、主体をまたがる場合の効力範囲について提案がされ、また、不動産賃料債権の場合について注記がされていました[8]。その後の

---

8) 中間試案「第18　債権譲渡」「4　将来債権譲渡」(4)及び（注2）。

検討の結果、考え方がなお相当に分かれる中、成案の見通しなしとして見送られています9)。

4 債務者の抗弁
――異議をとどめない承諾、相殺

(1) 総　論

　債権譲渡の3つ目の項目が債務者の抗弁です。その中心は、異議をとどめない承諾の廃止と、相殺についての規定の新設です。
　このほかの改正としては、債務者の抗弁については、通知を基準とした規律が現行468条2項にあるのですが、改正法では、これを通知だけでなく承諾を含めて、対抗要件具備一般に広げています（改正法468条1項、「対抗要件具備時」の定義につき、改正法466条の6第3項）。

(2) 異議をとどめない承諾の廃止

　承諾については、債務者が異議をとどめないで承諾をしたときは譲渡人に対抗できた事由を譲受人に対抗できなくなるという異議をとどめない承諾の制度（現行468条1項）を廃止しています。従前、その性格については議論があり、債権の譲渡を認識したという旨の通知のみで、抗弁の喪失という重大な効果が広汎に生じることに対して、疑義が呈されていました。加えて、現実にも、「異議をとど

---

9) 部会資料74A「第1　債権譲渡」「2　将来債権譲渡」（説明）4、同81B「第2債権譲渡（将来債権譲渡）」、同82－2「第19　債権譲渡」「2　将来債権譲渡」「(1)将来債権の譲渡性とその効力の限界」参照。

めず承諾します」という一札で抗弁を失わせている状況があって問題視されてきました——異議をとどめず承諾したという債務者の行為に帰責性を求めるには、帰責性ありとできるだけの行為になっていないのではないかという懸念と言ってもよいでしょう。異議をとどめない承諾による抗弁の喪失・切断の制度の廃止は、このような現行法下の問題意識を受けたものです。

　元来、抗弁の放棄はできるのであって、それに一元化すべきであるという考慮によっています。したがって、改正法のもとでは、異議をとどめない承諾が担っていた機能は、抗弁の放棄として構成されるべきことになり、この効果を狙うならば、それに即した文言での意思表示を要することになります。

　異議をとどめない承諾は、譲受人の信頼の保護（ただし、制度の構成上は、債権譲渡を受けた後に異議をとどめない承諾がされるのであり、そのような承諾を信頼して譲渡を受けるというものではない）の制度であって、譲受人は善意でなければならず、また、近時の最高裁判決は無過失も必要であることを明らかにしています（最判平成27・6・1民集69巻4号672頁）。これに対し、改正法のもとでは、表明に対する信頼という要素はなくなります。抗弁の放棄の意思表示である以上は、相手方（譲受人）の善意（無過失）などは問題とならないと考えられます。

　担保の処遇なども問題となります。弁済により債務が消滅しているにもかかわらず、異議をとどめずに承諾がされたときは、債務者は譲受人に対し、弁済による債務消滅を対抗できないのみならず、債務者所有不動産に設定されていた抵当権についてその消滅を主張できず、いわば抵当権が復活するとされています。抵当権の消滅の登記がされていないときは、その登記がそのまま使える（一種の流用）ことになります。これに対し、第三取得者や物上保証人、後順

位抵当権者については、一旦債務消滅による利益を得ている以上、それを奪うことはできないとされ、抵当権は復活しないとされています。こういった、債権（被担保債権）の復活、担保権の復活が、抗弁放棄構成となったときに妥当するのかが問題になります。抗弁の放棄により、債務の消滅や抵当権の消滅を主張しないという効果がもたらされるのであれば、債務者については同様の効果がもたらされ、第三者の抗弁まで債務者が放棄することはできないのだから、第三者には効果が及ばないと考えられ、そうだとすると、結論は同じになりそうです。もっとも、抗弁の放棄という構成の場合、どの抗弁を放棄しているのかについて解釈問題が残るという面はあると思われます。

　改正法のもとで、抗弁の切断や消滅の範囲はどうなるかも問題です。現行法下、異議をとどめない承諾によって対抗できなくなるのは、「譲渡人に対抗することができた事由」であり、この範囲をめぐって、たとえば、請負契約の報酬代金債権が譲渡され、異議をとどめずに承諾がされた場合に、その後に請負人が仕事完成義務を履行せず、注文者（報酬代金の債務者）が契約を解除した場合に、異議をとどめない承諾によって後の契約解除を対抗することが封じられるのかが問題になり、判例は、譲受人が当該債権が、未完成の仕事部分に対する報酬債権であることを知っていたときは、債務者は契約解除を対抗できるとしています（最判昭和42・10・27民集21巻8号2161頁）。

　改正法のもと、抗弁の放棄の意思表示をすることになるとしますと、抗弁の放棄は権利放棄の一種であり、一般に、権利を放棄するには権利を有することを知っている必要があります。したがって、抗弁の放棄についても、基本的には、抗弁を有することを知っている、放棄の対象を自身が有していることを知っている必要があるで

しょう。将来現実化する抗弁についても、放棄すること——その時点で具体化・現実化していない（その意味で存在していない）抗弁についても、具体化・現実化することの利益について放棄をすること——は可能だと考えられますが、そのような部分を含めて放棄する意思であると解されることが必要ですし、そのためにはそういった利益を持っていることを認識していることが必要でしょう。少なくとも、後遺症と示談についてのように、その時点で予期していなかったもの（あるいは予期できなかったもの）には、放棄は及ばないと考えられます。どこまでの抗弁が放棄されているのかは、その意思表示の解釈の問題になります。請負の先の事例ですと、将来の債務不履行解除の場合まで放棄する意思と言えるのかが問われることになります。このように考えてきますと、「（どのような抗弁があろうと）一切の抗弁を放棄します」という一札のみで字義通りの効果を生ずるに足りるかは、疑問です。

(3) 債権譲渡と相殺

① 抗弁の対抗という枠組み、無制限説の採用

債権譲渡がされたときに、債務者が、譲受人に対しどこまでをもって相殺を対抗できるかは、抗弁の対抗の問題と考えられ、差押えと相殺（現行・改正法511条）との対比で論じられてきました。

改正法は、この問題について明文化し、対抗要件具備時を基準とした抗弁の対抗の規律の枠組みを維持し、対抗要件具備時までに、自働債権を取得していれば、相殺ができるとしています（改正法469条）。いわゆる無制限説の採用です。無制限説の採用に関して、差押えと相殺の規定では(i)「差押え後に取得した債権による相殺をもって対抗することはできない」旨の現行法の規定に、(ii)「差押え前に取得した債権による相殺をもって対抗することができる」旨が

付記されている（改正法 511 条 1 項）のに対し、債権譲渡と相殺の規定では、(i)に相当する部分はなく、(ii)に相当する部分のみの規定となっており（改正法 469 条 1 項）、両者で規定の表現が違っていますが、これは、債権譲渡の場合には、譲受人との間には債権債務の対立がなく、本来は、譲渡人に対する債権により譲受人に対する債務との間で相殺はできないことから、相殺ができる場合のみを定めれば足りるためです。

② 前の原因に基づいて生じた債権

また、改正法は、対抗要件具備時までに取得した自働債権ではなくとも、対抗要件具備より前の原因に基づいて生じた債権（対抗要件具備後に取得した債権）であるときは、相殺ができるとしています（改正法 469 条 2 項 1 号）。差押えと相殺についても、自働債権の取得の基礎について、同様の拡張がされており（改正法 511 条 2 項）、これと並んだ規律と言えます。

「原因」は、契約に限りませんし、また、契約の場合も相殺の対象となる両債権が同一の契約によるものにも限りません。

前の原因に基づく債権の発生については、解釈上の問題があり、破産法（倒産法）の議論（相殺禁止の規定や破産債権の定義）との関係も問題になります。基準時（差押えの場合は差押えの時点、債権譲渡の場合は対抗要件具備の時点）より前に契約がされており、その契約に基づいて債権が基準時より後に現実化した場合として、委託を受けた保証人の事後求償権や手形の買戻しの例などが、代表例として想定されていました。無委託保証の場合の事後求償権の扱いなど、破産法（倒産法）の議論があります。また、ほかに、賃貸借の場合の必要費・有益費などの問題もあります。一例として、請負契約において、瑕疵が発見されたときに、注文者（差押えの第三債務

者、債権譲渡の債務者）が損害賠償債権によって相殺する場合、「前の原因」としては、請負契約があればよいのか、それとも、目的物の引渡しまで必要なのか、瑕疵が発見されたことが必要なのか、いつの時点で前の原因を備えたことになるのかという問題があります。これらを含め、「前の原因」をめぐる話の主領域は、相殺と差押えの箇所（第9章Ⅱ3参照）ですので、その議論がここにも反映することになるでしょう。

③ 同一契約に基づいて生じた債権
㋐ 同一契約に基づいて生じた債権間の相殺

さらに、改正法は、発生原因において同一の契約から生ずる債権については、対抗要件具備より前の原因に基づくものではなくとも、自働債権とし、相殺ができるとしています（改正法469条2項2号）。相殺の対象となる両債権についての関係に着目した相殺の拡張です。

すでに契約が対抗要件具備前に存在するときは、前の原因ということになるから、この規定が発動するのは、それ以外の場合で、対抗要件具備前に債権発生原因たる契約さえなかった場合であり、将来債権譲渡の場面と考えられます。

このように相殺の範囲が拡張されているのは、将来債権譲渡が、平時の財産処分、資金調達手法であって、それによっても（つまり対抗要件具備後——債務者が将来債権譲渡についての事実を知った後であっても）なお取引が続けられることが想定され、また、そのような取引継続が譲受人の利益でもあると考えられることを反映しています。

たとえば、請負契約において、瑕疵が発見されたときに、注文者（債務者）がそれによる損害賠償債権をもって当該請負契約の報酬

Ⅰ 債権譲渡

(残) 代金債権と相殺する場合、請負契約の締結が (将来債権譲渡についての) 対抗要件具備時より後であったときは、自働債権となる損害賠償債権は「前の原因」に基づいて生じた債権とは言えませんが、相殺の対象となる両債権が同一契約から生じた債権ですので、注文者は、改正法469条2項2号により、相殺ができることになります。

(イ) 「発生原因である契約」の意義・範囲

「同一の契約」の範囲がどのようなものかといった問題があり、たとえば、基本契約がされ、そのもとで個別契約がされるときの解釈などが残っています。複数の請負契約が1つの基本契約のもとでされたときに、ある請負契約から生じた損害賠償債権を別の請負契約の報酬代金債権と相殺することができるかなどが問題となります。「発生原因である契約」という点からすると、個別契約という解釈が素直な解釈だと考えられます。もっとも、単に基本契約とそのもとでの個別契約にとどまらず、一体的に複数の契約をしているような場合にはより問題となるでしょう。たとえば、トータルで10件の請負契約を締結する予定で基本契約が締結され、そのもとで個別契約が各別に締結された場合において、そのうちの1つについて瑕疵が発見されたが、当該目的物の代金は支払い済みであり、他の請負契約の残代金債権があったときに、両者の相殺ができるかです。契約の個数なども絡みますが、「発生原因である契約」という条文の解釈として、個々の請負契約であると解する限りは、改正法469条2項2号による相殺は無理であり、当事者が、複数の請負契約を一体的なものとして、それらから生ずる債権債務間で相殺による処理するためには、合意によることになる (その第三者への対抗の問題となる) でしょう。

第8章　債権譲渡

(ウ)　将来債権差押えの場合

　このような規律は債権譲渡についてのみ置かれ、差押えについては置かれていません。将来債権差押えの場合に同様の規律はおかれていないことをどうみるかも問題になります。改正法469条2項2号のような規律は、その想定される場面が将来債権譲渡であり、平時の資金調達の場合であって、取引の継続が想定され、また、それを支えるために相殺の保障を一定範囲で行うものであるのに対し、差押えの場合には、差押えを受ける債務者（受働債権の債権者）の資力悪化が懸念される場合であり、第三債務者（受働債権の債務者、自働債権の債権者）としては、取引を継続することが期待されたり、それを支えるために相殺の保障をする必要のない場面であるという考え方に依拠した区別です。しかし、将来債権差押えもありうる中、差押えが債務者の資力悪化の場面とは限らないこと、その後の取引の継続の余地もありうることからすれば、将来債権譲渡についてと同様の考慮が妥当してよいように思われます。もっとも、類推適用といった構成が考えられなくはないのですが、あえて区別をして差押えについては469条2項2号に相応する規定は置かれなかったこと、差押債権者との調整という問題の性質等からすると、規定がない以上は、差押えの場合に同様の規律を及すことは解釈論としては無理ではないかと思います。いずれにしても、差押えと相殺について論じられる問題です（第9章Ⅱ3参照）。

債務引受

1 総論

　ある債務と同一の内容の債務を引き受ける債務引受については、現行法下では元々規定がなく、根抵当権の箇所で「債務の引受け」に言及する規定があるのみです（現行398条の7）。合意によって債務引受をなしうること、併存的債務引受——重畳的債務引受とも言われていました——と免責的債務引受の二種があることは、解釈上、認められてきました。改正法では、債務の引受けについて、併存的債務引受と免責的債務引受に分けて、基本的な法律関係につき規定が新設されています（改正法470条～472条の4）。

　なお、債務引受を債務の移転と考えるのか、それとも同一内容の債務の第三者による負担（債務の引受け）と考えるのかによって、併存的債務引受と免責的債務引受のいずれが基本型であるのか、また、免責的債務引受の法律構成（債務の移転か、引受＋免除か）などが変わりうるのですが、改正法のもとでは、これらの点は、なお解釈ないし理論構成に委ねられていると言えます。

2　併存的債務引受

(1)　要　　件

　併存的債務引受の要件については、誰と誰との契約でなしうるのかについて、債権者と債務者と引受人となる者の三者間の合意でなしうるのは当然として、二者間でも、債権者と引受人となる者との間の契約、債務者と引受人となる者との間の契約でなしうること、また、後者の債務者・引受人間の契約の場合には第三者のためにする契約に関する規律に従うこと、したがって、債権者の受益の意思表示が必要ですが、併存的債務引受の効力は債権者が承諾をした時に生じること、また、その承諾は引受人に対する承諾であることが明らかにされています（改正法470条2項〜4項）。効力発生の時点は、改正法471条による抗弁を画する時期としても重要です。

　債権者と引受人との間の契約によるときは、債務者の承諾などは要求されていません。また、債務者の意思に反するときはできないなどの規定もありません。これは、現行法下の判例（大判大正15・3・25民集5巻219頁）である、債権者と引受人となる者との間の契約により、債務者の意思に反する場合でも併存的債務引受はできるという考え方を採用するものです[10]。

(2)　効　　果

　併存的債務引受においては、債務者と引受人という債務者複数の場面となりますが、そのときの法律関係は、連帯債務となることが

---

[10] 潮見・概要148頁。

明らかにされています（改正法470条1項）。したがって、その法律関係は連帯債務の規定によります。現行法下の判例では、特段の事情のない限り連帯債務としていますが（最判昭和41・12・20民集20巻10号2139頁）、改正法では、連帯債務の規定については、債務者間に協働関係などがない場合、従来、不真正連帯債務や全部義務と呼ばれた関係も取り込むかたちで規律されており、そのような連帯債務の規定が前提となっています。

(3) 保証との関係

併存的債務引受と保証とは、近接した制度です。中間試案では、併存的債務引受が保証を主目的とする場合——そのような場合としては、引受人が債務者の負う債務を保証することを主目的とする場合と、債務者が引受人の負うことになる債務を保証することを主目的とする場合の両方があります——保証の規定のうち、保証人の保護に関わるものを準用する旨の規定を設けるという考え方が注記されていました（中間試案「第20　債務引受」「1　併存的債務引受」（注））。保証人の保護を目的とした各種の規定を潜脱するために併存的債務引受が利用されることへの危惧などを背景にしたものです。しかし、具体的な規定のあり方については様々な考え方があり、またこの場合にのみ規定を置くことの理由や要否についても両論があり、規定化は見送られています[11]。

債権者と引受人となる者の間の契約によってなされる債務引受が実質において保証である場合には、保証規定の潜脱を防止する観点からも、また、当事者の意思解釈としても、当事者が用いた文言等にかかわらず、性質決定として保証債務と判断され、そのときは、

---

[11] 部会資料67A「第3　債務引受」「1　併存的債務引受」（説明）6参照。

保証の規定が適用されることになります[12]。実質的に保証であるのかどうかは、債務引受契約の目的・趣旨によるでしょうが、両債務の間の主従の関係の有無、両債務者の負担割合、引受人となる者（事情により保証人と性質決定される者）による債務負担の背景となる事情などが考慮されるものと思われます。保証として保証規定が適用されうるというのは、当事者が債務引受と表現している以上は、基本的には債務引受であり、連帯債務関係となりますが、債務引受という表現であるにもかかわらず保証目的であるという判断がされるときは、保証と性質決定されることがあるということです。

そのように保証という性質決定がされるのではなく、あくまで併存的債務引受であるが、主目的が保証である、あるいは、実質は保証であるという場合に、個別の保証の条文を準用ないし類推適用することが考えられるのかは、むしろ、実質が保証であるというより、各規定の趣旨から、併存的債務引受にも準用ないし類推適用されるべき規律かどうかを考えていくという各規定の解釈問題になると思われます。

(4) 引受人の抗弁等

① 債務者が主張できた事由

引受人は、債務者が債権者に対して負担する債務と同一の内容の債務を負担するわけですが（改正法470条1項）、引受人の抗弁等について、引受人は、併存的債務引受の効力の発生時に、債務者が主張することができた抗弁をもって、債権者に対抗することができま

---

[12] 潮見・概要147頁（引受人が債務者の負う債務を保証することを主たる目的とする場合と、債務者が引受人の負う債務を保証することを主たる目的とする場合については、保証債務の規律によって処理するのが適切である、とする）参照。

す（改正法471条1項）。併存的債務引受の効力発生時は、債権者・引受人間の契約のときはその効力発生時（改正法470条2項参照）、債務者・引受人間の契約のときは債権者の引受人に対する承諾時（同条3項後段）です。

「債務者が主張することができた抗弁」（改正法471条1項）の範囲については、基準時点で原因が生じていたが、具体化はその後であったものなどの扱いがどうなるのか問題になりえます。債権譲渡と比較すると、基準となる時点までに「譲渡人に対して生じた事由」（改正法468条1項）、現行法の異議をとどめない承諾については「譲渡人に対抗することができた事由」（現行468条1項）となっており、後者については、請負契約が解除された場合についての昭和42年判決（最判昭和42・10・27民集21巻8号2161頁）なども参考になるように思います。また、債務者が解除権（や取消権）を有するときは、解除（や取消し）の有無が決するまで、引受人は履行拒絶ができるのですが（改正法471条2項）、この規律は、併存的債務引受の効力の発生後に、債務者が債務負担の原因となる契約を解除したとき（や取り消したとき）は引受人は債権者にそれを対抗できることを前提としていると解されますし、さらに、履行拒絶のできる債務者の解除権は併存的債務引受の効力発生後に現実化したものも含むと解されます。

なお、引受人自身が、債権者に対して有する抗弁を債権者に対抗できるのは当然です。併存的債務引受契約に基づいて有する抗弁については、併存的債務引受が債権者と引受人との間の契約でされたときは、契約当事者たる債権者に主張できるのは当然ですし、債務者と引受人との間の契約でされたときは、第三者のためにする契約の規律により（改正法470条4項、539条）、受益者たる債権者に対抗できます。

② 取消権・解除権

また、引受人は、債務者が、債権者に対して取消権や解除権を有するときは、これらの権利の行使によって債務者がその債務を免れるべき限度において、履行拒絶権を持ちます（改正法471条2項）。ここでの取消権や解除権は、債務者が債務を負担する原因となった契約の取消権や解除権であり、引受人はその当事者ではないのですが、債務者の負担する債務を引き受けるという併存的債務引受の性質から、取消しや解除がされると、それにより債務者が負担しないことになる債務については、引受人も負担しないことが想定されており、そのような状態の可能性がある浮動的な段階では、履行拒絶権が与えられます。保証の場合の主債務者が取消権や解除権を有する場合の保証人の履行拒絶権（改正法457条3項）と同趣旨と言えるでしょう。保証と比較しますと、相殺権がありませんが、相殺権については連帯債務の規律によることになります。連帯債務の場合には、負担部分の限度においてとなっていますので（改正法439条2項）、取消権や解除権とは履行拒絶できる範囲が異なる可能性があります。また、連帯債務の規定による場合には、引受人が相殺権を有するときに、債務者が債権者に対する履行を拒絶するという場面も出てくることになるでしょう。ここには、併存的債務引受における影響関係における「負担部分」をどう解するのかという問題があります。

なお、引受人自身が、併存的債務引受契約について取消権や解除権を有する場合、債権者と引受人との間の契約で併存的債務引受がされたときに、引受契約の取消権や解除権を行使して、それを契約当事者である債権者に対抗できるのは当然です。また、債務者と引受人との間の契約で併存的債務引受がされたときは、第三者のためにする契約の規定が及びますので（改正法470条4項）、その規定

Ⅱ　債務引受

（改正法538条、539条）の解釈の問題となります。

3　免責的債務引受

(1)　要　　件

　免責的債務引受についても、その要件として、三者間の合意でなしうるのは当然として、二者間でも、債権者と引受人となる者との間の契約、債務者と引受人となる者との間の契約でなしうること、前者にあっては、債権者が債務者に対してその契約をした旨（つまり引受人による同一内容債務の負担および債務者の債務の免責を内容とする契約をした旨）を通知した時に効力が生じること、後者にあっては、債権者が引受人となる者に対して承諾をすることが必要であること（二当事者の契約＋債権債務の相手方たる債権者の承諾という構成）が明らかにされています（改正法472条）。

　債権者と引受人との間の契約については、現行法下、債務者の意思に反する場合の扱いが論じられ、第三者弁済（現行474条2項）や債務者の交替による更改（現行514条ただし書）の規律から、債務者の意思に反する免責的債務引受はできないというのが判例です（大判大正10・5・9民録27輯899頁等）。しかし、これに対しては、債務免除が債権者の一方的意思表示でできることなどから反対する見解も有力でした。改正法は、判例の立場を改めるものです。債務者の意思に反して債務者の免責や離脱をもたらしうるかに関しての態度決定の違いであり、第三者弁済や債務者の交替による更改の規律もそれぞれ改正があります。第三者弁済については、正当な利益を有しない第三者による弁済は、債務者の意思に反してできないという規律が維持されていますが、債権者が債務者の意思に反するこ

とを知らなかったときは除外されており（改正法474条2項）、債務者の交代による更改については、現行514条ただし書は削除されて、債務者の意思に反しても可能であるという規律となっており、免責的債務引受と平仄がとられています（改正法514条1項）。

　債務者と引受人となる者との間の契約で免責的債務引受をなしうるが、債権者の承諾が必要であるというのは、現行法下の通説的見解ですが、承諾の相手方を明示したこと、また、承諾によって免責的債務引受の効力発生時を承諾の時としたことが、現行法との関係では要点です。特に、後者の効力発生時期については、現行法下では、現行（改正法も同じ）113条・116条の類推適用などの法律構成により、遡及効を認める見解が有力でしたが、遡及効を認めるまでの必要性はない等の理由から、有力説の立場は採用されていません[13]。この結果、債務者と引受人となる者との間の契約がされた後、債権者による承諾がある前に、債務者に対する債権につき差押えがされたなどの「第三者」が登場したような場合、現行法下の有力説では民法116条ただし書の類推適用により第三者が保護されるのに対して、改正法のもとでは、そのような類推適用によるまでもなく、第三者は保護されることになります[14]。

　債務者と引受人となる者の間で免責的債務引受の合意がされたものの、債権者の承諾――引受人に対してする必要があります――が得られなかったとき、免責的債務引受の効果が生じないのはもちろんですが、では、債権者が併存的債務引受なら承諾する旨を通知したとき、併存的債務引受として効力を有しうるかは、債務者の免責

---

[13] 中間試案補足説明「第20　債務引受」「2　免責的債務引受」（補足説明）2参照。
[14] 潮見・概要151頁。

が得られなくても引受人となる者は債務を引き受ける趣旨の契約であったのかという債務者と引受人との間の合意の解釈の問題となります[15]。

(2) 効　果

　免責的債務引受の効果は、引受人の債務負担と債務者の免責です（改正法472条1項）。

　引受人の抗弁等については、併存的債務引受の場合と同様の規定が置かれています（改正法472条の2）。

　一方、相殺権については、併存的債務引受の場合には、連帯債務の規定の適用により、債務者が相殺の意思表示をするかどうか未定の間は、引受人は履行拒絶権を有すること（その逆の場面もありうる）が導かれていたのですが、免責的債務引受の場合には、そのような規定はありません。債務者の債務――債務者が相殺をするとすれば受働債権――は免責されて消滅していますので、それとの相殺について相殺の機会保障をする必要がないという考え方によるものでしょう。

　免責的債務引受の場合、引受人は、債務者に対して求償権を取得しません（改正法472条の3）。債務者を免責するというのは、債権者との関係においてにとどまらず、引受人との関係においてもであることが、免責的債務引受の趣旨と考えられるからです。事務管理等の一般法理による求償権も発生しないことが含意されています。同様の規定が、債務者の交替による更改についても置かれています（改正法514条2項）。このことは、引受人と債務者との合意により、対価を得ての引受をすることや、その他の取り決めを封じるもので

---

[15]　潮見・概要150〜151頁。

はありません。また、引受人が債務者の委託を受けた場合には、委託契約上の法律関係として費用の償還等が生じうることが封じられているわけではありません[16]。

このほか、担保の移転についての規律が設けられています（改正法472条の4）。債権者は、あらかじめ、または同時に引受人に対する意思表示によって、担保を移転する——したがって順位が維持されます——ことができます（改正法472条の4第1項・2項）。事後を封じているのは担保の附従性との関係を考慮したものです[17]。債権者に担保移転の可能性を保障するという観点から、あらかじめまたは同時にというのは、免責的債務引受契約の時点ではなく、その効力発生時と解されます。つまり、債務者と引受人との間の契約によるときは、債権者の承諾時が基準となると解されます。

担保の移転には、場面により、他の主体の承諾を要します。引受人がこれを「設定した」場合には不要であり、債権者の一方的意思表示のみでできますが、それ以外の者が当該担保を「設定した」場合にはその者の、担保移転についての承諾が必要です（改正法472条の4第1項ただし書）。「設定した」となっていますが、設定者を問題とするものではなく、担保の負担を負っている者・その時点における担保供与者と解されます[18]。債務者の変更による状況変化にもかかわらず、新債務者（引受人）以外の者がその担保を継続させられることについて、その意思によらずに負担が継続されるべきではないと考えられるからです。したがって、引受人は設定者ではないが第三取得者として担保を負担していた場合には、承諾は不要

---

[16] 潮見・概要152頁。
[17] 潮見・概要154頁。
[18] 潮見・概要153頁（ただし書の「これを設定した」とは「これを供している」という意味であるとする）参照。

と考えられますし、また、引受人以外の者が第三取得者となっているときはその第三取得者の承諾が必要と考えられます。また、引受人以外の者ですから、債務者もこれに該当し、債務者が担保を供していた場合は債務者の承諾が必要です。

　引受人としては、自己の供与する担保の継続を是としないときは、債務引受契約を拒絶することや（債権者との間の契約の場合）、債務引受契約の条件とすること（債務者との間の契約の場合）などの対応が可能です。

　保証についても、同様に、それが引き継がれるためには保証人の承諾が必要ですが、この承諾は、書面でされる必要があります（改正法472条の4第3項〜5項）。保証契約の書面性の要求（446条2項、電磁的記録につき同条3項）と平仄を合わせるものです。

第 8 章　債権譲渡

契約上の地位の移転

　契約上の地位の移転についても、明文化されました（改正法 539 条の 2）。契約上の地位を移転することについて譲渡当事者（譲渡人・譲受人）間の譲渡合意と譲渡当事者でない契約相手方の承諾により、契約上の地位が第三者（譲受人）に移転するという規律です。

　相手方の承諾が要求されていますが、承諾を要しない場合があることまで否定されているわけではありません。不動産賃貸借の目的物の譲渡に伴う賃貸人の地位の移転については、対抗力ある賃貸借の場合は法定の移転が生じますが、譲渡合意も可能であり、その場合には契約相手方たる賃借人の承諾を要しないことが明文化されています（改正法 605 条の 3）。改正法 539 条の 2 の例外を定める規定ということになります。

　なお、契約上の地位の移転の規定の配置として、債権譲渡、債務引受と並べることも考えられましたが、契約の総則に置かれています。

第9章

弁済、相殺

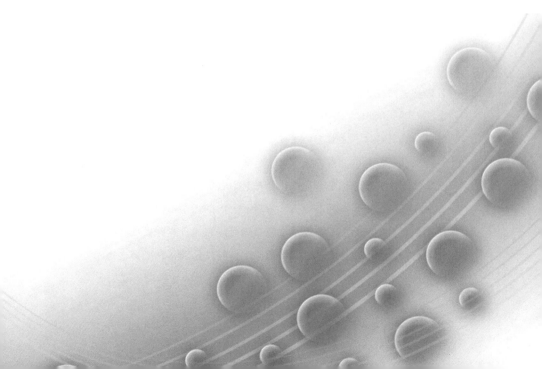

第9章　弁済、相殺

弁　済

1　改正法474条の文言

(1)　「弁済をするについて正当な利益」

　本章では、弁済、相殺について述べることにします。

　弁済については、第三者弁済に関する改正法474条が気になるところですね。2つの項からできていた条文が4項までとなり、文言もいろいろ変わっているように見えます。そこで、以下、検討していきますが、全体としてはたいした改正ではありません。

　まず、現行474条2項は、「利害関係を有しない第三者は、債務者の意思に反して弁済することができない」となっていますが、改正法の同条同項は、「弁済をするについて正当な利益を有する者ではない第三者は」としています。

　しかし、これは文言の整理にすぎません。実は、現行474条2項における「利害関係を有しない第三者」という概念については、現行500条の「正当な利益を有する者」との関係が不明確だと指摘されてきました。そして、違う文言なのだから違う意味になりそうなところですが、結論的には、解釈論上、特に区別されていませんでした。であるならば、統一したほうがよいというので、双方とも

「弁済をするについて正当な利益を有する者」としたわけです。

(2) 債務者の意思は債権者にはわかりにくい

　次に、現行474条2項は、「利害関係を有しない第三者は、債務者の意思に反して弁済をすることはできない。」としていますが、その意味は次のように解されてきました。すなわち、同項の反対解釈として、利害関係を有する第三者は、債務者の意思に反してでも弁済ができる。そして、利害関係を有しない第三者による弁済であっても、それが債務者の意思に反しないときは、当該第三者には弁済権限があり、債権者には受領義務がある。これに対し、債務者の意思に反するときは、当該第三者には弁済権限がないから、債権者がそれを受領しても無効の弁済となり、弁済者に返還しなければならない。こういうわけです。

　しかし、とりわけ、利害関係を有しない第三者による弁済について、債務者の意思に反するか否かは債権者にはわかりにくいことが問題として指摘されてきました。そこで、改正法は、次のような規定を置くことにしています。

　　α　まず、「弁済について正当な利益を有する者である第三者」は、弁済の権限を有します。改正法474条2項本文が適用されないので、同条1項の原則が適用され、弁済をすることができることになるわけです。債権者は、これを拒むことができません。現行法から、この点は変化がありません。

　　β　次に、「弁済について正当な利益を有する者でない第三者」は、改正法474条2項本文で、「債務者の意思に反して弁済をすることができない」とされていますので、債権者が受領しても有効な弁済になりません。

　　γ　問題は、正当な利益のない第三者による弁済が債務者の意思

に反しないときでして、このとき債権者に弁済受領義務を認めますと、債務者の意思に反するか否かを、債権者は自分のリスクで判断しなければならないことになります。これは債権者に酷です。そこで、正当な利益を有しない第三者による弁済については、債権者の弁済受領義務を原則として否定することにしました。「弁済について正当な利益を有する者でない第三者」による弁済は、改正法474条3項本文にいう「前項に規定する第三者」による弁済になりますから、債権者の意思に反することができない、つまり、債権者はその受領を拒むことができるわけです。

　しかし、その第三者が債務者の委託を受けて弁済することを債権者が知っているときは、債権者は受領を拒むことができません（改正法474条3項ただし書）。債務者から弁済委託を受けているだけの第三者は、保証人や物上保証人と違って、「弁済について正当な利益を有する者」にはあたりません。どうしてかと言いますと、保証人は、弁済期を徒過し、債務不履行になりますと、債権者から強制執行を受ける立場にいるのに対して、債務者から弁済委託を受けただけでは、債権者との関係で義務を負うことにならないからです。したがって、債権者に受領義務は原則として生じないのですが、その者が弁済委託を受けたことを債権者が知っているときは、受領義務を負わせても債権者に酷ではないという判断がされているわけですね。

δ　ところが、「弁済について正当な利益を有する者でない第三者」による弁済なのですが、債権者が、その弁済が債務者の意思に反するものであることを知らない場合もあります。たしかに、弁済について正当な利益を有しない者による弁済ですから、債務者の意思に合致していることの確信がもてないときに

I 弁 済

は、債権者は弁済を受領しなければよいのです。γのルールの適用ですね。しかし、やはり受領してしまった債権者は保護に値すると考えられました。そこで、債務者の意思に反することを知らなかった債権者が弁済を受領してしまったときは、そのときは、有効な弁済になる、つまり、債権者はそれを保持できることとされています。改正法474条2項ただし書ですね。

(3) 「正当な利益を有する者」であることは債権者にわかるか

以上によって、明確になり、債権者の保護も図られるようになったような気もしますが、ここには、「正当な利益を有する者」であることは債権者にもわかる、という前提があるように思います。しかし、現行法の解釈として、現行500条の「正当な利益を有する者」には、債務者に対する一般債権者を含むとされています（大決昭和6・12・18民集10巻1231頁など）。もっとも、現行474条2項の「利害関係を有しない第三者」でない者に一般債権者が含まれるかどうかは判例・学説上はっきりしないのですが、いずれにせよ、改正法474条1項の「弁済につき正当な利益を有する者」かどうかが、債権者はわからないことがあるのではないか、と思います。

個人的には、弁済について正当な利益を有することが、債権者から確知できるような者だけを「正当な利益を有する者」と評価することが必要であり、そうしてこそ、改正法474条2項ただし書と平仄が合うと思うのですが、これからの問題になっています[1]。

第9章　弁済、相殺

2　弁済による代位

(1)　判例法理の明文化

弁済による代位についても2つ述べておきます。

まず、改正法502条3項です。これは、一部弁済による代位があった場合における抵当権の実行による配当については、債権者が不利益を受けないように、債権者が優先する、という判例法理（最判昭和60・5・23民集39巻4号940頁）を明文化しただけです。

(2)　代位の付記登記

次に、保証人の第三取得者に対する代位に関する改正法501条2

1）さらに、正当な利益を有する者でない第三者であっても、債権者との間で併存的債務引受をすることによって、正当な利益を有することになるとすると、債務者の意思に反して弁済をすることができることになり、当該第三者が債務者に対して求償権を有することになると、支払先を固定できなくなるが、これは改正法466条3項が、債権譲渡制限特約の効力につき、支払先を固定するという債務者の利益を重視していることと、ポリシーのうえで矛盾があるのではないか、債務者の利益が不当に害されるのではないか、という問題もある。これは、現行法でも存在する問題であり、第三者が債権者との契約によって保証人となったときについても、同様である。しかし、併存的債務引受人や保証人が正当な利益を有しないと考えることは、それらの者が債権者から強制執行を受ける地位にあることを考えると、解釈論としては、かなり困難である。それでは、債権譲渡制限特約と同じ目的で、債務者と債権者との間の合意によって、債権者が第三者と併存的債務引受契約・保証契約を締結することを禁止することはできるか、また、その合意の効力はどうか。少なくとも、債務者から債権者に対する債務不履行による損害賠償請求権が発生することは明らかであろう。また、悪意・有過失の第三者に対しては、契約侵害による不法行為責任を追及できよう。

項です。

　現行501条1号は、保証人は、保証債務の履行後に債権者の有していた担保権に代位するためには、あらかじめ担保目的物である不動産に付記登記をしなければならない、としています。この付記登記の要求が改正法では削除されています。そして、この現行法について、比較的簡単に説明する教科書などでは、保証人の弁済後に目的不動産を取得した第三取得者に対しては、あらかじめの付記登記がなければ代位を対抗できない、というのが判例法理（最判昭和41・11・18民集20巻9号1861頁）と書いてあります。このことからすると、改正による大きな変更があるようにも思えます。

　しかし、代位の付記登記がなくても、担保権の登記は抹消されていないわけです。そうすると、第三取得者が担保権の不存在を信頼することは考えにくいのでして、なぜ第三取得者との関係で、当該担保権が代位の対象となっていることを公示しなければならないのかは、明らかではありません。もちろん、形式論理的に考えると、第三者による弁済によって被担保債権は消滅し、附従性により担保権も消滅するところ、それが消滅せず、代位の対象となっているということは、付記登記をしなければ第三者に対抗できないのだ、ということも、わからないではありません。しかし、担保権は消滅しているというより、移転しているのですし、また、そもそも登記は残っており、抹消されているわけではないのですから、弁済による消滅については信頼し、しかし、代位があったことを知らない、という第三者を保護する必要はないと思われます。また、少し例を変えて、抵当権付の債権が譲渡された場合を考えてみますと、債権譲渡の対抗要件が具備されていれば、抵当権の移転の付記登記がないからといって、目的不動産の第三取得者が抵当権の付着しない不動産を取得できるわけではありません。しかるに、代位による原債権

第9章　弁済、相殺

の移転の場合には、付記登記が必要だということになると、バランスを欠いていることになります。このように、担保権が弁済による代位の対象となっていることについて付記登記をしなければ第三取得者に対抗できない、というのは、実質的に考えると、妥当でないと思います。

　「でも、それが判例じゃないか」とおっしゃるかもしれません。そこで、判例法理とされている昭和41年の最高裁判決の事例を見ますと、これは、弁済をした保証人が代位により抵当権を実行しようとしたとき、付記登記がなければダメだとした事例なんですね。これは、当然であり、抵当権の実行は登記を基準にしてされるのですから、登記面上に現れていない保証人が、いくら代位権限を有しているからといって、そのまま抵当権が実行できるわけではありません。しかし、そのことと、不動産の第三取得者に当該抵当権が代位の対象となっていることを対抗できるか否か、という問題は別の問題です。つまり、判例法理といっても、異なる局面についての判例だということです。

　以上のようなわけで代位の付記登記をしなければ第三取得者に対抗できない、という規律は削除されたわけですが、実務にとっては、何ら困った事態を引き起こすものではありません。

相　殺

1　序　説

　相殺に移ります。これについては、改正法469条と511条1項が、判例によって採用されていた無制限説を明示した、という理解もできるものとなっています。そうなりますと、実務的には、「判例法理を確認しただけであり、実務にとっても安心だ」ということになりそうなのですが、しかし、そう簡単ではありません。

2　債権譲渡と相殺

(1)　判例法理の一般化

　まず、債権譲渡と相殺ですが、たしかに、判例法理は、受働債権について譲渡があった後であっても、両債権の弁済期が到来すれば、譲渡された債権の債務者は譲渡された債権を受働債権として相殺をすることができ、そのとき、自働債権・受働債権の弁済期の前後を問わないというものだといわれています。昭和50年の最高裁判決ですね（最判昭和50・12・8民集29巻11号1864頁）。しかし、この判決は、手形を紛失した者が、その弁償をしたうえで、代償と

して売掛債権の譲渡を受けたというものであり、譲受人は譲渡人の取締役であったという事案についてのものなのです。そこで、判例法理として一般化できるかどうかについては議論がありました。しかるに、改正法469条1項が、「対抗要件具備時より前に取得した譲渡人に対する債権による相殺」という文言で一般化したことは、実は判例法理の明文化を超える内容を持っているように思います。

(2) 改正法469条2項

① 対抗要件具備時より前の原因に基づいて生じた債権：典型例

改正法469条1項は、債権譲渡の時点で、二者間に自働債権と受働債権とが存在していた場合についての規定です。これに対して、改正法469条2項は、債権譲渡について対抗要件が具備された後に債務者が譲渡人に債権を取得した場合でも、他人から譲り受けたものでない限り、以下の債権については、それを自働債権とする相殺を認めています。第1号は、「対抗要件具備時より前の原因に基づいて生じた債権」であり、第2号は、「譲受人の取得した債権の発生原因に基づいて生じた債権」です。

前者の典型は、Bに対して債務を負っているAが、Bの委託を受けて、BのCに対する債務の保証人となっている場合でして、このとき、Aは、「まあ、Cに対して保証債務を履行しなければならないかもしれないけど、そのときは、Bに対する求償権と自分がBに対して負っている債務との間で相殺すればいいんだ」と思っているわけです。しかし、求償権は、一定の場合に事前にも発生しますが、通常は保証債務の履行によって発生します。その前に、BのAに対する債権が第三者に譲渡され、対抗要件が具備されますと、債権譲渡時に相対立する債権が存在していたわけではありませんから、改正法469条1項では相殺できません。

しかし、このような場合にも、Aには相殺の合理的な期待があると考えられます。そこで、相殺ができるように、「対抗要件具備時より前の原因に基づいて生じた債権」を自働債権とする相殺は、当該自働債権の取得が、受働債権の譲渡について対抗要件が具備された後であっても認められる、ということにしているわけです。

実は、これも判例法理の明文化であるといえます。もっとも、拡張ともいえますが。つまり、最判平成24・5・28民集66巻7号3123頁は、「破産者に対して債務を負担する者が、破産手続開始前に債務者である破産者の委託を受けて保証契約を締結し、同手続開始後に弁済をして求償権を取得した場合には、この求償権を自働債権とする相殺は、破産債権についての債権者の公平・平等な扱いを基本原則とする破産手続の下においても、他の破産債権者が容認すべきものであり、同相殺に対する期待は、破産法67条によって保護される合理的なものである」としているのですね。この考え方が、破産の場合だけでなく、債権譲渡と相殺の局面にも妥当するとしたわけです。

② 対抗要件具備時より前の原因に基づいて生じた債権：解釈の必要性

もっとも、具体的にどこまでの場合が、「対抗要件具備時より前の原因に基づいて生じた債権」に該当するのかは解釈論に委ねられています。たとえば、平成24年最高裁判決は、債務者からの委託に基づかない保証の場合には、いくら保証契約が債権譲渡前に存在していても、債権譲渡後に求償権を取得した場合には相殺できないことが前提となっています。つまり、AB間で保証委託契約があるときは、その契約が、「対抗要件具備時より前の原因」に該当するわけですが、保証委託契約がないときは、Aの求償権は、あくまで

第9章　弁済、相殺

Aの保証債務の履行という行為によって取得されるものですから、それが、債権譲渡の対抗要件具備時よりも後であれば、当該求償権は「前に生じた原因に基づいて生じた債権」ではないというわけです。

それでは、売買基本契約があり、それに基づいて個々の売買契約が締結されているような場合、売買基本契約が「前の原因」にあたり、個々の売買契約に基づく代金債権が「前に生じた原因に基づいて生じた債権」に該当すると考えることができるでしょうか。ここらあたりになりますと、微妙になってきます。つまり、基本契約がどこまでの拘束力を有しているものなのか、ということです。いちおう基本契約はあるが、それは「協力しましょう」という程度のものであり、実際には、個々的な売買契約が締結されているにほかならないというときには、個々の売買契約に基づく代金債権が「前に生じた原因に基づいて生じた債権」に該当するとはいえないように思います。これに対して、包括的な基本契約が重要であり、個々の売買契約は、必要量の調整のためである、といったときには、売買基本契約が「前の原因」に当たるということもあると思います。結局、相殺の期待がどこまであるのか、によって決まってくるのであり、一義的な判断はできません。

なお、こういうことを申しますと、一義的な判断ができない規定を置くのはけしからん、という話が出てくるのですが、それは現行法でもそうであったということでして、新たに問題を生じさせたわけではありません。

③　譲受人の取得した債権の発生原因に基づいて生じた債権

次に、第2号、つまり、「譲受人の取得した債権の発生原因に基づいて生じた債権」です。

この典型は、売買目的物に欠陥があり、買主から売主に損害賠償が請求された場合です。たとえば、100個の目的物が給付されるという売買契約で、1個1万円、計100万円の代金債権が発生しているところ、それが譲渡され、対抗要件が具備されたとします。ところが、90個しか給付されなかった。こうなりますと、買主は、90万円しか代金債権は発生していないのだから、譲受人に対しても90万円しか支払わない、といえなくてはおかしいですね。

しかるに、同様の事案について、代金の一部不発生ととらえず、買主が売主に対して10万円の損害賠償債権を有し、相殺によって売買代金債権が90万円になったときはどうでしょうか。これは相殺ですから、代金債権がすでに譲渡され、対抗要件が具備されていますと、改正法469条2項本文では相殺できないということにもなりかねません。

しかし、代金の一部不発生、代金の減額請求、売買契約の一部解除などは、実は明確な区別がつかないのです。現行法のもとでの事件ですが、たとえば、最判昭和50・2・25民集29巻2号168頁という判決は、民法上の瑕疵担保責任として買主には代金減額請求は認められないという一般論を維持しながら、買主は、損害賠償請求と当該請求権と代金債権との相殺の意思表示をしたものであるとして、相殺を認めたものですが、買主は、「減価したうえで精算させていただく」という意思表示をしたものであり、どちらかなんて本当ははっきりしません。区別はつかないのです。

このようにはっきりしないにもかかわらず、代金減額請求ならば、代金債権が一部発生しなかったことになり、譲渡後でも認められるが、相殺ならば認められない、というのはおかしく、実質的な債権額の調整の場合には、仮に相殺という法形式をとっていても認めよう、というのが、第2号の趣旨なのです。

日本民法では、牽連関係のある債権間の相殺と牽連関係のない債権間の相殺を区別してこなかったのですが、実は結構区別している国はあるのですね。そして、債権譲渡との関係については、この区別は重要ですから、2号に規定したというわけです。

④ 債権譲渡における抗弁放棄との関係

債権譲渡に関して異議を留めない承諾という制度を廃止し、債務者が抗弁を放棄することができるにとどめることとした、という点については、第8章で説明します。しかるに、この牽連関係のある債権間の相殺と牽連関係のない債権間の相殺との区別の問題は、債権譲渡にあたっての抗弁の放棄とも関係してきます。

つまり、債権譲渡にあたって債務者が個別的に抗弁を放棄した場合でも、現実に債権額の減額が生じるとき、相殺によってなのか、そうではなく、一部がそもそも不発生なのかは区別がつきにくいのです。一部不発生と減額・一部解除、相殺は明確な区別がつかないのでして、そうなりますと、改正法469条2項2号に規定されているような場合については、いくら抗弁を放棄していても、債権内在的な減額であって、なお相殺ができたり、減額されたりすると解釈する余地があると思います。個人的には、債権内在的な減額事由は広く認められておかしくないと思っていますが、この点では、解釈論が残されているということです。

3　差押えと相殺

(1)　改正法511条1項

差押えと相殺の問題に移ります。

差押えと相殺については、現行法の判例法理が無制限説をとっており、それが明文化されたのが改正法511条1項である、よかった、よかった、ということになりそうなのですが、まず注意したいのは、差押えと相殺に関する現在の判例法理は、現行511条の反対解釈を根拠としているということです。つまり「支払の差止めを受けた第三債務者は、その後に取得した債権による相殺をもって差押債権者に対抗することができない」という条文の文言の反対解釈として、差押えの効力としての支払の差止めを受ける前に取得した債権による相殺は差押債権者に対抗できる、としているわけですね。これはわかりにくいということで、改正法は反対解釈まで書き込み、「差押え前に取得した債権による相殺をもって対抗することができる」としたわけです。

(2)　改正法511条2項

差押え後に取得した債権であっても、それが差押え前の原因に基づいて生じたものであるときは、相殺をもって差押債権者に対抗できる、という点は、債権譲渡と相殺と同様の規律です。

ところが、改正法469条2項2号、つまり、「譲受人の取得した債権の発生原因に基づいて生じた債権」との相殺については、差押えの場面において規定がありません。この違いはいちおうは説明されています。つまり、債権譲渡においては、譲渡後にも譲渡人と債

務者間の取引が継続することが想定されるので、そのときは相殺を認めないと不合理であり、また、債務者の相殺の期待も高いと考えられるのに対して、債権差押えがされたような場合には、取引の継続が考えにくいから、両当事者間の公平の確保・相殺の期待の保護という要請が大きくない、というわけです。

たしかに、取引が継続しているか否かだけを考えると、この説明もわからないではありません。取引が継続しているのに、その取引から生じた反対債務だけが全額の履行を求められるというのは変だ、というわけですね。しかし、債権譲渡と相殺のところで説明した通り、改正法469条2項2号の規律は、相殺と一部不発生・減額との区別は曖昧であるということにも支えられています。そして、そのことは、差押えと相殺の場合も変わりはありません。個人的には、債権内在的な減額と考えられるような相殺は、差押えの後でも当然に認められるべきであると思います。実際、改正法469条2項2号の類推適用があるといった見解もすでに明らかにされています。私は、類推適用というよりも、一部不発生・減額に類する場合には、相殺の制限の規律が及ばないといったほうがよいと思いますが、適用条文はともあれ、差押え後でも一部不発生・減額はありうると考えるべきだろうと思います。

いずれにせよ、今後、解釈論の発展、判例の展開が期待される領域となっています。

第10章

各種の契約

第10章 各種の契約

はじめに

　この章では、各種の契約について、改正法の内容を検討します。民法には13種の典型契約が規定されていますが、今回、そのうち10種について改正があります。改正のないのは、交換・終身定期金・和解です。ここでは、まず、改正される10種のうちいくつかの典型契約に共通する横断的な改正点を説明します（Ⅱ）。続いて、10種の契約のそれぞれについて主な改正点をみていきます（Ⅲ）。最後に、少し一般的な観点からの検討をします（Ⅳ）。

横断的な改正点

今回の改正では、各種の契約の規律の内容を個別的に検討するだけではなく、いくつかの契約類型に共通する問題を検討し、全体としての整合性を高めることが試みられています。ここでは複数の典型契約に共通する横断的な改正点を取り上げます。4点あります。

1 担保責任

(1) 改正内容

第1は、担保責任に関する規律です。

有償契約については、現行法は、売主の担保責任を規定し（現行560条～572条）、これを他の有償契約にも準用したうえで（現行559条）、請負などでは特則を置いています。改正法でも、この構造は変わりません。違うのは、全体を通じて、担保責任は契約上の責任であることが明確な前提とされていることです。そこで、売買については、売主が売買契約上の義務を負っており、売主のした給付がそれに適合していなかった場合に担保責任が生じるという構成になっています（改正法560条～572条）。これは権利の瑕疵や数量不足の場合に限らず、物の瑕疵についても同様です。まず、契約上の義務がある、なされた給付がそれに適合していない場合は、買主にいくつかの救済手段が与えられる、こういう非常にシンプルで一般

性のある構成です。この構成は、請負でも同じであり、基本的に売買と同様の規律に服することになります。このため、請負固有の担保責任の規定は、現行法では8ヵ条ありますが（現行634条～640条）、改正法では2ヵ条のみとなっています（改正法636条・637条）。

　現行法のもとでは、売主の瑕疵担保責任について、法定責任説と契約責任説の対立があり、長年、議論が続いてきました。かつては法定責任説が通説でしたが、現在では契約責任説が通説となっています。また、売主の責任について法定責任説をとる学説も、請負人の担保責任の性質は契約上の債務不履行だというなど、混乱していました。改正法は、このような錯綜した状況に対し、明快な規律を示すものです。つまり、全体を通じて、担保責任は契約上の通常の債務不履行責任であると位置づけたうえ、典型契約の性質に応じた個別規定を置くということです。

　無償契約についても同様です。現行法は、贈与者の担保責任について、売主の責任よりも軽いものとして規定し（現行551条1項）、これを無利息消費貸借（同590条2項）や使用貸借（同596条）で準用しています。改正法では、無償契約についても、担保責任は契約上の責任であることを前提とします。ただ、有償契約とは違って、相手方の救済手段を定めるのではなく、債務者は、契約上どのような義務を負うのか、という観点から規定します。すなわち、無償契約の債務者の義務は、有償契約の債務者よりも軽いのが当事者の通常の意思であろうということから、贈与者の引渡義務について、そのような軽減されたものと推定するという規定を置きました（改正法551条1項）。無利息消費貸借（改正法590条1項）や使用貸借（同596条）では、この規定が準用されています。債務者がこの義務に違反した場合の相手方の救済手段は、債務不履行の一般ルールによることになります。そこで、わざわざ担保責任とはいわず、契約上

の引渡義務の内容の推定という規律になっています。

　このように有償契約と無償契約を通じて、担保責任といわれてきたものについて、契約上の通常の債務不履行責任という観点から一貫した構成としたこと、有償契約については契約不適合があった場合の相手方の救済手段というかたちで、無償契約については引渡義務の内容の推定というかたちで、それぞれ統一されていることが今回の特徴です。売主、贈与者の責任の具体的内容については、後ほど、個別的に説明します。

(2) 検　　討

　ここでは、1点だけコメントします。担保責任の規律の改正は、各種の契約全体を通じて、契約上の責任であり、債務不履行の一般ルールの適用を受けるものであることが改正法の前提となっています。そうすると、なぜ、有償契約のうち一部のものについてのみ、かつ、一定の類型の不履行についてのみ、担保責任の規定を置くのかが問題となります。これは、売買などで引き渡された物や移転された権利が契約に適合していないというタイプの紛争が多いので、その規律を示しておくことが有用であるという説明になると思います。つまり、現実の要請に応えているわけです。そうすると、次に、売主の担保責任の中で、契約の目的が物か権利かで区別すべきか否かという問題が生じます。法制審議会の部会では激しい議論がありましたが、改正法は、これを区別しました。ここでも、現実の要請が重視されました。このように、担保責任の規律については、契約責任としてできるだけ一貫したシンプルなものにするという理論的要請と、紛争類型に応じた具体的規律を用意することが有益であるという現実の要請があり、改正法はその調和を図ったものといえると思います。

2 要物契約の諾成化

(1) 改正内容

横断的改正点の第2は、要物契約を、一定の要件のもとで諾成化することです。現行法では、消費貸借、使用貸借、寄託の3つは、要物契約となっています。相手方が目的物を受け取ることによって効力を生ずるという規定です（現行587条・593条・657条）。改正法は、消費貸借については、書面による場合は、目的物の受取りがなくても契約は成立するとしました（改正法587条の2）。また、使用貸借と寄託は、書面がなくても、合意だけで契約は成立するとしました（改正法593条・657条）。ただし、この3つの契約のそれぞれにおいて、目的物の受取りがあるまでは、一定の要件のもとに、当事者が契約から離脱することを認めます。消費貸借では借主が（改正法587条の2第2項）、使用貸借では貸主が（同593条の2）、寄託では寄託者が（同657条の2第1項）、目的物の受取り前に、解除して契約から離脱することができます。このうち、消費貸借と寄託においては、解除した者は、相手方に損害があれば、それを賠償しなければなりません。このほか、寄託においては受寄者からの解除が認められる場合もあります（改正法657条の2第2項・第3項）。

要物契約は歴史的な遺物であるにすぎないのだから諾成化すべきだ、という議論は簡単です。しかし、実際に改正するとなると、これまで要物契約であることによって保護されてきた価値をどうするのかという問題がありますし、各契約の個性もありますので、きめ細かい規定になりました。なお、契約成立過程での後戻りを認めるための概念としては、取消しや撤回も考えられますが、最終的に解

除の概念を使うことになりました。この影響もあり、書面によらない贈与（改正法550条）も、撤回ではなく解除ができると改められました。

(2) 検　　討

ここでの大きな問題は、受取り前に解除をした者が負う損害賠償の内容です。この点については、後ほど、消費貸借のところで検討します。

3　役務提供型契約の報酬請求権

(1) 改正内容

第3は、役務提供型の契約の報酬請求権に関する規定です。雇用、請負、委任、寄託について、結果として役務が提供されなかった場合の報酬に関する規定が置かれています（改正法624条の2・634条・648条・648条の2・665条）。提供されなかった原因が、債権者の帰責事由による場合、両当事者に帰責事由がない場合、債務者の帰責事由による場合について、危険負担に関する規定と契約各則の規定とによって規律しています。具体的な内容は、後ほど、請負契約のところで説明します。

(2) 検　　討

コメントを1つだけします。役務提供型の契約については、研究者グループのうちの1つから、請負や委任などのほかに、一般的な契約類型として「役務提供」という新たな典型契約を設けるという立法提案がされました。この提案は、役務提供者の報酬について、

成果完成型と履行割合型という2つの類型に分け、それぞれの規律を提示していました[1]。改正法では、役務提供という契約は設けられませんでしたが、雇用・請負・委任・寄託というサービス型の契約について、この2つの報酬類型と、役務が提供されなかったことの原因とを組み合わせることによって、体系的な規律を示すものとなっています。その意味では、今申し上げました立法提案における検討の成果が生かされていると思います。

4　契約の終了

(1)　改正内容

　横断的改正点の最後は、契約の終了に関する規律が整備されたことです。賃貸借、使用貸借、請負、委任、雇用、寄託について、終了に関する規律が整備されました。ここでは、4つの系統の考慮があります。

　第1は、貸借型の契約の終了です。使用貸借についての改正法597条と同598条は、契約の終了という観点からわかりやすく整理されています。また、賃貸借については、目的物の全部滅失による終了という規定が新設されています（改正法616条の2）。他方、消費貸借については、返還と契約の終了との関係については議論もあることから、現行法の構成が維持されています。

　第2は、役務提供型の契約の終了です。役務提供型の契約に共通する課題として、終了事由をどうするかという問題があります。先

---

[1] 民法（債権法）改正検討委員会編『詳解・債権法改正の基本方針Ⅴ』（商事法務、2010) 3頁以下。

ほど申しましたように、ある研究者グループの立法提案は、役務提供という典型契約を新設しますが、そこでは終了についての一般的規律も提示されています。改正法は、役務提供契約という類型を新たに設けるのではなく、現行規定をベースにしていますが、個々の典型契約に即した規律を提示しています。たとえば委任の終了について、改正法651条は判例法理を踏まえた規定となっています。

　第3は、継続的契約の終了です。中間試案では、継続的契約について、まとまった規定群を置くことが提案されていました[2]。改正法では、これは見送られましたが、各種の典型契約で存続期間が観念できるものについては、契約の終了という観点から、規定が整備されています。使用貸借（改正法597条・598条）、賃貸借（同617条～619条）、雇用（同626条～629条）がこれに当たります。

　第4は、契約当事者の一方の破産による終了です。契約の当事者が破産したとき、その契約がどうなるのかは、民法と破産法にまたがる問題であり、双方からの検討が必要です。各種の契約について、このような検討を経て、規定が整備されています（改正法587条の2第3項・631条・642条。なお、653条2号・679条2号は現行法を維持している）。

(2) 検　　討

　以上の4つの系統のうち、役務提供型契約と継続的契約については、そのような契約類型を新設することが検討され、結局、見送られたわけですが、そこでの検討結果は、各種の契約の終了の規律を定める契機になっていると思います。貸借型契約については、従来、契約の終了の規定と目的物の返還の規定が混在していました

2）中間試案「第34　継続的契約」。

が、継続的契約の検討結果を踏まえて、契約の終了の観点から整理され、明確になりました。破産との関係は、2014年に現在の破産法ができた際、民法の規定も少しだけ改正されましたが、今回、典型契約全体について破産法との関係を精査し、その結果の改正がされています。このように、4つの系統の考慮によって契約横断的に終了に関する規律が整備されています。

各種の契約の主な改正点

　各種の契約の主な改正点に進みます。分量が多いので、それぞれについて改正内容と検討とに分けると、かえってわかりにくくなりますので、この先は、原則として、改正法の紹介とコメントとを織り交ぜながら進めることにします。部会での審議の結果との関係を示すため、各契約の説明の冒頭部分で、「民法（債権関係）の改正に関する要綱」の項目番号を付すことにします。

1　贈　　与

　まず、贈与〔要綱31〕です。改正点は、3点あります。
　第1点は、贈与の目的（対象）です。現行549条では「自己の財産」ですが、改正法549条は「ある財産」としています。他人の物の贈与も可能であることは、判例・学説の認めるところであり、これを明文化するものです。
　第2点は、書面によらない贈与について、現行550条では、各当事者は「撤回」できるとありますが、これを「解除」できるとしたことです。550条は、民法の原始規定では「取消スコトヲ得」と規定されていましたが、民法の現代語化の際に「撤回」とされました。しかし、法制的観点からみると、「撤回」という言葉は意思表示について用いられており、契約については「解除」を用いるのが

一般的であると指摘されています[3]。また、消費貸借・使用貸借・寄託の引渡し前も「解除」とされました。そこで、全体の統一という観点から、「解除」とすることになりました。ただ、550条は、もともと無償契約である贈与の拘束力をどの程度認めるかという観点から定められた規定ですので、ここは契約の終了というより、契約成立段階の規律という性質のものであって、債務不履行による解除とは、かなり違っています。そこで、たとえば、解除権の消滅に関する改正法548条は、履行後に解除される場面が想定されていますので、同550条による解除には適用されないと解釈すべきことになります[4]。

　第3点は、現行551条1項の贈与者の担保責任を、贈与者の負う引渡義務の内容の推定と改めたことです。先ほど申しました通り、改正法は、各種の担保責任を契約上の責任としています。贈与についても同様です。そこで、現行551条1項をどうするかです。この現行規定は、贈与における瑕疵担保責任について贈与の無償性を考慮して贈与者の責任を軽減することとしています。このように贈与において有償契約よりも責任を軽減することは、維持してよいと考えられました。ただ、無償契約だから自分の持っている特定のこの物を引き渡せば、それで債務が履行されたことになる、というような規定にすると、仮にそれが任意規定であったとしても、現在の瑕疵担保責任についての法定責任説あるいはその基礎となる特定物のドグマに立脚していると誤解される可能性があります。翻って考えますと、贈与において贈与者の責任が軽減されるのは、それが当事者の通常の意思に適うからだというのがそもそもの根拠です。そこ

---

[3] 部会資料84-3、第31（説明）。
[4] 部会資料88-2、第31（説明）。

で、改正法551条は、特定した時の状態で引き渡せばそれでよいという当事者意思の推定の規定となりました5)。

2 売　　買

売買〔要綱30〕についての改正点は、大きく分けると5点あります。

第1点は、手付に関する改正法557条1項です。「履行の着手」について、自らが着手した場合は含まず、相手方が着手した場合を意味するという判例（最大判昭和40・11・24民集19巻8号2019頁）を明文化しています。

第2点は、売主の義務と担保責任の規律です。これが最大の改正点です。先ほど、横断的改正点のところで概略を説明しましたが、もう少し細かくみていきます。まず、売主の義務については、改正法560条が対抗要件具備義務を新たに規定し、同561条は他人の権利の売主の義務について包括的な規律を提示しています。実は、要綱仮案の直前の段階まで、このほか次のような一般的な規定が置かれていました。すなわち、「売主は、契約の内容（中略）に適合した権利を買主に移転する義務を負う」という規定と「売買の目的が物であるときは、売主は、種類、品質及び数量に関して、契約の内容に適合するものを買主に引き渡す義務を負う」という規定です6)。最終的には、買主の追完請求権の規定と重複するという理由で、残念ながら削除されましたが7)、売主が契約に適合した権

---

5) 部会資料813、第4（説明）1・同83-1、第31、2（説明）。
6) 部会資料82-1、第30、2。
7) 部会資料83-2、第30、2（説明）。

利を移転し、又は契約に適合した物を引き渡すという義務を負うことは、もちろん前提となっています。また、契約の目的が物か権利かで分けて規律することは、改正法562条以下の方針となっています。

まず、改正法562条では、買主の追完請求権が規定されています。目的物の修補、代替物又は不足分の引渡しによる履行の追完を請求できるということです。改正法563条は、買主の代金減額請求権です。改正法564条は、損害賠償請求と解除についての確認的規定です。以上の3ヵ条は、物の契約不適合についての規律ですが、改正法565条で権利の契約不適合についても準用されていますので、結局、両者共通になります。

ここでは瑕疵担保という言葉が使われていません。これは次のような経緯によるものです。従来、売買で引き渡された目的物の品質や性能に問題がある場合を売主の瑕疵担保責任と呼んできました。この責任の性質をめぐる学説の対立があり、判例もわかりにくいものとなっていました。もっとも、学説では、特定物ドグマを前提とする法定責任説は、近年では支持者が減っており、契約責任説が通説となっています。特定物ドグマというのは、特定物は、世の中にはそれしかないのだから、その物を引き渡せば、たとえ瑕疵があっても債務は履行されたことになる、という考え方です。そのうえで、有償契約の当事者の対価的均衡を保つため、法律が特に定めたのが瑕疵担保責任だというのが法定責任説です。しかし、このような特定物ドグマは、当事者の意思に反するし、不合理でもあるとして批判されました。他方、瑕疵の概念については、法定責任説か契約責任説かを問わず、主観的瑕疵概念がとられています。判例もそうです。つまり、その目的物について当事者が予定した品質・性能を欠いていることが瑕疵だということです。そして、備えるべき品

質・性能として当事者が何を予定したのかは、一般的に定まるのではなく、その契約において何が合意されたのかという契約の解釈によって定まると考えられています[8]。このように瑕疵担保責任について、契約責任説がとられ、主観的瑕疵概念がとられ、備えるべき品質・性能は当事者の合意の内容によって定まるということになると、それはすなわち、その契約で当事者がどのような義務を負っているのかにほかならないことなります。義務の内容の確定こそが本質だということになります。このことは、瑕疵担保に限らず、数量不足や目的物が権利の移転である場合も同様です[9]。他方、瑕疵という言葉は、契約とは切り離された絶対的・客観的な基準に満たないという意味であるような印象を与えがちです。また、瑕疵という言葉からは、物理的な欠陥のみが想起され、心理的瑕疵や環境的瑕疵も含まれうることがわかりにくいという問題もあります[10]。さらに、売主の担保責任には、権利の瑕疵と物の瑕疵があるところ、現在の570条の見出しもそうですが、物の瑕疵の担保責任のみを瑕疵担保責任と呼ぶことが多く、それが特殊な責任であるかのような印象を与えているという問題もあると思います。そこで、契約上の義務の内容と現実にされた給付とを比較し、適合しているか否かという判断をするという判断プロセスを具体的に規定するのがよい、瑕疵という言葉は使わず「契約の内容に適合しない」というほうがよい、ということになりました。しかし、現実にされる判断は、これまでと変わるものではありません。瑕疵担保責任がなくなったなどというのは、全くの誤解です。実際に行われている判断のプロ

---

8) 瀬川信久「『瑕疵』の判断基準について」星野英一先生追悼『日本民法学の新たな時代』（有斐閣、2015）645頁。
9) 部会資料75A、第3、2（説明）1・2。
10) 中間試案補足説明399頁以下、部会資料75A、第3、2、説明2(1)ウ。

セスを明示したものにすぎません。こうして、改正法562条から565条で、売買の目的たる権利や物が契約の内容に適合しない場合の売主の責任ないし買主の救済手段について規定されました。

さて、ここまでは、売買の目的（対象）が物か権利かで区別していませんが、担保責任の期間制限と、競売の場合にどうするかについて、激しく議論されました。最終的には、現行法と同様、この2点について、目的物の種類・品質の契約不適合について、特有の規律が置かれることになりました。それが改正法566条と同568条です。

まず、改正法566条は、目的物の種類・品質の契約不適合について、一般ルールよりも担保責任の期間を限定するものです。現行法では、瑕疵担保についての570条・566条3項の規律があります。これに比べると、改正法566条では、買主のなすべき通知の要件は緩和され、買主にとってのハードルは少し下がっています。他方、同条に規定されていない、目的物の数量不足や権利の契約不適合については、一般の消滅時効に服することになります（悪意重過失の売主も同様）。物の種類・品質の不適合の場合について期間制限を置くのは、物の売主は引渡しによって履行が済んだと考えること、物の種類や品質の契約不適合については不適合の有無の証明が時間を経るなどすると困難になることなどが理由です[11]。

次に、改正法568条は、競売によって引き渡された目的物の種類・品質の契約不適合について、特則を置くというものです。これは、強制競売には瑕疵担保責任が適用されないという現行570条ただし書の方針を維持しつつ、他の改正に合わせたものです。ここでも、競売の場合に特別扱いする必要はないという意見もありました

---

[11] 中間試案補足説明410頁以下、部会資料75A、第3、7。

が、裁判所や銀行の実務において、区別する必要があるという意見が出され、それが採用されました。

このように、売主の追完義務、買主の代金減額請求権、損害賠償請求権、解除権については、権利の不適合、物の不適合とも同じですが、期間制限と競売の場合について、現行法と同様、物の契約不適合について特則が置かれることになりました。これに対しては、そうすると現在の瑕疵担保を残したことになるという批判が投じられるかもしれません。しかし、改正法は売主の担保責任が契約上の責任であることを明確な前提としたうえで、物の種類・品質の契約不適合の特徴や競売実務への影響を考慮し、特則を置いたということであり、現行法のままというわけではありません。担保責任を契約責任であるという前提は共有しながらも、なおかなり議論のあったところですが、ここは、一般的なルールで貫徹するか、ある種の契約違反について、実際上の要請を考慮して、特別ルールを置くかという、瑕疵担保責任の性質論とは別の基本的問題に関わるものです。

改正の第3点は、権利を取得できない等のおそれのある場合の買主の代金支払拒絶に関するものです。改正法576条は、買主が代金支払拒絶権を行使できる場合を拡充しています。まず、現行576条の「権利を主張する者があるため」を「権利を主張する者があることその他の事由により」としました。買った土地について用益物権があると主張する第三者がいる場合や、債権の売買において債務者が債務の存在を否定した場合をも含むものです。また、現行576条は、買主が買い受けた権利を「失うおそれがあるとき」としていますが、改正法576条は、買主が権利を取得することができないおそれがある場合も支払拒絶を認めるものです。現行法の解釈上、認められていることです[12]。

改正の第4点は、目的物の滅失又は損傷に関する危険の移転の規律です。改正法567条は、引渡し又は受領遅滞の場合に危険が移転すると規定しています[13]。まず、1項は、引渡しによって危険が移転すると定めています[14]。2項は、受領遅滞によって危険が移転するということです。一般ルールとしては、改正法413条の2第2項があり、受領遅滞中に「履行が不能となったとき」について、同様の規律をしています。ただ、買主の受領遅滞後に目的物が滅失又は損傷したとしても、目的物の修補や代替物の引渡し等による履行の追完が可能であれば、売主の債務の「履行が不能となった」とまではいえない場合があります。しかし、受領遅滞後に目的物の滅失又は損傷が生じた場合に、履行の追完が可能かどうかで差異を設

---

12) 部会資料75A、第3、10。
13) 部会資料75A、第3、12、同81－3、第5、10、同83－2、第30、10、同84－3、第30、11参照。
14) 1項では「売買の目的として特定したものに限る」となっている。これは目的物には、特定物と特定した種類物（不特定物）のいずれも含まれることを明らかにするための文言であるが、付随して、種類物で契約に適合しない物が引き渡されたとき、どうなるのかが問題となる。①不適合な物を引き渡しても特定は生じないので、同項の対象とはならず、売主は依然として調達義務を負う、という考え方と、②不適合な物であっても特定が生じることはあり（物の給付をするのに必要な行為の完了、又は、当事者の合意による）、あとは追完義務の問題となるところ、引渡しによる実質的支配の移転があるので同項の対象となる、という考え方がある。特定及び引渡しと評価できるかどうかがまず問題となるが、軽微な契約不適合の存在する物が引き渡されたときなど、②が妥当する場合もあると思われる。その場合、引渡し後に目的物が不可抗力で滅失したとすると、買主は売主に対し、滅失したこと自体を理由とする責任追及はできなくなるが、契約不適合を理由とする担保責任の追及はできるということになる。つまり、代替物の引渡しや修補請求はできないが、代金減額請求や損害賠償請求は可能になる。この問題は、解釈とともに事案における「特定」及び「引渡し」の評価に委ねられることになる。

ける合理的理由はありません。そこで、履行の追完が可能な場合にも、目的物の滅失又は損傷の危険が買主から売主に移転することとするのが相当ですので、明文化するものです。なお、受領遅滞における売主の目的物の保存義務の程度は「自己の財産に対するのと同一の注意」義務に軽減されますが（改正法413条1項）、売主が軽減された保存義務を尽くさなかったために目的物の滅失又は損傷が生じたときは、買主は、売主に対し、履行の追完等を求める権利を失わないことになります[15]。

　改正の第5点は、買戻しに関するものです。改正法579条は、買戻しの要件を少し緩和し、買戻しの際に提供する金額について合意による特約を認め、また買戻しの登記は契約と同時でなくてもよいとするものです。

3　消費貸借

(1)　改正内容

　次に消費貸借〔要綱32〕に進みます。改正内容は、4つに整理することができます。

　第1点は、消費貸借契約の成立に関する規律が整備されたことです。現行587条はそのまま残したうえ、改正法587条の2が追加されます。すなわち、要物契約としての消費貸借を基本としつつ、新たに、書面でする消費貸借については、受取りまでは借主は解除できるとしたうえ、貸主が損害を受けたときは賠償請求ができるとします。書面があれば、引渡しがなくても消費貸借契約が成立します

---

15)　部会資料75A、第3、12（説明）2。

ので、現行589条の消費貸借の予約は特に規定する必要が低くなり、削除されました。もちろん、消費貸借の予約をすることは依然として可能であり、その場合は、諾成的消費貸借に関する規律が類推適用されることになります。また、改正法588条では、準消費貸借について要件が緩和され、消費貸借からの切替えも可能になりました。

　第2点は、利息に関する規律が明確にされたことです。改正法589条です。

　第3点は、貸主の担保責任が整理されたことです。改正法590条です。無利息消費貸借については贈与の規定を準用して貸主の引渡義務の内容の推定とし、利息付きか否かを問わず、引き渡された物に契約不適合があるときは、借主は物でなく価額で返還できるとしています。

　第4点は、期限前返還に関する規定の新設です。改正法591条3項は、借主が期限前に返した場合の貸主の損害賠償請求権について規定しています。

(2) 検　　討

　消費貸借については、2つの問題について、少し立ち入った検討をしたいと思います。

　第1の問題は、貸主の損害賠償請求権に関するものです。書面による消費貸借の引渡し前の借主の解除の場合と、期限前返還の場合と、いずれも貸主の損害賠償請求権が規定されています。この点については、かなり議論があり、規定の仕方も検討されました。注意すべき点は、解除の場合も期限前返還の場合も、これは債務不履行による損害賠償（改正法415条）ではないこと、そして、貸主が常に損害賠償を請求できるわけではないことです。改正法587条の2

第2項では、「この場合において、貸主は、その契約の解除によって損害を受けたとき」とあり、同591条3項では、「貸主は、借主がその時期の前に返還をしたことによって損害を受けたとき」とあります。常に損害賠償が必要だというわけではなく、解除又は期限前返還と因果関係のある損害が生じ、貸主がそれを証明したときに限って[16]、その損害の賠償をするということです。

　たとえば、住宅を購入しようという人が銀行と住宅ローン契約を結んだ後、融資実行前に資金繰りがついたので、ローンをキャンセルしたとします。この場合、銀行にとっては、ローンの全期間にわたる利息相当額が得べかりし利益であって、解除によってそれを失ったのだから、それが損害であり、その全額の賠償を請求できる、ということになるわけではありません。ここでは、金銭消費貸借契約が成立したので貸主が資金を調達した、しかし解除されたので、調達コストが無駄になったといった損害が念頭に置かれています。銀行であれば、調達した資金を合理的に運用することができるはずであり、そのまま手元に置くことは考えられません。損益相殺を待つまでもなく、損害自体が限定されます。そうすると、個人の住宅ローンのキャンセルがあった場合の銀行の損害というのは、かなり限定されることになるはずです。これは、ローンの繰上げ返済をした場合も同じです。特に期限前返還については、当事者が期限を定めたことの意味も吟味すべきであると思います。期限を定めたのは、借主の返済を猶予するためなのか、それに加えて、全期間にわたって借主が利息を支払うことを保証する趣旨だったのか、ということです。通常は、返済猶予のためと解すべきでしょう（現行

---

[16] 鎌野邦樹「消費貸借」瀬川信久編『債権法改正の論点とこれからの検討課題』別冊NBL147号（商事法務、2014）173頁・183頁。

136条1項参照)。法制審議会の部会では、解除と期限前返還のいずれについても、貸主の損害は、原則として、履行利益ではなく、貸主に実際に発生した損害、つまり資金調達コストや事務処理費用を基準とすべきであると解する見解が一般的であったということを付け加えたいと思います。

第2の問題は、消費貸借の成立についての規律の回避に関するものです[17]。改正法は、書面でする消費貸借は、目的物の引渡しがなくても、合意があれば成立するとしています（改正法587条の2）。消費貸借が成立すると、貸主には貸し渡す義務が発生しますので、貸主となる立場からは、これを回避することに関心が向かうことになります。ここでの問題は、まず、改正法587条の2の「書面でする消費貸借」とは何かです。たとえば、借入申込者から契約書を差し入れる方式の場合には書面に当たらないのでないかといった問題です。次に、書面の内容が「金銭の交付を停止条件とする金銭消費貸借契約」である場合はどうなるのかです。順に検討します。

まず第1点の書面要件の問題です。法制審議会の部会では、当初、単純に要物契約を諾成契約にすることが検討されました[18]。しかし、これに対し、貸す義務だけでなく、借りる義務も問題となり、中小企業が銀行に与信の申込みをするとそれだけで借りる義務が発生することになるのではないかなどの指摘があり、結局、消費貸借という1つの典型契約について、要物契約と書面による諾成契約という2つの成立ルートがあるということになりました。これが中間試案です。ここで、書面要件の意義として、2点あげられています。1つは、当事者の合意が、要物契約の前提としての合意では

---

[17] この問題は、井上聡弁護士などからご提示いただいたものである。
[18] 中間論点整理第44、1(1)要物性の見直し。

なく、直ちに債権債務を発生させる契約であることを明確にすること、もう1つは、貸主又は借主が軽率に消費貸借の合意をすることを防止することです[19]。

　書面要件の意義は、書面による贈与（改正法 550 条）や保証契約の書面（現行 446 条 2 項）など、それぞれの目的によって違いますが、軽率な契約の防止という趣旨はだいたい共通しています。もっとも、保証や贈与では、一方の当事者（保証人、贈与者）を定型的に保護する要請がありますが、消費貸借の場合、どちらか一方の当事者を定型的に保護すべきだというわけではありません。また、これまでも認められてきた諾成的消費貸借でも、書面は要件とされていません。他の典型契約でも給付の内容が重大なものでも書面が要求されているわけでもありません。そこで、この意味は、それほど大きなものではないと考えられます。消費貸借における書面の意義の特徴的なことは、要物契約の前提としての合意との区別ということです。そうすると、問題の本質は、諾成的消費貸借の合意があったかどうかであり、その合意があったのであれば、書面要件は、それほど厳格なものでなくてもよい、ということになるのではないかと思います。貸主又は借主が安易な口約束で拘束されるのが不適当であるという場面では、そのような当事者の保護の観点が入ってきて、書面要件が厳格に解される可能性もあるかもしれませんが、そうでない限りは、それほど厳格に解する必要はないのではないか、少なくとも保証における書面要件よりも緩やかに解してよいのではないかと感じています。いずれにせよ、合意の認定が本質だと思います。

　次に、停止条件付消費貸借契約であったらどうかです。ここで

---

[19] 中間試案補足説明 442 頁、部会資料 57、第 2、1。

は、3段階の問題があると思います。第1段階は、金銭交付を停止条件とする消費貸借は有効かどうかです。現行法のもとで、そのような条件は、債務者（目的物引渡債務の債務者である貸主）の意思にのみ委ねられる随意条件だから、消費貸借そのものが無効になるが（現行134条）、現実に金銭が交付されればそこで消費貸借が成立すると説明されることがあるといわれます[20]。随意条件の付された約束が無効であるのは、当事者を法的に拘束する意味を持たないから、あるいは、当事者には法的効果を発生させる意思がないからです。しかし、ここでは、たとえば銀行が気が向けば貸すというような状況が想定されているのではありません。むしろ、契約成立前の段階を当事者が意識的にコントロールする合意として、その効力が認められるべきだろうと思います。第2段階は、「金銭交付を停止条件とする消費貸借」に関する書面が作成されたとして、当事者の合意の内容は何かです。諾成的消費貸借、消費貸借の予約、金銭交付を停止条件とする消費貸借、要物契約の前提としての合意などが考えられます。これは合意の解釈の問題です。単に、「貸す義務」が明記されていないから、直ちに貸す義務が発生しないことになるわけでありません。第3段階は、契約書に、これは金銭交付を停止条件とする消費貸借である、あるいは、要物契約の前提としての合意にすぎないと明記されているけれども、実際には諾成的消費貸借の合意が成立していると解釈された場合に、どうなるかです。契約の解釈の問題としては、契約書に甲という合意が記載されていても、当事者の真意が乙という合意なら、乙契約が成立すると考えられますのでこのような事態も生じえなくはありません。ここでは、その契約書が改正法587条の2の「書面」となりうるのかが問題と

---

[20] 第53回部会議事録55頁〔金洪周発言〕。

なります。微妙なところですが、私は、先ほど申しました通り、書面要件は厳格に解すべきではないと考えますので、書面要件を満たす可能性も排除されないのではないかと思います。いずれにせよ、当事者間にどのような合意が成立したのかが本質的な問題であると思っています。

4 使用貸借

次は、使用貸借〔要綱34〕です。2つに分けて説明します。

第1点は、使用貸借契約の成立に関する規律を整備したことです。諾成化し、また、書面によらない使用貸借については、貸主は借主が受け取るまでは解除できることとしました（改正法593条・593条の2）。今後は、「書面による」といえるかどうかの解釈が争われるケースが現われると思います。私は、少なくとも個人間の使用貸借では、解除できないものとする明確な意思を表す書面であることが必要だと考えていますが、ここは議論が残りそうです。

第2点は、終了段階の規律を整理し、明確化したことです。現行法の597条では、「返還の時期」というやや曖昧な表現になっていますが、改正法597条は、これを「使用貸借の期間」の定めの有無に応じた、契約の終了に関する規律として整理しました。また、改正法598条は、解除による終了について規定しました。これらの規定により、使用貸借の終了の要件が明瞭になっています。さらに、改正法599条は、原状回復に関する規律を明確にしました[21]。このほか、改正法600条2項が新設され、貸主の損害賠償請求権等の期間制限に加え、時効の完成猶予が定められています。

第 10 章　各種の契約

5　賃　貸　借

　賃貸借〔要綱 33〕については、7 点について説明します。
　第 1 点は、賃貸借の意義の明確化です。改正法 601 条は、契約が終了したときの賃借人の返還義務を明示しています。これによって、賃借人の義務内容が明確にされるとともに、契約の終了と返還との関係も示されています。
　第 2 点は、賃貸借の存続期間の長期化です。現行 604 条では、賃貸借の存続期間は最長 20 年です。借地借家法ではこれに対する特則が置かれていますが、その他の賃貸借でもこれを超えるものを認めるニーズがあるといわれています。そこで、この規定を削除し、制限をなくすというのが中間試案でした。しかし、そのことによる弊害を懸念する指摘もあり、最終段階で、最長 50 年とすることになりました。これが改正法 604 条です。
　第 3 点は、不動産賃貸借に関する規律の整備です。
　まず、不動産賃貸借の登記の対抗力に関する現行 605 条が拡充されています。改正法 605 条では、対抗できる相手方として、物権取得者のほか「その他の第三者」も加えられています。これにより、

---

21) 改正法 599 条の 1 項と 2 項は、同 622 条で賃貸借に準用されているが、3 項は賃貸借には準用されておらず、賃貸借では同 621 条が置かれている。同 599 条 3 項と同 621 条を比較すると、使用貸借では、通常損耗や経年変化についても借主の原状回復義務が及ぶかのような規定になっている。これは、使用貸借では、通常損耗等の負担のあり方は一定していないので、個別の使用貸借契約の趣旨によって定まることになるから、このように規定したと説明されている（中間試案補足説明 471 頁、部会資料 70A、第 5、3（説明）2(2)）。筆者としては、その趣旨がわかるような規定の仕方のほうがよかったと思っている。

Ⅲ　各種の契約の主な改正点

二重賃借人や差押債権者も含まれることが明確になります。また、現行規定の「その後その不動産について物権を取得した者」の「その後」を削除しました。登記前に現れた第三者との関係も、対抗要件の先後によって決めるということです。そして、効果について、「その効力を生ずる」が「対抗することができる」に改められました。これは第三者に対する賃借権の対抗の問題（改正法 605 条）と、第三者に対する賃貸人たる地位の移転の問題（同 605 条の 2）を区別するためです。

　次に、不動産の賃貸人たる地位の移転等について規定が新設されています。まず、賃借権に対抗力がある場合に目的不動産が譲渡されたらどうなるかについて、改正法 605 条の 2 が判例法理を基本とする明文化をしています。ただ、同条 2 項では賃貸人たる地位を旧所有者に留保する場合について規定していますが、これは判例ではない新たな規律です。また、合意による賃貸人たる地位の移転について、改正法 605 条の 3 が置かれています。改正法では、契約上の地位の移転について、一般ルールが置かれています（539 条の 2）。しかし、これは、契約上の地位を譲渡する合意と、契約の当初の相手方の承諾があれば、契約上の地位は譲受人に移転するという原則的規律を示すだけであり、対抗要件や効果については、一律の規律を置いていません。そこで、不動産賃貸人の地位の移転に関する改正法 605 条の 3 の適用ないし類推適用によって解決される問題が多くなるのではないかと思います。

　また、改正法 605 条の 4 では、不動産の賃借人による妨害排除等請求権に関する規定が新設されています。判例法理を明文化するものです。

　第 4 点は、敷金に関する規定を新設するものです。改正法 622 条の 2 です。判例法理を明文化し、敷金の意義と法律関係を明確化す

るものです。

　第5点は、賃借物の使用収益に関する規律の整備です。賃借物の修繕等及び減収、賃借物の一部滅失等に関する賃料の減額についての規律が示されています。改正法606条・607条の2・609条[22]・611条です。また、同616条の2では、賃借物の全部滅失等の場合に賃貸借が終了することが明示されています。

　第6点は、転貸の効果の明確化です。改正法613条です[23]。

　第7点は、賃貸借の終了等に関する規律の明確化です。改正法621条で原状回復義務の規定が新設されるほか、同622条で使用貸借の規定が準用されています。

　以上の通り、賃貸借については、不動産賃貸借を中心に判例に基づく規律の明確化が図られています。このような賃貸借に関する新たな規律は、同時に、より一般的な問題にも関わるものです。すなわち、契約上の地位の移転、債権に基づく妨害排除請求、金銭担保、契約の連鎖などについて、不動産賃貸借を中心に具体的規律を示すという意味があります。このように、賃貸借に関する改正法の規定は、1つのモデルを示したものとして、契約、債権、担保の総

---

22) 現行609条及び610条は、要綱仮案では削除することになっていたが、農林水産省から、農地法2条1項の農地及び採草放牧地の賃借人保護の観点から、農地等については609条等を存置する必要があるとの指摘があり、609条の適用対象を必要な範囲に限定して存続させることになった（610条は609条を前提とする規定なので変わらない）（部会資料84－3、第33、9（説明）2参照）。筆者は、現行609条・610条には問題があるので、両条を削除し、2009年改正前の農地法22条を同法に復活することで足りたと思うが、2009年農地法改正の意義にも関わることであり、難しかったのかもしれない。

23) 現行613条1項後段の「賃料の前払」について、要綱第33、11(1)後段では、改正案が提示されたが、法案段階で落とされ、現行法が維持されることになった。

6　雇　用

次は雇用〔要綱37〕です。ここでは、まず、報酬について、改正法624条の2が割合的報酬を受ける場合を明示しています。また、期間の定めのある雇用の解除（同626条）と期間の定めのない雇用の解約申入れ（同627条2項）に関する規定が整備されています。それぞれ労働契約法との関係を考慮しつつ定められましたが、同時に、横断的改正点としての意味もあります。

7　請　負

請負〔要綱35〕については、3点あります。

第1点は、仕事を完成できなくなった場合の報酬請求権に関する規律の明確化です。請負契約では、請負人は仕事を完成する義務を負い、注文者はその仕事の結果に対して報酬を支払う義務を負います（現行632条）。報酬の支払時期は、目的物の引渡しと同時ですが、引渡しを要しないときは、仕事を完成した後となります（現行633条）。つまり、原則は後払いです。以上の規律については、変わりありません。しかし、後払いということを貫き、請負人が仕事を完成しない限り、一切、報酬が支払われないとすると、公平に反する場合があります。そこで、改正法は、誰に帰責事由があるかによって、分けて規律しています。

まず、注文者に帰責事由があったために、仕事を完成できない場合については、危険負担の規定によることになります。改正法536条2項です。注文者は仕事完成義務についての債権者ですから、こ

の規定が適用されます。注文者は、反対給付の履行、つまり報酬の支払を拒むことができません。ただし、請負人は、自己の債務を免れたことによって利益を得たときは、これを注文者に償還しなければなりません。ここで、危険負担の規定に委ねることについては、異論もありました。改正法536条2項の「反対給付の履行を拒むことができない」という表現だと、請負の場合、仕事を完成していなくても請負人に報酬請求権が発生するといえるかどうか不明確である、だから、請負については、請負契約のところに固有の規定を置いて、報酬請求権の発生を明示すべきだ、という意見です。実際、審議のある段階では、そのような規定を置くことも検討されました[24]。しかし、「請負人に報酬全額の請求を認めるべきではない事案があり得ること」や、「注文者に請負人の利得を主張立証させるべきではないこと」などの理由で、請負について特に規定を設けることに反対する意見もあり、また、そのような「規律によって請求することができる報酬の範囲が必ずしも明確ではないなどの問題もある」という指摘もあったことから、請負固有の規定は設けられず、危険負担の一般的規律によることになりました[25]。この点は、雇用について、より活発な議論がありましたが、いずれも改正法536条2項に委ねられることになりました。

次に、注文者にも請負人にも帰責事由がない場合、あるいは、請負人に帰責事由がある場合については、改正法634条が適用されま

---

[24] 部会資料72A、第1、1(3)は、「契約の趣旨に照らして注文者の責めに帰すべき事由によって仕事を完成することができなくなったときは、請負人は、報酬及びその中に含まれていない費用を請求することができる。この場合において、請負人は、自己の債務を免れたことにより利益を得たときは、それを注文者に償還しなければならない」という案を提示している。

[25] 部会資料81 - 3、第10、1（説明）4。

す。これらの場合、請負人がすでにした仕事の結果のうち、可分な部分の給付によって、注文者が利益を受けるときは、その部分は仕事の完成とみなされます。つまり、請負人は、注文者が受ける利益の限度で、報酬を請求することができます。このように、給付が可分であり、注文者が利益を受けるときは、その範囲で報酬請求権が認められます。この報酬には、費用も含まれると説明されています。この規律は、仕事完成前に請負が解除された場合にも及ぶことになります。

なお、注文者にも請負人にも帰責事由がある場合はどうなるかですが、この場合は、注文者に帰責事由があるか請負人に帰責事由があるか、どちらかに振り分けられると考えられています。

第2点は、仕事の目的物が契約の内容に適合しない場合の請負人の責任です。現行法は、634条から639条まで、比較的詳しい規定を置いています。改正法は、これを大幅に削除し、原則として、一般的な統一ルールの適用を受けることにしています。

まず、現行634条は、修補請求権を規定していますが、改正法はこれを削除します。これは、請負人の担保責任も契約上の通常の債務不履行責任として位置づけたうえ、売主の担保責任の規定が559条で包括的に準用されているところに従うという考え方です。請負に独自の規定を置くかどうかは最終段階まで検討されましたが、結局、統一されることになりました[26]。次に、現行635条は注文者の解除権を規定していますが、これは解除の一般ルールに委ねるということで削除されます。現行638条は、建物の建築工事等の請負について特別規定を置いていますが、これも一般ルールに委ねることにし、削除されます。現行639条と同640条も、特則を設けないということで、削除されました。

この結果、請負人の担保責任に関する請負固有の規定としては、

293

636条と637条の2ヵ条のみが残ることになりました。改正法636条は、契約不適合が注文者の供した材料の性質又は注文者の指図によって生じた場合に担保責任を制限する規定であり、現行636条と実質は変わりません。現行634条・635条の削除等に伴う表現の調整がなされただけです。これは注文者が材料を提供したり指図をしたりするという請負特有の規定として必要なものです。改正法637条は、目的物の種類又は品質に関する担保責任の期間の制限について、売買の規律（改正法566条）と揃えたものです。請負の場合は、売買と異なり、引渡しを要しない場合もありますので、規定が置かれています[27]。このように、請負人の担保責任については、請負特有の問題に対応する2ヵ条のみが残りました。そして、この2ヵ条も含め、売主の担保責任と実質的に揃えられています。

　請負の改正の第3点は、注文者が破産した場合の642条の規定の改正です。改正法642条では、1項ただし書が追加され、請負人は仕事を完成した後は、解除できないとしています。未完成であれば、請負人は、注文者の破産により報酬の支払が当てにできなくなっているのに、仕事を続けなければならないことになるので、そ

---

[26] まず、部会資料81－3、第10、2で、634条1項本文を改めるとともに、同項ただし書（過分の費用を要するときの除外）を削除し、履行請求権の一般原則についての規律に委ねることとされた。同83－2、第35、2では、634条1項の改正に伴い2項を削除するかどうかをなお検討することとしている（仕事の目的物が契約の内容に適合しない場合の請負人の責任に関する規定をどうするかは、2項を現行法のまま維持すべきか否かという点のみならず、1項及び636条についても検討する必要があるからである）。そして、結局、同84－3、第35、2で、634条全体が削除されることとなった。

[27] 部会資料75A、第5、1（説明）、同81－3、第10、2(3)（説明）、同82－1、第35、2(3)、同83－3、第35、2(3)（説明）で表現修正の経緯をたどることができる。

のような請負人を契約から解放してやる必要がありますが、仕事完成後ならその必要はありません。そのため、規律内容を合理化したものです[28]。請負人は報酬債権を破産債権として届け出ることになります。

8 委　　任

　次は委任〔要綱36〕です。3点あります。

　第1点は、受任者の自己執行義務に関する規定の新設です。改正法644条の2です。まず、1項は、受任者が自己執行義務を負うことを前提として、例外的に復受任者を選任しうるための要件を定めています。現行法のもとでは、復受任者の選任については、復代理に関する104条が類推適用されると解されています。しかし、復代理の有効性は、復代理人が第三者との間でした法律行為の効果が本人に及ぶかどうかという外部関係に関する問題であるのに対し、復委任の有効性は、復受任者に事務を処理させることが委任者に対する債務不履行となるかどうかという内部関係に関する問題です。復委任の有効性は、代理権の有無にかかわらず問題となります。そこで、復受任者の選任については、復代理の規定とは別に、復委任の内部関係に関する規律として委任の箇所に設けることになりました。復受任者の選任の要件については、現行104条より緩和すべきだという意見もありましたが[29]、異論も多く、容れられませんでした。結局、復代理についての104条と、復委任についての改正法

---

28)　部会資料72A、第1、3（説明）。
29)　「復受任者を選任することが契約の趣旨に照らして相当であると認められるとき」に復受任者を選任できるものとすべきだという意見である（中間試案第41、1（注））。

644条の2第1項で、同じ要件になりました。

復委任の内部関係の問題としては、受任者が復受任者を選任した場合の委任者と復受任者の関係、つまり復受任者が委任者に対してどのような権利義務を有するのか、という問題もあります。改正法644条の2第2項は、これを定めるものです。現行法には固有の規定がありませんが、現行107条2項のうち任意代理の内部関係に関する部分を委任の箇所に移し、復受任者が委任者に対し、その権限の範囲内で、受任者と同一の権利を有し、義務を負うことを定めるものです。現行107条2項は改正法106条2項として残り、復代理人が本人に対し代理人と同一の権利義務を負うとの規律が存置されますが、これは法定代理の内部関係を規律するものとなります（改正法106条2項は、任意代理については「第三者に対して」という部分のみが適用されることになる）[30]。

第2点は、報酬に関する規律の明確化です。報酬の支払時期について改正法648条の2が定め、委任事務処理ができなくなった場合について同648条3項が定めます。これは、役務提供型契約における報酬の横断的改正の一環をなすものです。

第3点は、任意解除権に関する規定の改正です。改正法651条は、委任の任意解除に関する判例法理を取り込むものです。

---

[30] 少し複雑であるが、本人又は委任者をA、代理人又は受任者をB、復代理人又は復受任者をC、第三者をDとすると、任意代理については、AD間は改正法106条1項、AB間は改正法644条の2第1項、AC間は同条2項、CD間は改正法106条2項が規律し、法定代理については、AD間は改正法106条1項、AB間は改正法105条、AC間及びCD間は改正法106条2項が規律するということである。

9　寄　　託

　次は、寄託〔要綱38〕です。7点ありますが、これまで他の契約について出てきた規律と類似するものが多いので、簡単にします。

　第1点は、寄託の成立に関する規律です。寄託契約の諾成契約化とそれに伴う引渡し前の法律関係に関する規律が置かれています。引渡し前の寄託者の解除と損害賠償（改正法657条・657条の2第1項）、書面によらない無償寄託における引渡し前の受寄者の解除（同657条の2第2項）、有償寄託及び書面による無償寄託において受取り時期が経過した場合の受寄者の解除（同条3項）です。寄託契約の性質を考慮し、微妙な調整がされています。

　第2点は、受寄者の義務に関する規定です。自己執行義務（改正法658条）と第三者の権利主張への対応（同660条）です。第三者が寄託物について権利を主張してきた場合、受寄者のなすべき行為が具体的に規定されています。

　第3点は、受寄者の報酬について、受任者と同様に改めるということです（改正法665条・648条の2・648条3項）。

　第4点は、寄託者の期限前返還請求とその場合の受寄者の損害賠償請求についての規定です（改正法662条2項）。

　第5点は、損害賠償請求権等の期間の制限と時効の完成猶予の規定です（改正法664条の2）。

　第6点は、混合寄託について、新たに明文規定を置くことです（改正法665条の2）。

　第7点は、消費寄託について、規律を明確にしたことです。改正法666条1項は、消費寄託の概念を明確にしています。また、寄託の規定のほか、消費貸借の規定のうち準用されるものが明示されて

います。すなわち、改正法666条2項は、消費貸借における貸主の引渡義務に関する同590条と価額償還に関する592条（改正なし）を準用しています。さらに、改正法666条3項は、預貯金契約について特則を置き、消費貸借における返還時期に関する同591条2項・3項を準用しています。今回の改正で、預貯金契約についていくつかの規定が置かれていますが、これはその1つです[31]。

10　組　合

最後に組合契約〔要綱39〕です。多くの改正がありますが、ここでは3つに分けて説明します。

第1点は、団体性を考慮した規律が置かれたことです。改正法667条の2は、同時履行の抗弁、危険負担、解除といった契約総則の規定が適用されないとします。改正法667条の3は、一組合員の意思表示の無効や取消原因があったとしても他に波及しないとします。また、同677条の2と同680条の2は、組合員の加入と脱退について規定します。

第2点は、組合契約の問題を、業務執行と組合代理と組合財産に分けて規律することにより、明確化したことです。まず、業務執行について、改正法670条が規律を明確にします。次に、組合代理について、改正法670条の2が新たに規定されます。第3に、組合財産について、改正法675条と同677条は、それぞれ組合の債権者及び組合員の債権者の権利行使について規律し、同676条2項は組合員の権利行使について規定します。このように整理することによ

---

[31] 改正法666条3項では、同466条の5及び同477条とは異なり、預貯金の「口座」への言及はない。

り、組合契約の規律の見通しがよくなったと思います。

　第3は、解散及び清算に関する規律を明瞭にしたことです。解散事由（改正法682条）や、清算人に関する規律（同685条2項・686条・687条）が整備されています。

　このように団体としての組合の性質を考慮していますが、組合は法人ではなく、あくまでも組合員相互間の契約ですので、そのことに十分に注意しつつ、規律を明確化するものです。

第10章　各種の契約

「各種の契約」の総論
——類型設定の縦軸と横軸

　以上が各種の契約の横断的な改正と個別的な改正についての説明です。最後に、各種の契約のいわば総論としてのお話をして、この章を締めくくりたいと思います。

　改正法は、最終的には現在の13種類の典型契約を維持したまま、その内容を改正しました。しかし、改正法に至る過程では、どのような典型契約を置くか、どのような順序で配列するのかということも含め、様々な検討がされました。ここでは、契約類型の設定の仕方について考えてみます[32]。問題を縦軸と横軸に分けます。縦軸の問題というのは契約類型の抽象度の問題です。横軸の問題というのは、同じレベルの契約類型相互間の異別性の問題です。

　縦軸である契約類型の抽象度については、2つの検討課題があります。

　第1に、民法の契約各則において、役務提供契約や継続的契約という、通常の典型契約よりもやや抽象度の高い、しかし、双務契約や有償契約よりも具体的な、いわば中2階に位置する契約類型を設けるかどうかです。役務提供契約については、中間試案の段階で一般的規定を置くことが断念され、準委任の規定の改正によることとされましたが[33]、要綱仮案の段階ではそれも見送られました[34]。

---

32) 小粥太郎『民法学の行方』（商事法務、2008）83頁〔初出2005〕参照。

Ⅳ 「各種の契約」の総論——類型設定の縦軸と横軸

継続的契約については、中間試案では規定が置かれていましたが[35]、要綱仮案に至る段階で落とされました[36]。このように、典型契約を超えるいわば中2階的な類型は見送られ、現在の典型契約が維持されました。

縦軸の問題の第2は、民法の典型契約の内部に、さらにサブ類型を置くかどうかです。たとえば、委任のサブ類型として仲立、媒介という契約類型を置くか、特定分野についての特則をどの程度置くのか、労働契約法など特別法と交錯する部分をどう規律するのかという問題です[37]。サブ類型を置こうとすると、すでにその領域で発達している固有の規律との接合という難問にぶつかります。結局、これについては、預貯金契約に関する規定（改正法666条3項）が置かれたほかは、おおむね現状のままとなりました[38]。

この2つの検討課題を併せて考えると、双務契約や有償契約という「2階」の契約、上記の「中2階」の契約、「1階」の契約である民法上の典型契約、そのサブ類型である特定分野の契約を、この縦軸に配列することができます。この配列により、典型契約の契約類型としての位置を相対的に観察することができるようになると思います。また、改正法のした選択の意味も明らかになると思います。

次に、横軸である同レベルの契約類型相互間の異別性というのは、たとえば、売買と請負とを対照的な契約類型として違いを際立

---

33) 中間試案第41、6。
34) 部会資料 73B、第1、2、同81 - 3、第11「取り上げなかった論点」（22頁）。
35) 中間試案第34。
36) 部会資料 70A、「取り上げなかった論点」（67頁）。
37) 民法（債権法）改正検討委員会編・前掲注1) 133〜161頁参照。
38) 耕作又は牧畜を目的とする土地の賃貸借（改正法609条）も新たなサブ類型といえるであろう。

たせるか、両者の間には中間領域があり連続性があることを強調して規範の平準化を図るかということです。売買は財産権の移転を目的とし、請負は役務の提供を目的とするとして峻別し、対置するという考え方もありえます。これに対し、売買と請負とでは、その間には製作物供給契約や売った物の据付工事を伴う契約など中間的なものがあることから、ルールをできるだけ平準化するという考え方もありえます。これらは有償契約ですが、無償契約についても、贈与、無利息消費貸借、使用貸借、無償寄託等の間で、それぞれの契約の個性を重視するか、平準化するのかが対立します。平準化を強調しすぎると、具体的妥当性が低くなるという問題が生じます。各契約の個性を重視し異別性を強調しすぎると、規定が複雑煩瑣になるという問題があります。そこで、平準化と個性尊重のバランスが必要になります。改正法は、有償契約については、規律の統一化・平準化を進めました。特に、請負人の担保責任については、最終段階でほぼ売主の担保責任に揃えられることになりました。無償契約については、諾成的な契約の成立に関する規律には微妙な違いがあり、有償契約に比べると異別性がやや重視されていると思いますが、担保責任を引渡義務の内容推定とすることは統一されています。

　改正法に至る様々な議論に接して、筆者は、次のような印象を持ちました。まず、縦軸において、結果としては、ほぼ現状維持となりました。抽象度を高めた契約類型を設定することに対しては、懐疑ないし危惧が強かったように感じます。次に、横軸においては、典型契約の規律の平準化・統一化が進みました。その際、「2階」ないし「中2階」の契約類型の検討がそれを促したことは間違いないと思いますが、具体的な規律を設定する際には、まず抽象的な契約類型における規律を考察し、それを参照しつつ各典型契約につい

ての具体的規律を設けるという2段階の作業をするよりも、むしろ各典型契約相互間の連続性を考えるバランス論の発想が強いように感じられました。なお、各典型契約の規範から抽象的な共通規範を抽出することよりも、典型契約のレベルで一般法の例示をすることが好まれるようにも思います。たとえば、賃貸借における妨害排除、賃貸人たる地位の移転、敷金、各種の継続的契約についての期間の定めの有無による規律などです。

　これらのことについては、同時期に改正のあったフランス民法[39]と比較すると、興味深い違いがみられます。フランスにおいては、縦軸においては抽象度のやや高い概念が設けられました。たとえば、今回の改正により、附合契約、継続的履行契約、枠契約などに関する規定が置かれました。他方、横軸においては契約類型ないし典型契約の相互間の異別性が高いように思われます。たとえば、契約成立に際しての代金額決定の要件について、枠契約と役務提供契約に限って緩和するため、売買と請負との間の相違が堅持されます。なお、抽象化については、契約各則の規律からの一般法化がみられます。たとえば、従来は、売買契約における規律であった履行拒絶権・代金減額請求・債権譲渡を一般法化するということです。

　とても大雑把なことをいいますと、フランスでは、やや抽象度の高い契約類型に対する抵抗感は少なく、各種の典型契約に関する規律はその支配を受けるとともに、特則であるがゆえに制限的な固い取扱いとなり、また、契約各則の規律の一般法化が進んだのに対し、日本では、抽象度の高い契約類型を設定するよりも、各典型契約のバランスによる平準化を図るとともに、各則における規律に

---

[39] 序章『改正の経緯』注4) 参照。

よって一般原則を浮かび上がらせようとするという発想があるような気がします。それだけに、隠された契約類型、一般的規範の解明は、日本においては、より多く学説に残された課題であるように思います。

　このように、典型契約についてどのような抽象度のものを設定するのか、典型契約相互間の異別性をどうするのか、また一般的規律をどのような方法で示すのかは、典型契約の持つ標準的類型としての意義、契約総則と契約各則の関係という問題につながるとともに、日本の契約法の特徴を考える際の1つの視点を提供することにもなるのではないかと思います。

事項索引

あ 行

相手方の抗弁 …………………… 110
異議をとどめない承諾 …………… 227
意思能力 …………………………… 20
意思表示の到達 …………………… 42
委託を受けた保証人 ……… 126, 185,
　　　　　　186, 188, 202, 203, 231
委託を受けない保証人 …… 187, 203
ウィーン売買条約 ………………… 9
請負 ……………………………… 291
　　──報酬請求権 …………… 291
請負人の担保責任 ……………… 293
受取り前の解除（使用貸主）
　　…………………………………… 287
受取り前の解除（消費借主）…… 281
売主の瑕疵担保責任 ……… 266, 276
影響関係 ……… 173, 177, 181, 182, 183
役務提供型契約 …………… 269, 270
　　──報酬請求権 …………… 269
役務提供契約 …………… 300, 303

か 行

開示 …………………………… 46, 48
解除 ………………………………… 64
　　──位置づけ ………………… 82
　　──損害賠償 …………… 64, 79
解除を必要とする理由（危険負担）
　　…………………………………… 68
買戻し …………………………… 281
学説 ………………………………… 55
学説継受 …………………… 3, 4, 6
瑕疵担保責任 ……………… 266, 276
　　売主の── …………… 266, 276

貸主の担保責任（消費貸借）
　　………………………………… 282
過大な代物弁済 ………………… 132
環境的瑕疵 ……………………… 277
元本確定事由 …………………… 190
元本確定請求権 ………………… 193
期間制限 ………………………… 153
期限前返還（消費貸借）… 282, 283
危険の移転 ……………………… 280
期限の利益喪失 ………………… 201
危険負担 ………………………… 62
　　──解除を必要とする理由 … 68
基準割合 …………………… 100, 102
帰責事由 …………………… 73, 89
　　──債務不履行と別個に
　　　規定する理由 ……………… 91
寄託 ……………………………… 297
寄託契約の諾成契約化 ………… 297
期満得免 ………………………… 32
逆転現象 ……… 123, 124, 134, 135,
　　　　　　　　　　　　147, 148
求償関係 …………… 167, 174, 185
求償と通知 ……………………… 169
求償の範囲 ……………………… 168
旧民法 ……………………………… 2
協議を行う旨の合意 …………… 31
供託請求 ………………………… 216
業務執行 ………………………… 298
組合 ……………………………… 298
組合財産 ………………………… 298
組合代理 ………………………… 298
経営者保証 ……………………… 196
継続的契約 ……………… 271, 300
継続的保証 ……………………… 190

305

事項索引

継続的履行契約 ……………………… 303
競売 ………………………………… 278
軽微な債務不履行 ………………… 83
契約自由の原則 …………………… 4
契約上の地位の移転 ……………… 246
契約責任説 ………………… 266, 276
契約締結上の過失 ………………… 60
契約の解釈原則 …………………… 44
契約の基本原則 …………………… 43
契約不適合 ………………… 276, 278
原始的不能（改正法）…………… 63
　――帰責事由の意味 …………… 66
原始的不能（現行法）…………… 60
原状回復 …………………………… 18
懸賞広告 …………………………… 43
現代語化 ……………………… 3, 273
更改 ………… 162, 163, 178, 181, 182
行使範囲 …………………………… 109
公正証書による保証意思の確認
　………………………………… 194
後発的不能（改正法）…………… 66
後発的不能（現行法）…………… 62
個人根保証契約 …………………… 190
雇用 ………………………………… 291
混同 ………… 162, 164, 178, 181, 182

さ　行

債権者代位権 ……………………… 108
　――行使範囲 …………………… 109
　――直接引渡し ………………… 109
　――被保全債権の要件 ………… 109
債権者複数 ………………………… 180
債権譲渡 …………………………… 206
　――抗弁の放棄 ………………… 260
債権譲渡制限特約 ………… 207, 224
債権譲渡と相殺 …………………… 255
債権譲渡の対抗要件 ……………… 206
裁判上の代位 ……………………… 113

債務者の供託 ……………………… 216
債務者の承諾 ……………… 208, 219, 221
債務者の処分権限 ……… 111, 112, 113
債務引受 …………………………… 235
債務不履行 ………………………… 58
　――改正法の大枠 ……………… 78
　軽微な―― ……………………… 83
　――債務者の帰責事由 ………… 89
　――損害賠償 …………………… 87
　――損害賠償の範囲 …………… 94
採用要件 …………………… 45, 49
詐害行為取消権 …………………… 122
錯誤 ………………………… 18, 21
　要素の―― ……………………… 21
差押えと相殺 ……………………… 261
敷金 ………………………………… 289
時効 ………………………………… 26
　――停止条件説 ………………… 33
　――の完成猶予 ………… 26, 27, 28
　――の権利確定説 ……………… 34
　――の権利行使説 ……………… 34
　――の更新 ……………… 26, 27, 28
　――の中断 ……………………… 26
　――の停止 ……………………… 26
　――の本質論 …………………… 32
時効完成 …………………………… 165
事後求償権 ………………… 126, 186
自己契約・双方代理 ……………… 19
事実上の優先弁済 ………… 118, 139
時證 ………………………………… 32
事前求償権 ………………………… 185
支払不能 …………… 124, 125, 133, 134
住宅ローン契約 …………………… 283
受益者の債権の復活 ……………… 150
受益者の先取特権 ………………… 148
受益者の反対給付 ………… 146, 147
主観的瑕疵概念 …………… 276, 277
主債務者について生じた事由の

効力 …………………………… 183
出訴期間 ……………………… 154
受任者の自己執行義務 ……… 295
受領遅滞 ……………………… 280
証券的債権の譲渡 …………… 207
商行為法 ………………………… 7
使用貸借 ……………………… 287
　書面によらない―― ……… 287
譲渡人の債権者による差押え … 219
消費寄託 ……………………… 297
消費者契約 …………………… 104
消費者契約法 …………………… 7
消費貸借 ……………………… 281
　要物契約としての―― …… 281
　書面でする―― ……… 281, 284
消費貸借の予約 ……………… 282
情報提供義務
　期限の利益喪失の場合の――
　………………………………… 201
　契約締結後の―― ………… 201
　契約締結時の―― ………… 199
　主債務者の履行状況に
　ついての―― ……………… 201
情報提供義務違反 ……………… 44
消滅時効（債権） ……………… 26
　――起算点 ……………… 26, 35
　――時効期間 ………………… 26
消滅時効（債権）の時効期間
　――短縮化する理由 ………… 34
将来債権差押え ……………… 234
将来債権譲渡 …………… 223, 232
書面でする消費貸借 …… 281, 284
書面によらない使用貸借 …… 287
書面によらない贈与 ………… 273
信義則 ………………………… 43
人身損害 ……………………… 103
新法解釈の方法 ……………… 52
心理的瑕疵 …………………… 277

随伴性 ………………………… 193
責任財産保全型 ……………… 115
責任説 ………………………… 136
絶対的効力事由 ………… 159, 160
絶対的取消し ………………… 141
相殺 ………… 161, 227, 230, 255
　――債権譲渡との関係 …… 255
　――差押えとの関係 ……… 261
　――前の原因に基づいて
　　生じた債権 ………… 256, 261
　――譲受人の取得した債権の
　　発生原因に基づいて
　　生じた債権 ………… 258, 261
相殺権濫用 ……………… 119, 139
相対的取消し … 136, 137, 138, 140,
　　　　　　　　 141, 146, 149
相当な対価を得てした処分行為
　………………………………… 129
双方錯誤 ……………………… 22
贈与 …………………………… 273
贈与者の担保責任 ……… 266, 274
訴訟告知 ………………… 112, 141
損害賠償 ……………………… 87
　――範囲 ……………………… 94

た　行

代位訴訟 ………………… 112, 113
代位の付記登記 ……………… 252
代位弁済　→　弁済による代位
代金減額請求権 ……………… 279
対抗要件具備義務 …………… 275
対抗要件具備行為 …………… 128
第三者弁済 …………………… 248
　――債務者の意思 ………… 249
　――正当な利益を有する者
　………………………… 248, 251
　――利害関係を有しない第三者
　………………………………… 248

307

事項索引

代理権濫用 …………………………… 18
諾成的消費貸借 ……… 282, 285, 286
短期貸付平均利率 …………… 100, 102
担保責任 ………… 146, 147, 152, 265
中間試案 ………………… 10, 19, 20, 45
中間的な論点整理 …………………… 10
中間利息の控除 ……………… 98, 103
「中2階」の契約 …………………… 301
直接交付 …………………………… 137
直接引渡し ………………………… 109
直近変動期 …………………… 100, 102
賃貸借 ……………………………… 288
賃貸借の存続期間 ………………… 288
追完義務 …………………………… 279
通知と求償 ………………………… 188
通謀詐害要件 ………………… 134, 135
定型約款 …………………… 42, 45, 49
停止条件付消費貸借契約 ………… 285
手付 ………………………………… 275
典型契約 …………………… 264, 301, 304
電子消費者契約法 ………………… 42
転貸 ………………………………… 290
転得者の権利・地位 ……………… 150
転得者否認 ………………………… 144
転得者を相手方とする詐害行為
　　取消権 ………………………… 143
転用型 ………………………… 114, 115
登記請求権 …………………… 115, 116
同時交換的行為 …………………… 131
同時履行の抗弁 …………………… 148
到達主義 …………………………… 42
特定物のドグマ ……………… 274, 276
特別解約権 ………………………… 193

な　行

内部関係 …………………………… 182
内部者 ……………………………… 131
根保証 ……………………………… 190

は　行

売買 ………………………………… 275
判例 …………………………… 53, 54
判例法理 …………………………… 18
非義務行為 …………………… 132, 134
引渡前の解除（寄託） …………… 297
被代位権利の要件 ………………… 109
否認権 ……………… 123, 124, 128, 143,
　　　　　　　　　　　153, 154, 155
被保全債権の要件 ………… 109, 125
表見代理 …………………………… 18
不可分債権 ………………………… 182
不可分債務 ………………………… 175
復委任 ………………………… 295, 296
復代理 ………………………… 19, 295
附合契約 …………………………… 303
不実表示 …………………………… 19
附従性 ……………………………… 183
不真正連帯債務 ……… 158, 160, 168,
　　　　　　　　　　　　　　　170
附帯決議 …………………………… 13
不動産賃借人による妨害排除
　　請求権 ………………………… 289
不動産賃貸借 ……………………… 288
不動産賃貸人の地位の移転 ……… 289
不当条項規制 ……………………… 45
不平等条約の改正 ………………… 5
不法行為 …………………………… 98
併存的債務引受 …………………… 236
弁済による代位 …………………… 252
　　——代位の付記登記 ………… 252
変動利率 …………………………… 100
偏頗行為 …………………………… 133
妨害排除請求 ………………… 115, 117
報酬請求権（役務提供型契約）
　　　　　　　　　　　　　　　269
報酬請求権（請負人） …………… 291

法制審議会 …………………… 10	約款準備者 ………………… 46, 49
法定責任説 ………… 266, 274, 276	約款による旨の合意 ………… 46
法定訴訟担当 ………………… 113	約款の拘束力 ………………… 50
法定利率 ………………………… 98	約款の変更 …………………… 46
法の生成 ……………………… 55	有価証券 ……………………… 207
暴利行為 ……………………… 19	譲受人の債権者による差押え … 220
法律行為の基礎 …………… 21, 22	要綱案 ………………………… 10
法律行為の前提 ……………… 22	要綱仮案 ……………………… 10
保険実務 ……………………… 103	要素の錯誤 …………………… 21
保証 …………………………… 183	要物契約の諾成化 …………… 268
保証人について生じた事由の効力 …… 184	預貯金債権 ……………… 208, 226
保証人保護の方策 …………… 193	ら 行
保存行為 ……………………… 114	履行遅滞等による解除 ……… 72
ボワソナード ………………… 2, 5	履行の請求 ………… 161, 167, 185
ま 行	履行の着手 …………………… 275
前の原因 …………… 126, 127, 231	履行不能 ……………………… 60
民法(債権関係)の改正に関する要綱 …………………… 10	──契約の趣旨との関係 …… 80
民法(債権関係)部会 ……… 10	──判断単位 ………………… 79
無委託保証 ………… 127, 188, 231	履行不能による解除 ………… 71
無記名債権 …………………… 207	連帯債権 ……………… 180, 181
無償契約 ……………………… 266	連帯債務 ……………………… 158
明文化 …………………… 18, 51	連帯の免除 …………………… 170
免除 ………………… 164, 181, 182	連帯保証廃止論 …………… 193, 195
免責的債務引受 ……………… 241	労働契約法 …………………… 7
や 行	わ 行
約款 ……………………… 45, 49	枠契約 ………………………… 303

著者紹介

中田裕康（なかた・ひろやす）　　　序章・第2章・第10章 担当
　現　在：早稲田大学教授
　主　著：『継続的取引の研究』（有斐閣、2000）、『債権総論〔第3版〕』（岩波書店、2013）、『契約法』（有斐閣、2017）

大村敦志（おおむら・あつし）　　　第1章・第3章・第5章 担当
　現　在：東京大学教授
　主　著：『家族法〔第3版〕』（有斐閣、2010）、『消費者法〔第4版〕』（有斐閣、2011）、『民法読解親族編』（有斐閣、2015）、『新基本民法1～8』（有斐閣、2014～17）

道垣内弘人（どうがうち・ひろと）　　　第4章・第9章 担当
　現　在：東京大学教授
　主　著：『プレップ法学を学ぶ前に』（弘文堂、2010）、『信託法』（有斐閣、2017）、『担保物権法〔第4版〕』（有斐閣、2017）、『リーガルベイシス民法入門〔第2版〕』（日本経済新聞出版社、2017）

沖野眞已（おきの・まさみ）　　　第6章・第7章・第8章 担当
　現　在：東京大学教授
　主論文：「約款の採用要件について——『定型約款』に関する規律の検討」高翔龍ほか編『星野英一先生追悼・日本民法学の新たな時代』（有斐閣、2015）、「信託と相続法——同時存在の原則、遺言事項、遺留分」水野紀子編著『相続法の立法的課題』（有斐閣、2016）、「日本の有料老人ホーム契約の検討——入居一時金の扱いを中心に——」草野芳郎・岡孝編著『高齢者支援の新たな枠組みを求めて』（白峰社、2016）

講義　債権法改正

2017年12月24日　初版第1刷発行
2018年5月28日　初版第3刷発行

著　者　　中　田　裕　康
　　　　　大　村　敦　志
　　　　　道　垣　内　弘　人
　　　　　沖　野　眞　已

発行者　　塚　原　秀　夫

発行所　　株式会社　商事法務
　　　　　〒103-0025 東京都中央区日本橋茅場町3-9-10
　　　　　TEL 03-5614-5643・FAX 03-3664-8844〔営業部〕
　　　　　TEL 03-5614-5649〔書籍出版部〕
　　　　　http://www.shojihomu.co.jp/

落丁・乱丁本はお取り替えいたします。
© 2017 Hiroyasu Nakata, Atsushi Omura,
　　　Hiroto Dogauchi, Masami Okino
Shojihomu Co., Ltd.

印刷／広研印刷㈱
Printed in Japan

ISBN978-4-7857-2581-5
＊定価はカバーに表示してあります。

[JCOPY] <出版者著作権管理機構　委託出版物>
本書の無断複製は著作権法上での例外を除き禁じられています。
複製される場合は、そのつど事前に、出版者著作権管理機構
（電話 03-3513-6969、FAX 03-3513-6979、e-mail: info@jcopy.or.jp）
の許諾を得てください。